英国新马克思主义哲学研究丛书

乔瑞金　丛书主编

Study on
British New Marxism

吉登斯社会哲学思想研究

邢　媛　著

Study on
Anthony Giddens' Social
Philosophy

北京师范大学出版集团
BEIJING NORMAL UNIVERSITY PUBLISHING GROUP
北京师范大学出版社

总　序

承运时势，潜备十载，此系丛书，应习近平总书记召唤，借深研 21 世纪世界马克思主义之契机，得各方鼎力相助，终究面世，甚幸！所言英国新马克思主义，意指 20 世纪 50 年代以后，在英国新左派运动中勃发的一种新马克思主义类型，涵括诸多思想家、理论家和革命家，著述数百，笔耕不辍。他们关注社会形态变革，追求社会主义在英国的成功，对世事之历史、文化、社会、政治、经济诸领域给出理性理解，开展革命运动，所言所为，均以马克思的思想为基础，以人类解放为目标，以思想批判为手段，以重建符合人的社会生活秩序为己任，独树一帜，颇有影响，不失借鉴之意义。20 世纪末以前，中国对英国马克思主义的理论研究，几近空白，零星所见，也散落在文学评论、历史学或社会学中，不入哲学和马克思主义视域，究其原因，多半在于觉得英国学者似乎也没有写出像模像样的"哲学著作",而是以历史陈述代替了宏大叙事,以话语分析淹没了逻辑论断,以小人物抹杀了"英雄",其著作均缺乏哲学内涵。20世纪末期,情势反转。苏东巨变,全球化的冲突与斗争不断发生,金融危机引发的世界经济危机和社会危机,提出诸多亟待解决的重大问题,马克思主义必须对此做出正确的判断和回答,而英国新马克思主义联系历史和现实,在"回归马克思"的意识指引下,于20世纪50年代中叶以来开展的对发达资本主义和苏联教条主义的两方面批判,理论建构,多有启迪意义,与我们先前的理解大相径庭,促使人们聚焦目光于该领域,迄今,已取得可观的研究进展和成果,集中反映于此系丛书中。此系丛书的面世,必将有助于激发更深入的理论研究,有益于马克思主义的时代发展,有功于推进中国特色社会主义现代化强国建设。

乔瑞金
2019年仲夏于山西大学

目　录

导　言

安东尼·吉登斯(Anthony Giddens)1938 年 1 月出生于伦敦北部的埃德蒙顿。1956 年进入赫尔大学学习社会学和心理学。1959 年进入伦敦经济学院攻读硕士学位。1964—1969 年，曾先后任教于莱斯特大学、加拿大西蒙·弗雷泽大学和美国加利福尼亚大学洛杉矶分校。1969 年受聘于剑桥大学国王学院。1976 年获剑桥大学博士学位。1986 年被聘为剑桥大学社会学教授。1997—2003 年出任伦敦经济学院院长。2004 年被授予"终身贵族"称号，现任英国上议院议员。

作为当代杰出的社会思想家、理论家、社会活动家和英国新马克思主义的代表人物，吉登斯秉持马克思主义哲学的基本立场和观点，时刻关注现代社会和政治发展的新动向，紧紧围绕现代性社会及问题的研究主题，以其深厚的学术造诣和敏锐的学术洞察力，做了广泛深入的跨领域、跨学科研究，提出了一系列颇有见地的社会发展理念与思想，做出了世界性的学术贡献。

吉登斯是一位多产的思想家，发表了上百篇学术论文，出版了30多部个人学术专著，其中《现代性的后果》《历史唯物主义的当代批判：权力、财产与国家》《民族—国家与暴力》《现代性与自我认同：晚期现代中的自我与社会》《亲密关系的变革——现代社会中的性、爱和爱欲》《超越左与右——激进政治的未来》《社会的构成》《第三条道路——社会民主主义的复兴》等著作，有着非常广泛的国际影响，而《历史唯物主义的当代批判：权力、财产与国家》《民族—国家与暴力》和《超越左与右——激进政治的未来》，被称作吉登斯的"历史唯物主义三部曲"。吉登斯的著述包含非常广泛的内容，主要体现在对经典思想家著作的反思、对社会理论研究方法的重建、现代性理论体系的构建、对现代政治的重建等方面，涉及诸多的学术领域，但现代性社会问题几乎成为唯一主题，创造出自己独特的社会理论，他深刻的社会哲学思想，就包含在这丰富、独特的社会理论中，也构成了我们研究的主题。

吉登斯的社会理论以风险社会理论、结构化理论、反思的现代性理论、超越的现代性理论、自我认同理论、激进政治纲领的第三条道路等为标志，在国内外产生了积极的学术影响，波及哲学、社会学、政治学、民族学、民俗学和管理学等领域，推进了这些学科对一些重要问题的理性思考和科学认识，而他关于宏观社会和微观社会辩证统一、分析与综合辩证统一、社会事实与理论建构辩证统一、历史主义与现实主义辩证统一的研究方法，具有重要的方法论意义。这一方法论的特点，不仅对诸多学科自身的发展有着推动意义，而且对社会科学研究与认识的方法论建设，对交叉科学的发展，也起到积极作用，受到了人们普遍的关注。对于我们来说，吉登斯社会哲学思想的一般纲领，总体上可以概括为由四部分内容组成的、具有内在逻辑关联的思想体系，即在社会本体论维度上的经验主义自识论、在社会认识论维度上的"新功能主义"的解释论、现实主义的价值论以及社会实践维度上的整体主义的认同论，这些思想遵循"是什么""为什么""做什么"与"如何做"的逻辑，形成了具有内在统一的理论思想。

吉登斯的社会哲学，围绕现代性尤其是资本主义的晚期现代性分析，不仅涵括了深刻的哲学原理，更包含富有启发性的值得借鉴和深入研究的方法论思想，尤其他的方法论立场、内涵以及价值意义，构成其社会哲学思想不可或缺的组成部分。为此，在绪论中，我们将结合对吉登斯社会哲学思想一般特征的分析，重点阐述他的方法论思想，力求从总体上更好地把握和理解他的社会哲学思想，提供方法或帮助。

一、走出灰色

吉登斯的社会理论是一种批判与建构相统一的认识和把握社会发展的理论，现代性社会是他研究活动的主要对象。面对 20 世纪中叶以来，人类社会发展的复杂状况和人类生存的现实困境，吉登斯既不像末世论者那样，把现实的现代性社会看作人类末日的到来，把人的现实生存境况看作完全的"黑色";也不像后现代主义者那样,完全以一种"白色"的眼光,做出所谓真理退场、确定性丧失等论断,以非理性的态度任由社会自身去发展;当然,他也不像新自由主义者那样,认为资本主义已经终结了人类的历史进程,尤其是随着苏联解体、东欧巨变的发生,以为人类社会发展和生存的一切问题都迎刃而解了,对现实的资本主义社会持一种"全色"的社会意识。

吉登斯是一位新马克思主义者,他决不同意末世论的"黑色",或后现代主义的"白色"社会论调。一方面,他强调现代性社会是一种具有内在反思性的社会,具有内在积极的因素,此因素所推动的社会是符合人类文明进步的方向的,具有内在的能量进行自我矫正;另一方面,他也强调现代性社会拥有自身发展的规律,人类理智不仅能够掌握这些规律,而且还能够把这些规律运用于社会实践,推动社会向着更有利于人类文明的方向进步。对于新自由主义者所谓资本主义已经终结了人类历史进程的"全色"的论断,则持一种马克思主义的完全批判的态度。或许,可以把吉登斯对现实的现代性社会的理解看作是一种"灰色"的观点。因为他认为现代性社会确实给人类带来了现实的风险和灾难,但他又认为我们人类能够认识这种风险的实质,找到克服风险的办法,走出"灰色"地带,迎向光明的未来。从这个意义上说,吉登斯抱有一种积极的乐观的方法论态度,客观地面对现代性社会的问题和困境,理性地探索现代性社会发展的规律,积极地投入改造世界的人类实践活动之中。正是这样的方法论态度,造就了吉登斯的理论创造和思想意识。

从现代性社会的"灰色"地带走向充满光明的人类未来,吉登斯的方法论态度和立场表现出一些重要的特色,这是值得我们深入思考和研究的。

首先，应如何正确看待人类面临的风险和困境，吉登斯以唯物辩证的态度来看待现实的社会风险，具有基本的实践唯物主义的方法论态度和立场。在吉登斯看来，人类面临的现实的社会风险和灾难，是人类社会实践的产物，它在实践中产生，也需要在实践中解决。这就是说，风险是现实的客观的存在，我们既不能颓废地看待它，也不能消极地看待它，而是要辩证地看待它。既要看到它恶的方面，也要看到它积极的、可转化的方面。正如我们所知道的，吉登斯的风险社会理论是他的很重要的理论，这一理论构成他社会哲学思想中经验主义自识论的核心内容之一。在这一理论中，关键性基点在于是否能够科学地理解"风险"的含义。

吉登斯用两个概念的区分，帮助我们理解风险的基础内涵。其一，"风险"不同于"危险"，危险包含着结果的既成事实的意味；而风险是概率性的，是对未来可能发生的危险的评估，如果人们提前加以筹划就有规避的可能，这与我们作为实践主体所具有的主观能动性、反思能力等不可分割。其二，"风险"一词在不同时期的含义不同。吉登斯在《失控的世界》这部著作中，通过追溯该词的起源，认为它最早是由西方的航海探险家们发明的，意思是航行到了未知的水域。所以，"风险"最开始主要是空间的未知性方面的含义，后来，它的含义才转向了具有未来时间意义的方面，这一考证，使得风险概念的时空属性有了一种不确定性的含义。

从吉登斯所区分的风险的两个方面的含义可以看出，风险这个理念本身与未知和不稳定性紧密相关。在现代社会，人们对风险的认知更具有科学性，主要把它理解为日常实践的一部分，占据着理性思维的必要位置，甚至认为风险具有致力于变化的社会的推动的力量价值，这样的一个风险社会，人类不可能把决定自己未来的权力交给传统社会惯以依赖的力量：宗教、传统或者反复无常的自然界，而是通过风险管理，人们自觉地控制和规范未来的走向。因此，风险虽然不管在什么时候都会给人带来焦虑，但不同于传统社会中迷信地祷告或是完全束手无策的做法，现代社会的到来唤起的是人们积极地面对未来的态度。显然，吉登斯是以积极的辩证的方法论态度来看待风险的。

吉登斯对风险的讨论并没有止步于此，而是进一步讨论了风险的类型，即外部风险和被制造出来的风险，前者是自然给予人类的威胁，其为传统社会中风险的主要表现；后者多是由于人类实践活动的发展所导致的，在现代社会尤其是晚期资本主义现代性社会中占主导地位。这并不是说在现代社会中，外部风险就不存在了，而是因为随着人类实践能力的提高、科技的进步，事实上人类预测和控制外部风险的能力得到了很大提升。而社会风险从以外部风险为主过渡到以被制造出来的风险为主的原因在于经历了自然的结束和传统的结束。自然的结束是指我们所赖以生存的自然环境已经时刻被人类的实践活动所影响和控制，传统的结束在于生活领域内的传统和习俗都在一定意义上被颠覆，进而被个人化的一种生活方式所取代。① 显然，在吉登斯的思想中，我们能够通过发展科学技术的手段，逐步克服外部风险，被制造出来的风险是在人类

① 该说法见于许峻铭：《吉登斯风险社会理论的哲学审度》，11页，南昌，江西师范大学，2013。

实践活动的参与过程中造成的，因此，通过改变实践的方式，人们能够限制风险，少制造风险，进而克服风险，这仍然是一种积极的、辩证的、实践的方法论态度。

其次，在如何对待传统与现代性社会现实的问题上，吉登斯坚持把历史与现实统一起来理解的思想，具有现实的历史意识的方法论态度和立场。与要么把传统看作绝对不可改变的民粹主义，要么认为传统一钱不值必须彻底打碎的历史虚无主义这两种对"传统"的极端化理解相反，吉登斯坚持历史与现实相统一的方法论原则，认为"传统是一种重要的重新肯定"①，在现代性社会，传统必须改变，这既是现代性社会的内在要求，也是人类实践活动不断发展的历史必然。吉登斯说，在部落社会和阶级分化社会，传统是合法性的主要源泉，人们的日常社会实践和经验本身的绵延，都通过传统而得以道德化。日常社会生活组织的意义是人类存在理所当然的特征，并且通过传统而得到保证，这是社会例行化的基本特征，直接通过子孙后代传承下来，支配各种社会实践，体现为社会化的生命过程。吉登斯的这种理解，具有首先从历史视角对传统进行解读的显在性，充分肯定传统的积极意义，把传统与特定内容、人类的特定实践活动等相关联，甚至把这种与时间性直接关联的传统，看作是反映了人的本体性安全，是通过制度的长时段的绵延而得以延续。②

吉登斯认为，本体性安全的维持建立在个体认知性信仰的持续性反

---

① ［英］安东尼·吉登斯：《历史唯物主义的当代批判：权力、财产与国家》，155页，郭忠华译，上海，上海译文出版社，2010。
② 同上书，156页。

复的常规化(一个帮助个体获得有关社会生活的生产和再生产技巧的过程)的基础上,这种常规化通过日常活动背景下的时空路径的进程得以实现。本体安全的破坏将威胁自我的稳定性,导致以原始精神专注为基础的被压抑的焦虑的高涨。① 而他所言的所谓断裂便意味着自我的稳定性被打破,也就是指日常生活的例行化被打破,由于"例行化表现了残余的传统,每一个社会都必然如此;但是传统实践的道德约束力却为一种与经济强制背景相适应的习惯所广泛代替。在资本主义工业化城市中,日常生活的普遍性特征必须被看作是一种历史的产物,而不是使社会生活得以广泛进行的一种'既定的'或外在的条件"②,所以,"在例行化的平常生活中,本体安全的维持就内在地涉及对自我和超我的调节以抑制焦虑"③。从这些分析中,我们不难看出,维护传统,对于人的稳定的生活、生产和社会关系,对于人的身心的安全多么重要。

确实,一种社会现实的产生必然与其时代背景有着密不可分的关系。在吉登斯的理论中,现代社会的风险正是与打破传统密切相关的。现代性社会在通信方面的机械化技术,剧烈地影响着社会的所有方面,也使社会出现了"断裂",现代从传统中演变出来,正是得益于反思与断裂的交互作用。那么,如何看待断裂呢? 吉登斯认为,现代性社会的"断裂"是指与前现代时期相比,人们在社会信任方面的地域化情境中发生了转变。曾经,传统的亲缘关系、地域性社区、宗教宇宙观、风俗习

---

① [英]安东尼·吉登斯:《历史唯物主义的当代批判:权力、财产与国家》,200页,郭忠华译,上海,上海译文出版社,2010。

② 同上书,158页。

③ 同上书,159页。

惯提供给人们足够的本体性安全。而在现代社会中，地域化不再是本体性安全的充要条件，而变成了充分条件；熟人社会的逐渐没落；逻辑、理性战胜了宗教、迷信成为人们思维的工具；风险环境也由以外部风险为主转变为以被制造出来的风险为主，这些转变都体现了一个世俗化的过程，是断裂的体现。而断裂之后，我们所经历的正是现代性的激烈化阶段，而没能超越它。发生在断裂背景下的现代社会中的风险是反思性行为结果的不确定性的现代呈现，因而是人的实践行为投射的结果，现代性是内在风险不可或缺的时代背景，是触发其产生的最初因素。正如霍布斯鲍姆所说："过去的一切，或者说那个将一个人的当代经验与前代人经验承传相连的社会机制，如今已经完全毁灭不存。这种与过去割裂断绝的现象，可说是 20 世纪末期最大也最怪异的特色之一。许许多多身处世纪末的青年男女，他们的成长背景，似乎是一种永远的现在，与这个时代的众人的共同过去，缺乏任何有机的联系。"①这似乎正是吉登斯所说的断裂的现代性特点。

　　吉登斯把现代性看成是一种社会历史现象，一种正在进行中的历史实践进程，是一种同中世纪决裂的多层面的历史进程，包括政治、经济、技术、观念和社会组织等方面的变革，是社会进步的一种表现，是人们对现代生活的一种前所未有的复杂的经验体验，它必须被看作一个历史化的复杂的内部矛盾重重的悖论系统。② 现代性社会的断裂，是同过去或传统的断裂，包括制度的断裂、观念的断裂、生活的断裂、技术

---

　　① ［英］艾瑞克·霍布斯鲍姆：《极端的年代：1941—1991》，导言 3 页，郑明萱译，北京，中信出版集团，2019。

　　② 汪民安：《现代性》，导论 9 页，南京，南京大学出版社，2012。

的断裂和文化的断裂等方面。对于吉登斯来说，现代性社会的断裂，并不是与传统彻底割断，而是通过历史的反思性活动，重塑传统。从这个意义上说，现实性的历史意识，不只对于研究"传统"问题是必须的，而且对于研究所有社会问题都是重要的。我们在阅读和研究吉登斯的著作时，时时感觉到一股历史的气息，正是其历史意识的方法论态度的表现。

最后，在如何对待社会实践主体与对世界的改造的问题上，吉登斯坚持把主体意识与尊重规律统一起来理解的思想，具有主体的能动意识的方法论态度和立场。马克思说："真正的哲学都是自己时代的精神上的精华，因此，必然会出现这样的时代：那时哲学不仅在内部通过自己的内容，而且在外部通过自己的表现，同自己时代的现实世界接触并相互作用。"①20世纪，因提出知识—权力理论而备受关注的福柯(Foucault)把马克思看作19世纪和20世纪社会思想的内在组成部分，吉登斯则认为，马克思的著作对资本主义的贪婪本质做的批判是迄今为止最有力的解释，对高度现代性社会的分析批判，需要自觉方法论和解释的合理性，而这意味着"批判理论的复兴需要马克思的现实主义精神：即政治策略必须通过诊断制度发展的内在趋势来加以制定"②。

著名学者汪铭铭认为，吉登斯的主要理论贡献，表现在两个方面，其一是对西方社会思想界的各种学派进行了批评性总结，另一个就是对

---

① 《马克思恩格斯全集》第1卷，220页，北京，人民出版社，1995。
② ［英］安东尼·吉登斯：《历史唯物主义的当代批判：权力、财产与国家》，序言10页，郭忠华译，上海，上海译文出版社，2010。

现代性社会的创造性论述。前一部分是对后一部分的理论铺垫。① 吉登斯在批判分析涂尔干(Durkheim)、韦伯(Max Webe)、马克思、弗洛伊德(Freud)等经典社会理论大师的理论基础上，意图超越以往的整体主义与个人主义、客观与主观、宏观与微观、客体与主体等相割裂的解释社会历史与人的活动的理论模式，创造性地提出了他的著名的结构二重化理论。在这一理论的基础上，他借鉴福柯、贝克(Beck)等当代社会理论研究的相关成果，对当代高度发达的资本主义现代性社会进行了解释，并且，吉登斯的这一贡献因为与经济全球化时代的每一个人的生活的相关性而更受关注，这也就是人们普遍认为吉登斯的思想主要体现在关于现代性的研究上的原因。

在我们看来，主要体现吉登斯思想的是他的反思的现代性理论，而反思的现代性理论的焦点是处理作为社会实践主体的人的能动性与尊重客观存在与规律之间的关系，正是在这个重大问题上，吉登斯充分肯定了马克思思想的重要性和现实性。总体来看，吉登斯对现代性社会的研究，为我们从两个层面揭示了现代性的内涵。也就是说，在文化精神层面和社会事实的典型层面的内涵，即现代性的精神性内涵和制度性内涵，其中，精神性内涵主要关涉主体的能动性，而制度性内涵主要关涉规律性，吉登斯把二者有机地结合在一起了。

我们知道，对于现代性内涵的讨论，德国著名哲学家哈贝马斯和吉登斯是两个重要人物。哈贝马斯认为，现代性是人类自启蒙运动以来，

---

　　① ［英］安东尼·吉登斯：《社会的构成》，译序 3 页，李康等译，北京，生活·读书·新知三联书店，1998。

在推进自我进步与社会发展过程中形成的一种积极向上、奋发有为的主体精神。它主要包括"追求自由、推动进步的理性主义原则，批判谬误、追求真理的目标探求，相信科学、主张进取、提倡创造的主体界定，注重普遍性、承认整体性的思维方式，肯定社会进步、坚信伦理道德终将向善的价值诉求，等等"①。哈贝马斯清楚地看到了现代性需要的整体性思维，而且此种整体性思维首先表现为一种历史的整体性思维，为此，哈贝马斯赞同黑格尔（Hegel）关于现代性的一些观点，认为黑格尔是对"现代性"进行哲学反思的肇始者。在哈贝马斯这里，黑格尔主张的现代性的时代意义体现在现代与传统（古代和中世纪）的断裂和一种面向未来、克服危机、敢于革命、追求解放、进步、发展的时代精神的看法，是有其合理性的。因为哈贝马斯认为"在 18 世纪末，曾经有过这样的一个社会知识和时代，其中预设的模式或者标准都已经分崩离析，鉴于此，置身于其中的人只好去发现属于自己的模式或标准"②。然而，高度科学理性的现代性将人类置于新的困境。对此哲学家尼采从后现代主义的视角上提出"要么对以主体为中心的理性再做一次内在批判，要么彻底放弃启蒙辩证法纲领"③。现代性昭示了人类理性的一个最后阶段，把传统与现代的断裂归因于理性的过度扩张，认为只有把艺术、宗教、神话进行充分融合，使其融为一体，方能构成与现代性相抗衡的一

---

① 童星：《现代性的图景：多维视野与多重透视》，155 页，北京，北京师范大学出版社，2007。

② 章国锋：《关于一个公正世界的"乌托邦"构想》，66 页，济南，山东人民出版社，2001。

③ ［德］尤尔根•哈贝马斯：《现代性的哲学话语》，99 页，曹卫东等译，南京，译林出版社，2004。

种合力，进而才能有力量实现对自我的救赎。尼采看到了人的心灵、精神在现代性进程中的影响作用，并希望通过释放人类心灵的精神力量制约、克服现代性的负面影响，帮助人类走出现代性的悖论困境。

　　与哈贝马斯、尼采现代性思想都有很大差异的现代性研究学者大卫·莱昂（David Lyon）认为，"现代性"是继启蒙运动的影响出现的"社会秩序"，把现代性看作一种启蒙运动开启的社会的结构性安排的社会事实。他认为启蒙运动导引的现代性"开创了一种新的社会秩序，导致了一个前所未有的、并常常是不可逆转的大规模变迁"①。莱昂是从社会秩序的文化因素分析了现代性。查尔斯·泰勒（Charles Taylor）在《自我的根源：现代认同的形成》一书中，从微观视角，讨论了现代性社会中人的道德重建问题。认为现代性社会的困境是人的生命意义的丢失而引起的存在感、方向感的迷失，因此人要在自我审视、自我反思的同时，围绕自我与外部世界的关系坐标重新定位自我的意义，并进而更好地理解自我的个性、自由以及和自然的关系方式等。"在内在动机中寻求善的道路……它是一种内在的冲动或确信，告诉我们自身的自然满足以及与我们同胞的自然满足相一致的重要性。这是我们内在的自然之声"②，这是人的尊严感赋予的人类优越性和责任的现代性审视，是围绕现代性社会人的本体性危机及其原因分析展开的对现代性制度的讨论。

――――――――――

　　①　[加]大卫·莱昂：《后现代性》，48 页，郭为桂译，长春，吉林人民出版社，2004。

　　②　[加]查尔斯·泰勒：《自我的根源：现代认同的形成》，567—571 页，韩震等译，南京，译林出版社，2001。

他们这些关于现代性的讨论，对于我们更好地认识身处其中的现代性社会有很好的帮助，他们的讨论或许在某些方面是深刻的，也有其合理性，但他们的讨论无一例外地都是把复杂、整体的现代性问题，简单化、单一化地处理了。与他们不同，吉登斯的现代性思想不仅在内容涉猎上几乎无所不包，而且，在研究方法与思维方式上注意了整体性的有机统一，尤其突出了主体意识与尊重规律之间的辩证关系，尽管吉登斯的现代性社会思想内容庞杂、具体，但其内在的逻辑关联和整体性的理论特征，是我们认识理解当下经济全球化的现代性社会，把握社会未来发展趋势，储备理想社会建构能力的有效参考。

康德（Kant）说"人，或一般来说，每一个理性存在者的存在，都以他本身为目的，不仅仅作为手段由这种或那种意志任意利用。就他所有的行为来说，不管是指向自我还是指向他人，他都必须同时被当作目的"[①]。另一位德国哲学家赫尔德（Herder）说："每个人都有他自己的尺度，这使他与众不同。"[②]每个各具特色的个体是现实的个体，是能够具有为共同体做出必要牺牲的个体，而社会的发展就是要在这样一个以个体为基础的基本力量的推动下和自我选择的目标指引下，共同建构一种自我的真实性与社会的完善性为一体的社会状态，那里个人可以完全自由地遵照自我的内在本性，不受外在秩序或他者的影响，是一种实现了的人向自然的回归。而这对主体价值和社会实践的双向肯定，与马克思主义

---

① ［德］康德：《道德形而上学基础》，428 页，孙少伟译，北京，中国社会科学出版社，2009。

② ［德］赫尔德：《关于人类历史哲学的思想》，7 卷第 1 章，何兆武等译，北京，人民文学出版社，1977。

哲学在实践基础上倡导并积极推动的"以人为本"的社会发展思想相契合。

　　吉登斯理论世界中反映生活世界现象的现代化的交通、通信与沟通交流等现代性社会特征，正越来越演化为个人与社会的基本生活方式，现代性成为普遍性的一种强迫力量，使得各民族—国家的认同问题、个人的自我认同问题等成为形成集体力量、获得安全的紧迫需求，现代性以一种前无古人的力量和方式，打破传统的社会组织方式、生活方式的同时，也在以它固有的方式重建着社会组织方式和生活方式。马克思说："各个相互影响的活动范围在这个发展进程中愈来愈扩大，各民族的原始闭关自守状态则由于日益完善的生产方式、交往以及因此自发地发展起来的各民族之间的分工而被消灭得愈来愈彻底，历史也就在愈来愈大的程度上成为全世界的历史。"①因此，吉登斯才说经济全球化是高度现代化时代的最显著标志。

　　总之，当我们在马克思主义哲学的框架下，思考吉登斯的思想时，不禁又一次想起著名哲学家海德格尔的话，"哲学问题一开始就是人类所面临的永恒问题——哲学问题不仅本质上就是人类生活中所产生或出现的最根本的问题，而且也因为人类生活形式在某个层面上的相似性而成为全人类共同思考的问题。哲学问题具有持久性和普遍性的特点，例如，古希腊哲学家所思考的很多问题仍然是当今的哲学家继续思考和探究的问题"②。吉登斯极力想要解决的问题是思想史上许多哲人们都在关注的人的存在和如何更好发展的问题，如何处理好主体意识和尊重规

────────────

　　①　《马克思恩格斯选集》第 1 卷，51 页，北京，人民出版社，1972。
　　②　［德］马丁·海德格尔：《存在与时间》，1 页，陈嘉映等译，北京，生活·读书·新知三联书店，1987。

律的问题，这一主题既是人类社会生活的现实主题，也是人类反映社会生活、追求更加美好的社会生活的思想主题。从古希腊就开始探讨、追寻你是谁，人的生命意义开始，如海德格尔所言，哲学家在人类生活的问题上坚持不懈地进行着思考，给出了各种各样的社会生活组织方式的意见。经过社会生活的实践检验，我们看到马克思主义哲学为我们提供的历史唯物主义理论不仅是对社会生活进行解释的科学理论，而且马克思主义哲学是我们革命地变革社会生活、理想地组织未来社会生活的科学理论。社会主义、共产主义的价值传播和以此为基础的社会形式，成为许多思想家、理论家的共识与实践主张。吉登斯的社会哲学思想不仅深受马克思思想、方法的影响，而且他自己在多处、多次强调了马克思思想的科学批判力和在未来社会形态组织中的合理性。吉登斯在唯物的立场上，运用他自己创建的结构二重性理论模式，对实践、人的自我建设、政府的职能、未来社会的组织等问题的分析，不仅呈现出经验主义、结构主义与现实主义相结合的理论特色，而且在方法论上呈现出一种各要素、各领域、各主题互为关联、辩证统一的整体性特质，增加了他理论的逻辑严密性，也促进了对现代性问题复杂性的把握，也许，正因如此，他的理论才能成为英国布莱尔政府社会治理的重要依据，他本人也成为不仅影响英国，而且对世界有重要影响的当代社会哲学的理论家。

吉登斯说，"我将把后现代性解析为'脱离'或'超越'现代性的各种制度的一系列内在转变。我们还没有生活在后现代的社会氛围之中，但是，我们已经能够瞥见那不同于现代制度所孕育出来的生活方式和社会组织形式的缕缕微光"①。"我们必须恪守马克思主义的原则，即如果没有同制度的内在可能性结合起来的话，寻求社会变迁在实践上就没有什么作用。正是借助于该原则，马克思才使自己与乌托邦主义鲜明的区别开来；但是这些内在的可能性本身要受到现代性的反事实性的影响，因此在'现实的'和空想的理论之间，并不需要一种刻意的分割。我们必须用一种比马克思所处的时代更有说服力的方式，使乌托邦的理想与现实保持平衡。"②我们真诚地希望吉登斯在这里所倡导的理论与实践相统一、主体意识与尊重规律相统一的方法论态度与立场，能"使个人的创造性、锐气、生活力和生命的欢乐继续活着"③，帮助人类走出现代性的"灰色"地带，走向光明的未来。

　　如上我们从三个方面对吉登斯方法论态度和立场的讨论表明，其实践唯物主义的、现实的历史意识的和主体的能动意识的方法论态度和立场，具有鲜明的特色，他把理论与实践、历史和现实、主体意识和尊重规律有机地统一在一起，实现了在现代性社会研究和思考陈述中方法论态度和立场的创新，并把这种创新贯彻、运用和渗透于自己对现代性社会的分析、理解和理论建构中，同样表现出方法论的特色。

　　观念是"我们的感觉和冲动所呈现出的知觉形式；每个观念不仅涵盖一种智力行为，而且涵盖知觉和意志的某种特定的方向。因此，对于

---

① ［英］安东尼·吉登斯：《现代性的后果》，46 页，田禾译，南京，译林出版社，2006。

② 同上书，136 页。

③ ［英］伯特兰·罗素：《社会改造原理》，86 页，张师竹译，上海，上海人民出版社，2001。

社会亦如对于个体一样，每个观念均为一种力量，这种力量愈加趋向于实现自身的目的"①。就是说，观念并非"一种纯粹的智力上的构想；其自身内部即蕴含着一种动态的力量，激发个体和民族……去实现目标并建构目标中所蕴含的社会制度"②。

二、破除强制

在吉登斯的社会哲学思想中，人类要想走出现代性社会的"灰色"地带，首先必须认清现代性社会带给人类风险的现状，理解它的症候，这样才能够在实践中破除它的强制，变不利因素为有利因素，变风险为机遇。那么，人类在方法论上应该如何做，才能够理性地、科学地把握现实世界，破除现代性的制度对人的强制呢？总体来看，吉登斯主张开展三个方面的工作，以求在方法论上达到突破，包括开展各学科全方位的对话、对行动者在协调他们日常行为的情境方面采用复杂的技能保持敏感，即回到人的生活世界、认识人的日常活动以及对社会生活的时空构成保持敏感，亦即时刻关注人的社会生活的改变，概括地说，就是要在社会科学的理论研究中开展整体性对话、研究人的日常社会实践和社会生活的环境。这三个方面，甚至构成吉登斯社会问题研究的方法论的核心内容，它们共同起作用，不断提升社会科学认识世界和改造世界的能

---

① ［英］约翰·伯瑞：《进步的观念》，引言1页，范祥涛译，上海，上海三联书店，2005。

② 同上书，引言1页。

力，为人类破除现代性社会的强制发挥应有的作用。

　　首先，社会研究的整体取向在于开展广泛的学科对话。吉登斯认为，所有的社会研究必然包含文化的、民族志的或者说是"人类学"的方面。① 这种说法意味着社会研究需要开展多方向的学术对话，吉登斯把这种对话称作"双重解释学"的取向，是社会科学的一般特征。在他看来，社会科学家所研究的社会现象，是已经被人们赋予其意义的现象，这意味着当我们"进入"这一领域开展研究时，我们的研究工作是有条件的，要了解和把握人们赋予了这些现象什么意义，同时，应该赋予它们什么意义。显然，吉登斯所谓双重解释学同我们一般讲的"对话"还是有所不同的，有其独特的内涵。

　　吉登斯认为，社会科学的观察者所发明的概念是一些二级概念，这些概念预先假定，行动者也具有一定的概念能力来把握社会科学家的概念所指的行为，因此，社会科学家要想把他们所使用的二级概念转化为一级概念，就需要转译，也就是说要在不同意义框架之间进行转译，从而形成统一的看法。转译活动首先在于确定所使用的概念在多大程度上是民族志形式的，即人们按照地方特色赋予概念的意义；进而，社会科学家是一位沟通的使者，将与特定的社会生活环境联系在一起的意义框架介绍给生活在其他环境中的人们，从而形成共同的知识，产生"展现"这些共同知识的一般形式，正是借助这些形式的共同知识，使人们在实践活动中表现出共同的行动；再进而，这种对话表现为某种类型的"厚

---

　　① ［英］安东尼・吉登斯：《社会的构成》，412 页，李康等译，北京，生活・读书・新知三联书店，1998。

描"，也就是做出深层次的分析和描述。从吉登斯的这几点分析可以看出，所谓"对话"，其实就是在对社会现象的研究活动中，既要寻求共同的知识和表达形式，又要区分出各自的不同，在交叉、转译活动中，达成共识。吉登斯这里所强调的对话，对于厘清人们认识的混乱，形成新的共同性知识和认识，有着重要的方法论意义。

在我们看来，体现吉登斯现代性社会研究的核心理论即反思的现代性理论，他对现代性社会形成机制的分析和认识，与他的风险社会思想、民族国家思想、认同思想是紧密关联的，换句话说，吉登斯的反思的现代性理论正是利用了各学科对话的结果。吉登斯认为，"现代性指社会生活或组织规模，大约 17 世纪出现在欧洲，并且在后来的岁月里，程度不同地在世界范围内产生着影响"①。在他看来，"现代性"蕴含着工业化社会的政治、经济等制度规范，也预示着社会在制度、生活方式、社会关系等方面对传统社会的超越与变革。资本主义的高度"现代性"通过"脱域"机制摆脱了时空限制，逐步发展成一种趋势，而且这种趋势在经济进程中还在不断地扩大影响，其结果就是各种人为风险的急剧增多，危害急剧增大。吉登斯的这些分析深刻透露出对资本主义制度及其文化的批判。因为"资本主义的技艺创造了它的产品、政府、宗教和文化。'资源'的观念是资本主义文化的创造，因为它标示了'资源'的变形不是透露了人类良心的经纬线，而是直接的原始的可剥削性——通过它，其他形式的自然，包括人的自然，成了可异化的使用对象。在一

——————————

① ［英］安东尼·吉登斯：《现代性的后果》，1 页，田禾译，南京，译林出版社，2000。

个重要的方面上，'资源'的观念，暗示了即将到来的人与自然的异化，也即人与作为自然的自身相异化"①。显然，吉登斯对资本主义本质的反思性认识，是多学科、多视角对话的结果。

如果我们把吉登斯的对话的方式运用于现代性社会研究，吉登斯的反思的现代性社会思想，还有可能进一步扩大。因为在现时代，制度的设定愈来愈依赖专门知识及其专门知识系统，而专门知识及其专门知识系统的内在矛盾、拥有者、使用者又有很大的差异，这样就加剧了制度的反思性与复杂性，加之实践意识和行动结果的不确定性，就是对风险的识别、判断越难以做出，对风险的化解、规避越难以做出，所以，吉登斯主张一种从解放政治到生活政治的转换。我们觉得，吉登斯似乎有一种希望，通过社会个体的积极能动的选择判断力，承担起更多的风险化解的责任。同时他还希望通过社区——这一人类生活的共同体形式，寻找、培育一种新的社会团结的力量。可见，吉登斯是在结构性危机的面前，号召人们首先基于自己的公民素质，在自我利益、社会正义、乃至生态正义之间，进行利益与价值的判断取舍，主张了一种微观层面的现实主义，我们觉得，吉登斯的这一思想具有乌托邦的色彩。因为在这里，吉登斯似乎跳离了他自己用来解释社会的理论模式，把人看成了一个不仅没有制度，且具有高度伦理自觉的道德性极高的个体，然而，这无论怎样都是不现实的。虽然"实践是人类'自我实现'的心脏，是个体和群体的幸福的根源。'自我实现的概念是一种可以应用于个体也可以

① ［美］温迪·林恩·李：《马克思》，123页，陈文庆译，北京，中华书局，2002。

应用于社会共同体的东西——个体和公共的自我实现辩证地互相促进'"①。

确实,吉登斯的思想始终围绕着什么是"现代性"这个问题展开,他对什么是现代性及现代社会的回答主要体现在他关于传统与现代的比较中。吉登斯从对历史事实的分析,到对现实社会秩序建构的分析,以及对人们日常生活的本体性安全需要的分析,说明"现代性是一种具有历史意义的差异状况,它以某种方式打破了从前的一切。……现代的世界并没有带来传统的消亡,而是赋予传统以新的地位和环境,使之成为决策的可供选择的替代环境,成为知识、价值和道德的可供选择的替代方案"②。

遵此思想的思路,我们很容易得出吉登斯的高度现代性社会或者说晚期现代性社会就是一个"后传统社会"的结论。在他的视野中,只是传统的解释与发挥作用的方式发生了变化,这种变化是由于社会情境的变化使得社会秩序的建构需要一种能够聚焦当下、化解未来不确定风险的社会普遍具有的规约力发生了变化,而任何一种作为历史经验抽象的传统规范虽形成于过往事件处理的有效性,但它作为人类集体记忆的抽象形式,却始终具有指向未来的当下影响力。也许,正是基于此缘由,吉登斯考察了传统被现代解构之后引发的信任危机,主张建构一种开放的积极信任,在世界性时空延展的向度上重构社会生活的秩序。这里吉登斯是把传统与人的创造性历史联系在一起的,他从历史事实出发,但并

---

① [美]温迪·林恩·李:《马克思》,126页,陈文庆译,北京,中华书局,2002。
② [英]安东尼·吉登斯等:《现代性——吉登斯访谈录》,16页,尹宏毅译,北京,新华出版社,2001。

不是把历史事实看作纯自然现象，而是突出了人作为社会行动者的主体性、意识性和创造性，充分肯定了社会现象的可感知性、可认知性，从而也把自己与同样重视社会历史事实的实证主义区别开来，努力使他的思想力求真实、科学地解释社会历史的同时，为人类的未来寻找一条善的出路，甚至是他视域中美的出路，如生态现代化。他的这种分析体现了吉登斯非常鲜明的英国文化传统的经验主义特色，更体现出他娴熟运用各门学科的知识并在它们之间进行对话的技巧，体现出他对话的方法论思想的科学价值。

其次，社会研究的深入在于回到人们的日常实践活动。吉登斯认为，"社会研究应对行动者在协调他们日常行为的情境方面采用的复杂技能保持敏感，这是很重要的一点"①。在我们看来，吉登斯的这一关于社会科学研究的方法论警示，讲出一个非常重要的道理，即对社会的认识，仅仅落脚于宏观领域是远远不够的，必须深入人们的日常实践活动中，保持对人们日常实践活动的敏感度，才能捕捉到真实的社会事实，才能够看清人的实践活动的真实状况。

吉登斯不仅强调要回到人的日常实践活动中去研究社会，而且身体力行，研究了大量微观问题，他的许多理论都表现出这一特色。其实，吉登斯自己曾多次讨论过所谓宏观与微观的关系问题，甚至认为这一问题实际上是一个假命题，只是视角不同而已。例如，他把生态与人的生活结合在一起研究。生态问题通常被认为是一个宏观问题，生活问题是

① ［英］安东尼·吉登斯：《社会的构成》，413 页，李康等译，北京，生活·读书·新知三联书店，1998。

微观问题，二者似乎不搭界，但吉登斯却巧妙地把二者作为同一个问题来处理，形成了他的生活政治理论，产生了广泛的影响。自 20 世纪以来，生态问题就成了学术界研究的热点，原因是建立在矿石燃料基础上的工业文明加剧了环境的破坏，人类逐渐意识到，我们正在为经济增长付出惨痛的代价。人们也逐渐发现，物质的极大丰富并未给我们带来预期的幸福和快乐，反而使人们在这样的文明下迷失自己，异己化更甚。这是现代性社会发展过程中所面临的尴尬局面。基于这样的现状，学者们都在努力寻求解决生态问题的方法，并试图构建一种健康的生活方式。

生态文明是 20 世纪 30 年代的老话题，自人类认识到无止境的资源追求，对自然残暴地掠夺、伤害以来就开始提倡生态文明了。生活方式是 20 世纪 90 年代的新话题，之前主要是对一些特定群体的生活方式的研究，随着社会的发展，对生活方式的研究更趋于与其他理论、领域相结合，由单纯的探讨生活方式到复杂的研究生活方式对其他领域的影响。吉登斯以生活政治思想为理论依据，把生态理论和生活方式结合起来加以探究，试图揭示一种生态的生活方式，取得了很大的成功。

吉登斯特别强调研究微观实践对于制度分析的重要性，认为进行制度分析的学者们需要牢记，把日常实践悬搁的做法仅仅是方法论上的一个手段，如果忘记了这仅仅是一个手段，误把一种方法论程序当成了本体性的现实，那就会误入歧途。我们在分析社会现象时，必须考虑社会系统再生产为行动者反思性地监控的方面和那些意外的方面，以及偶然行为的意外后果在某种具有历史意义的场合中导致的"长远"影响。吉登斯说，"在结构化理论中，社会生活被看作存在于常规性的社会实践中。

在主要通过实践意识层面而得到组织的例行常规的背景下，生活并不是作为'结构'而是作为日常存在的绵延而得到体验的。平常生活的延续不是一种'直接激发'的现象，而是通过例行化的实践得到保证"①。因此，日常实践活动对于研究来说才是最重要的。

最后，社会分析要时刻关注人们社会生活的改变。吉登斯认为，"进行社会分析的学者还必须对社会生活的时空构成保持敏感"②。按照吉登斯的说法，从一定程度上来说，强调必须对社会生活的时空构成保持敏感，这也是号召在学科之间进行融合。在吉登斯看来，社会科学家对时间和空间的关注都不够，他们满足于让历史学家成为时间方面的专家，让地理学家成为空间方面的专家，让他们自己成为社会科学家，于是，他们总是把研究的重点放在所谓"社会"上，其结果就是脱离现实，缺乏整体性认识，把作为整体的社会肢解得支离破碎。吉登斯说："对于那些从事一门学科研究的学者来说，似乎只有能够清楚地指出自己学科的关注点和其他学科的关注点之间的概念界限，他们才会感到心安理得。"③这是非常错误的。在这种视角之下，历史学就被视作研究一系列按照时间顺序发生的事件，或者被更含混地看作研究"过去"的学科。而地理学的许多代表人物则总是喜欢声称，自己学科的特征在于对各种空间形式的研究，然而，"脱离"时空关系来进行社会分析，就会给整个社

---

① ［英］安东尼·吉登斯：《历史唯物主义的当代批判：权力、财产与国家》，154—155 页，郭忠华译，上海，上海译文出版社，2010。

② ［英］安东尼·吉登斯：《社会的构成》，415 页，李康等译，北京，生活·读书·新知三联书店，1998。

③ 同上书，414 页。

会科学带来损失，现实的学科分工会严重妨碍我们处理对于整个社会科学来说具有重大意义的社会理论问题。实际上，所谓分析各种社会活动的时空协调机制，就是通过研究行动者在其日常路径上的运动过程，研究在时空中延展的那些场所的区域化，来探讨它们的情境特征，这种分析是时空伸延过程必不可少的组成部分，从而也是考察较大规模的社会总体或者跨社会系统整体上具有的异质性和复杂性的应有步骤。①

吉登斯强调联系时间和空间的改变来研究人的生活的改变、人的社会关系的改变以及社会制度的变迁，是非常重要的社会研究的方法论思想，也是非常重要的研究方法。我们看到，吉登斯的一系列社会理论，都体现出这一特色。

吉登斯的现代性思想主要是针对高度现代性或晚期现代性的社会，亦即发达的资本主义社会的现代性而言的。他的反思现代性和反射现代性、生态现代化、积极信任、经济全球化、后传统社会等思想，都是力图为生活在充满不确定风险且危机重重的资本主义世界的人们找到一条理想的出路。这条路吉登斯是在资本主义现代性制度与现代性文化认同的双重影响下探索的，与他密切关注时空条件改变下人们生活的改变有很大的关系。

吉登斯的重构人类新秩序的思想同样是奠基于他对资本主义社会的不平等现象即劳动或工作机会变化的分析之上的。吉登斯在社会结构与

---

① ［英］安东尼·吉登斯：《社会的构成》，415 页，李康等译，北京，生活·读书·新知三联书店，1998。

个体相互关系中，考察、分析人们的工作及其特征，并指出工作之于个体的重要性。

吉登斯认为任何一个社会都有其独特的结构，而由于社会结构具有的规则性和资源固有性，使得社会中的每一个人都是基于日常生活世界去解释世界及其世界运行的规则，并且人们根据他们理解、认同的规则进行社会互动，而这恰恰就是社会构成的最基本与最稳定的基础所在，但这并不是人们有意识的行为，也就是说，人们并没有有意识地想通过使用这些规则让其带来什么、或发生什么，社会的构成与运行的这种无意识性特征，使得社会以一种看不见的形式反过来影响人们的行为及其选择。不仅如此，社会的构成与运行的不自觉性、无意识性，也是生活于其中的人们获得自我实践意识的重要途径，甚至是根本性途径，此种实践意识又以一种无意识状态、潜意识的形式进一步影响人们的行为方式，最终使得人和人有了巨大的差异，包括社会身份及社会结构位置的差异，获得社会位置的机会、能力、手段的差异。所以尽管劳动或工作对于个人来讲很重要，但每一个人的工作机会与工作能力确实不同，究其最终原因是社会和社会结构化的原因，在资本主义社会中就是资本主义的现代性制度的原因，从而揭示了人的现实生活的状况和问题。吉登斯看到了社会与个人之间相互的积极影响，甚至他非常强调个体的主体性，表明了吉登斯的关注时空条件改变下人们生活方式改变的方法论思想运用的价值。

吉登斯的关于社会研究的方法论思想及其对社会科学研究者的忠告，是难能可贵的，他关于社会研究的整体取向在于开展广泛的学科对话、社会研究的深入在于回到人们的日常实践活动以及社会分析要时刻

究前提是关于人与社会相互关系的假设的看法，即是我们通常所说的世界观，是一种哲学的论断，离开这样的论断，社会科学家将无所适从，反之，做出什么样的论断，将决定社会科学家能够做出什么样的认识，将会采取什么样的主义。这种哲学的论断，作为一种世界观，同时也是方法论的表现和内在根据，二者具有统一性。正如吉登斯所说，从某种意义上讲，西方社会学理论的纷繁多样实际上来源于其方法论的分裂与对立，而方法论上的对立又根源于某种关于人与社会的不同假设。显然，吉登斯把关于人与社会关系的假设同这种假设与方法论之间的内在关系讲清楚了。

吉登斯是一位有历史意识的社会科学家，这一点，我们在前面已经论述过了。正是历史意识，使吉登斯首先研究了历史上人们关于人与社会关系的一些基本论断，他认为有三种不同的假设，也就是有三种不同取向，即实证主义的取向、人文主义的取向和批判主义的取向，这些取向不仅是使社会科学体制化、学科化和文化合法性的过程，而且也塑造了社会科学的品格，提升了它的自主性和科学性，形成了它的研究方法和理论特色，甚至使之有了元话语。① 正如我们所知道的，关于人与社会关系的批判主义的假设，是指马克思主义的学术传统，也就是吉登斯主要接受的学术思想，正是在这一点上，凸显了吉登斯作为马克思主义者的身份，也凸显了他基本哲学思想的特征以及方法论思想的品格。

---

① ［英］安东尼·吉登斯：《社会学方法的新规则：一种对解释社会学的建设性批判》，1—2 页，田佑中等译，北京，社会科学文献出版社，2003。

现在来看吉登斯关于现代社会发展的第一个论断，他认为其总体倾向是趋于越来越多的相互依赖，也就是越来越强的整体关联性。正是在这个意义上，吉登斯明确断定，现代社会是人们之间在行动上"互动"越来越强的社会，这种互动既体现在过程中，也体现在社会实践的目的性中。正如吉登斯所说，在当代社会互动的过程中，行动者所拥有的能够用来促成他们实现自己目的的任何事物，就是那些为应用权力而可以作为中介的东西，包括物质的或其他的，其中，规则和资源是连续不断的活动得以生成和再生成的中介，同时又必须将它们视为这种活动生成和再生成的产物。吉登斯的这个话是指他的"结构的二元性"思想。吉登斯不仅把结构看作社会互动的生成性资源，而且认为只有在社会互动中，结构才能再次形成，这就充分说明要考察一个社会系统的构造，认识这个系统是如何通过应用生成规则和资源而在社会互动中生成和再生成的，这是问题的关键。基于社会互动，结构化理论，吉登斯给出了一个结论，即社会系统是社会互动的系统，而不是结构，尽管社会系统必然具有结构。在人类社会生活里，除了连续不断的构造过程，并不存在结构，"结构"可以独立于"功能"之外被观察到。①

越来越强的整体有效利用规则和资源的互动社会是后传统社会，吉登斯基于他关于互动社会中人与社会的一般关系，深入讨论了后传统社会的一些基本特点，其整体主义的社会批判特色显露无遗。吉登斯认为，传统总是不断变化的；但是，总有一种被认为具有持久性的传统观

---

① ［英］安东尼·吉登斯：《为社会学辩护》，98 页，周红云等译，北京，社会科学文献出版社，2003。

念的东西；如果它是传统的，那么，一种信仰或风俗习惯总具有某种完整性和持续性以抵制变化的发生。传统具有一种类似有机生物的特征：它们发展并成熟或者衰弱和"死亡"。因此，在将什么定义为传统时，传统的完整性或真实性比传统持续多长时间更为重要。传统是一种"集体记忆"，涉及仪式和风俗，是"形式化的真理概念"，传统有自己的"护卫士"；与习俗不同，传统具有包含道德和情感内容的黏合的力量，传统与强迫性心理状态有着某种共同的东西。这样，吉登斯就把传统与现代性的强制性关联在一起了，由于传统总是意味着重复，而重复是一种生活在"我们知道的唯一世界"中的方式，是一种避免使自己受到"外来的"价值观或生活模式影响的手段。因此，它也就成了一种强制的形式。当传统逐渐削弱时，过去变成了情感的惯性；在前现代社会，过去不能简单地被取消，而是必须在现在重新改造它。因此，传统总是自我反思的，而自我的反思性活动是后传统世界中日常生活的一个基本特征，它依赖于一种重要的情感独立手段。这就是说，从通常不具有前现代社会互动环境特征的意义上来说，后传统社会中，原型的人际关系也就是纯粹关系取决于亲密关系。作为一种最重要的传递传统符号和实践的方式之一，代际延续失去了它在前现代社会秩序中具有的重要意义。

因此，在后传统社会中，我们没有任何选择，但是可以选择如何存在和如何行动，日常生活中的选择为我们提供了多种可能性的模式。主动的选择肯定会产生自主，或本身就是一种自主，常规化的必然性和生活惯例会限制我们的自由选择；约束变成了一种权力，它不为个体所控制。因此，在后传统社会秩序中，我们必须对选择和决定做出区分。人们可以对社会生活做出决策，但实际上并不等同于多样性的存在，因为受到权力和分层的决定。换句话说，吉登斯的看法表明，在后传统社会，由于社会互动的普遍化，人们有了选择的自由，但由于受到多种多样的社会制约，尤其是受权力和分层的制约，人们的选择又受到了限制，因此，社会互动是整体性的，人们之间的相互作用也是整体性的，这一点，体现在从日常生活中的小事到全球系统的所有社会活动。① 因此，必须整体地思考和认识所谓社会互动问题。

其实，对于吉登斯来说，几乎所有的社会问题，都需要在整体性上考虑，这正体现出马克思主义的基本观点，因为马克思主义认为人是社会关系的总和，同时也体现出马克思主义的方法论特征。吉登斯把这一思想巧妙地运用于对后传统社会中社会互动问题的思考，并做出新的解释和认识，同样也包含了强烈的方法论意义。正如米德（Mead）所说，"随着人类社会的进程沿着它自己的轨迹不断发展，人类个体在把它们全都包含在其中的既定的和有组织的社会生活过程中所具有的连锁性相互依赖状态，也变得越来越错综复杂、越来越紧密结合，组织程度越来越高了……走向形成完全统一的整体境地"②。

如上讨论表明，整体主义在吉登斯这里是一种方法论。我们知道，方法论是人们用于观察、认识、理解、解释社会以及改造社会的方法的理论。方法论包括作为研究基础的各种假说和价值预设，以及研究者用

---

① ［英］安东尼·吉登斯：《为社会学辩护》，31 页，周红云等译，北京，社会科学文献出版社，2003。

② ［美］乔治·赫伯特·米德：《心灵、自我与社会》，334—335 页，赵月瑟译，上海，上海译文出版社，2005。

以解释资料和引出结论的标准或原则。不同的方法论，影响、决定研究者不同的问题提出、不同的研究假说的设定、真理性标准的设定依据等。在这些假设与价值预设中内在地回答了对研究对象的认识论态度，并进而影响研究者用什么具体的研究方法展开对对象的研究。方法不过是具体的资料收集方式、技术或展开研究的程序而已。吉登斯的现代性理论建构于他关于社会与个人关系的理论的整体性上，这就是他解释社会历史的结构二重性，结构二重性理论作为他对现代性问题研究的基本立场和理论依据，他高度现代性的社会哲学思想都是在这一理论的统摄下展开的。吉登斯用一个整体性的理论分析论述了一个更加宏大整体的研究主题即高度发展了的资本主义的社会现代性问题，也就是后现代性问题，取得了认识上的新的突破。

就今天的人类而言，现代性既是社会发展的一种既成事实，也是每一个人，无论其生存空间有什么差异、所在的社会政治有什么不同，现代性都是一个涉及生活的各个方面的整体性内容。它包括个体的人的生成、生活；社会的构成、运行机制；社会问题、不平等、风险；传统与后传统；社会的特性、社会治理与人类的未来出路等等。对这些现代性话题的讨论，吉登斯始终站在制度的反思性建构和公民素质的理性责任能力建构相统一的实践路径上，用一种现实主义的态度、结构主义的理论和经验主义方法相结合的整体性关怀策略，极力想抓到一剂拯救现代性的良方，也不失为一种方法论的启示。

现在我们来看吉登斯的第二个论断，即整个人类越来越处于一种积极创造历史的位置的问题。吉登斯是一个要求积极改造世界的思想家，他秉持了马克思主义关于问题不在于认识世界，而在于改造世界的看法，不仅积极地去创造认识世界的理论，更强调和寻找改变世界的方略。当整个人类越来越处于一种积极创造历史的位置的时候，我们应该如何做呢？在我们关于吉登斯社会哲学整体主义的认同论的讨论中，已经较为深入地阐释了他在这一方面的看法，他提出的以激进政治纲领为基础的现实主义的乌托邦理想，就包含了相关的理论认识和实践方略，其中尤其是生活政治的思想特别突出地显示了这种认识的理论内涵和方法论意义。在此，我们主要围绕他的生活政治思想做一点简略的分析。

在我们看来，吉登斯的生活政治思想在于回答一个很重要的价值论问题，即"为了谁"的价值认同凸显人类生活政治的生命意义，换句话说，生活政治理论主要是解决人的生命意义如何在生活世界得到圆满的问题。吉登斯认为，生活政治关涉的是来自于后传统背景下，在自我实现过程中所引发的政治问题，……影响深深地侵入自我的反思性投射中。① 生活政治与他所说的价值认同、纯粹关系、生活方式、生命意义、自我实现以及人的解放等问题是内在一致的。

我们认为，在吉登斯的生活政治定义中，生活政治预设了个人、集体、组织，甚至国家和整个世界的实践指向，这是一种价值认同的实践指向，而不是多元意义上的价值选择，换句话说，吉登斯实际上是赋予了现实的个人与组织在实践中应该认同什么和反对什么的意向，这是由激进政治纲领的价值选择决定的。正是基于这样的考虑，

---

① ［英］安东尼·吉登斯：《现代性与自我认同：现代晚期的自我与社会》，252 页，赵旭东译，北京，生活·读书·新知三联书店，1998。

吉登斯规定了生活政治应包含的一系列内容，这些内容包括：从选择的自由和产生式权力（作为转换性能力的权力）中得来的政治决策；创造能够促进自我实现的道德上无可厚非的生活方式；在一种后传统秩序中提出有关"我们应该怎样生活？"这样的问题伦理，并抗拒存在性问题的背景。①

我们看到，吉登斯所说的生活政治的这三个方面的主要内容，深刻反映了生活政治的价值所涉，至少有几方面的问题需要深入思考和解读，如自由和权力的关系，权力与政治决策的关系，生活政治与生活方式的关系，后传统秩序与我们应该如何生活的关系，生活政治的目标旨向与抗拒存在性问题（即现代性社会实际存在的问题）之间的关系，这些问题的解决，都是积极创造历史的表现。

具体来说，自由和权力的关系主要体现为社会主体的自主性；权力与政治决策的关系体现出生活政治是一种生活决策的政治；社会化与自我实现的道德之间的关系体现为把社会化作为人们现实实践和生活的背景，借此形成一种人们生存于其中的生活形态、社会联系方式特征；生活政治与生活方式的关系主要体现为人的现实生活的主要表现形式；后传统秩序与我们应该如何生活的关系的内涵在于生活风格的价值选择和自我认同感的形成；生活政治的目标旨向与抗拒存在性问题昭示了"生活政治"中的"政治"的含义。吉登斯通过对这些问题的深入分析，阐述了一系列重要的思想，其实质就是要说明，必须以自主意识选择生活政

---

① ［英］安东尼·吉登斯：《现代性与自我认同：现代晚期的自我与社会》，252 页，赵旭东译，北京，生活·读书·新知三联书店，1998。

治的价值理念，引导人类走一条可持续发展道路，缔造美好的未来生活，积极地创造历史。

对于吉登斯来说，除了这里讲的生活政治外，积极创造历史实际上包含了一系列内容和思想，限于篇幅，我们就不一一讨论了。我们只想强调一点，吉登斯积极创造历史的思想以及相关的理论和思想，具有非常重要的方法论意义，它是一种哲学精神，一种改造世界的态度，一种对人类实践活动和美好生活的期望，一种与吉登斯的现实主义的乌托邦思想内在一致的诉求。我们同样相信人类能够创造新的更加符合人类生存和发展的历史。

如上我们从三个方面对吉登斯社会哲学思想的方法论意蕴的讨论，不在于复述他的社会哲学思想的主要观点和内容，这一点，我们在本书的正文中从四个方面已经做了较为详尽的分析，而在于阐释他的思想的方法论意义，一方面深化我们对他的哲学思想的理解，另一方面在于借鉴他的方法论思想提升我们研究社会问题的能力。吉登斯曾经指出，任何一种社会组织机制或者社会再生产机制，只要社会科学家发现了，普通行动者就有可能了解它们，并积极主动地将这种知识纳入他们的所作所为中。① 确实，吉登斯的有意义的关于社会认识的方法论思想，一旦被我们发现了，就会作为知识纳入我们对世界的科学认识中，这既是一种借鉴，更是一种有价值的选择，对于深化我们关于社会的认识，是不言而喻的。马克思指出，"自由王国只是在必要性和外在目的规定要做

---

① ［英］安东尼·吉登斯：《社会的构成》，411 页，李康等译，北京，生活·读书·新知三联书店，1998。

的劳动终止的地方才开始；因而按照事物的本性来说，它存在于真正物质生产领域的彼岸"①。或许，我们研究吉登斯现代性思想的社会哲学，理解他的思想的方法论意义，其深刻意蕴正在于此。

---

① 《马克思恩格斯全集》第 46 卷，928 页，北京，人民出版社，2003。

第一章 | 经验主义的自识论

在英国新马克思主义的群体谱系中，吉登斯以"反思的现代性理论"独树一帜，构成其思想创新和学术品格的重要组成部分。吉登斯的"反思的现代性理论"是其长期研究现代性问题的理论总结，集中反映了他社会哲学思想的基本诉求和理论内涵。他从英国传统的经验主义出发，从社会存在与社会意识的辩证关系入手，就当代社会发展中所面临的经济全球化的冲击、日常生活和个人生活中的变化以及后传统社会的出现等重大社会变革的现实，提出了超越现行的资本主义与苏联式社会主义的"重构激进政治"的思想，尝试着打造一个"全球世界主义秩序"的制度框架，并声称是在走"第三条路"。然而，仔细研读他反思的现代性理论的思想内涵，我们就会发现，这实际上是吉登斯基于自己的左派立场和经验主义基础，提出的一种新的社会主义策略，体现了唯物史观的基本理论内涵。他在其代表作《超越左与右——激进政治的未来》的序言中旗帜鲜明地指出："我在本书中提出的观点可以归纳为重构激进政治的六点框架，它虽然从哲学保守主义那里汲取了营养，但是保留了社会主义思想的核心价值观。"①可见，反思的现代性理论深刻反映出吉登斯的社会主义思想情结，体现了他对社会主义解决现代性困境能力的认识和厚望。

吉登斯强调，我们置身其中的现代性社会，是文艺复兴和启蒙运动精神被扭曲了的一种表现形式，是资本主义社会制度自然发展的一种结果，是工业化过程中技术滥觞的表现。一方面，资本主义的现实发展大力地解放和发展了生产力，使人们过上了相对富裕的生活；另一方面，资本主义的生产关系和意识形态却使人们处在普遍的异化之中，带来了许多的灾难。如果我们不能改变资本主义的生产关系和意识形态，人类的解放就不仅是一句空话，而且还会带来更加恶劣的后果，甚至从根本上威胁人类的自然存在。因此，必须从根本上认清资本主义的危害，必须重新发现和建造适合人类发展的道路。受英国传统经验主义和历史主义的深刻影响，吉登斯强调，要实现这两个"必须"，一定要对人的现实存在状况给予准确地把握，在自识基础之上，形成自反性的现代性理论，只有这样，才能形成对社会发展的理性和科学认识，才能规划出正确的发展道路，才能在实践中实现人类解放的伟大理想。那么，如何才

---

① ［英］安东尼·吉登斯：《超越左与右——激进政治的未来》，16 页，李惠斌等译，北京，社会科学文献出版社，2000。

能准确把握人的现实存在状况呢？吉登斯主张经验主义的症候阅读，即
运用自识性的思想和认识，以唯物史观的基本思想和主张为基础，聚焦
现代性社会的现实发展、传统与现代的关系、商品生产和资本主义的基
本矛盾以及主体生存与生活状况等问题，做出系统深入的描述和总结，
从而站在对现代性社会反思的高度，揭示资本主义的现实矛盾和人的生
存困境，为其社会哲学的理论构造奠定事实基础。

一、现代性社会存在的症候

从社会发展的进程来看，现代性社会毫无疑问是具有进步属性的，
它推动了人类文明的快速发展，当然，由于现代性与资本主义制度的结
合，也使得它同时携带着致命风险，造成人的普遍焦虑和生态危机等。
然而，正是在这样一个人的发展与存在危机的悖论性、矛盾性的现实社
会中，主体的人较之前的社会而言，被大大释放了主体性，因而现代性
社会是一个具有主体反思性建构力的社会，是人类理性最具参与性、干
预力的社会。现代性打破、解构了人类历史已有的传统秩序，通过专家
系统、脱域机制等人类重新制定了新的制度策略，故此，现代性社会表
现出了与以往传统社会不同的特征，其社会风险更是凸显了人的反思性
结果的异化。

(一)现代性社会发展的一般特征

吉登斯从现实的现代性社会发展的实际状况入手，阐述他反思的现

代性理论的事实基础和思想基点。

在吉登斯看来，"现代性"是现代社会或者工业文明的一种缩略语，它不仅具有宏观性，更是一种制度性，是一种社会结构或社会组织模式，其中包括了从世界观、经济制度到政治制度的一套完整的架构。"现代性"思想起源于16世纪的文艺复兴和宗教改革，在18、19世纪之交的时候形成基本概念，进入20世纪以后，才逐步产生了一些分析性的理论，20世纪中叶以后，工业生产的巨大发展，导致西方世界整体社会结构和人们的日常生活形式都发生了巨大的变化，这使得人类社会在以文化为核心的多个方面都必然面临转型与重构，对现代性的认识也因此向复杂化、多样化方向发展。吉登斯以外，哈贝马斯等人认为"现代性"是一种未完成的人类事业，需要进行新的更完善的设计，用一种新的模式和标准取代传统的模式和标准，以帮助人类能够进入一种新的社会时代。福柯等人则将"现代性"理解为一种普遍的社会态度，而不仅仅是一个历史时期，或者说，不能仅仅理解为一个时间概念。与福柯不同，吉登斯是在很宽泛的意义上使用现代性这个术语的。

吉登斯认为现代性"首先意指在后封建的欧洲所建立而在20世纪日益成为具有世界历史性影响的行为制度与模式。'现代性'大略地等同于'工业化的世界'，只要我们认识到工业主义并非仅仅是在其制度维度上"①。吉登斯把现代性看成现代社会或工业文明的"缩略语"，"它包括从世界观（对人与世界关系的态度）、经济制度（工业生产与市场经济）到

①　[英]安东尼·吉登斯：《现代性与自我认同》，16页，赵旭东等译，北京，生活·读书·新知三联书店，1998。

政治制度(民族国家和民主)的一套架构"①,把"现代性"看成一种需要走向后传统的秩序的社会②等的看法,都集中体现了他关于现代性社会是一种制度化的秩序的思想。这一认识在更深的层次上揭示了现代性社会的实质。吉登斯反复强调我们必须从制度层面来理解现代性的思想,则把现代性社会和马克思主义所主张的社会形态密切联系在一起,更有利于对现实社会的理解和认识。

历史地看,吉登斯的现代性思想有三个主要的理论来源,是对马克思、涂尔干和韦伯等思想家关于现代性思想的批判与吸收。吉登斯曾明确指出,"现代性是指社会生活或组织模式。大约 17 世纪出现在欧洲,并且在后来的岁月里,程度不同地在世界范围内产生着影响。这将现代性与一个时间段和一个最初的地理位置联系起来,但是到目前为止,它的那些主要特征却还仍然在黑箱之中藏而不露"③。"在其最简单的形式中,现代性是现代社会或工业文明的缩略语。"④现代性"意指在后封建的欧洲所建立而在 20 世纪日益成为具有世界历史性影响的行为制度与模式"⑤。从吉登斯关于现代性的多种不同表达中,可以看出,吉登斯

----

① 陈嘉明:《现代性与后现代性十五讲》,4 页,北京,北京大学出版社,2013。

② [英]安东尼·吉登斯:《现代性的后果》,3 页,田禾译,南京,译林出版社,2006。吉登斯在《现代性的后果》《现代性与自我认同》等著作中,多处讲到了现代性是一种后传统秩序的思想。他的意旨是现代性虽然打破了传统的秩序规定,但现代性社会仍然是一种需要秩序且拥有不同于传统规定的秩序的新型秩序社会。这种新型秩序具有非常鲜明的人类知识的反思性运用和抽象系统的痕迹与表征。

③ 同上书,1 页。

④ [英]安东尼·吉登斯等:《现代性——吉登斯访谈录》,69 页,尹宏毅译,北京,新华出版社,2001。

⑤ [英]安东尼·吉登斯:《现代性与自我认同》,16 页,赵旭东等译,北京,生活·读书·新知三联书店,1998。

首先强调现代性是一个时空概念，它总是与特定的时间和空间紧密地联系在一起，它最早产生于欧洲，后来逐步扩展到全世界，它是一种社会生活方式，是一种社会结构的组织模式，现代性是同特殊的社会制度结合在一起的。吉登斯关于现代性的这些理解，具有较强的独特性，总体上体现出他对现代性的一般见解，对于他形成经验主义的症候阅读和自识，起到了提纲挈领的作用。

吉登斯把现代性看作一种"反思性"的社会制度，是高度发展了的现代社会区别于传统社会的基本特点，因此，现代性亦是反思性的现代性制度，它囊括了现代社会中的经济制度、政治制度、文化制度等一系列社会组织模式，但并不完全等同于这些具体的制度。现代性制度是对现代性的一种宏观的把握和一套对现代性社会的高度架构。这种"反思性"现代性制度，具有很多不同于传统社会的特点和性质，现代性制度的动力机制问题就是吉登斯现代性理论中最重要的部分之一。

吉登斯认为，现代性制度具有三大动力机制，一是时间与空间的分离，促使现代性制度在更广的范围内获得了时空延伸的条件，并且为人们准确区分出时—空区域提供了一种方便的手段，进而使现代性制度下人类社会从整体结构和运行到个人生活方式都发生了极大的改变，从而推进了现代性的全球扩展。时空分离也为现代性第二、第三动力机制的出现创造了前提条件，因此，它也是这三大动力中的基础以及其他动力的前提。二是脱域机制的发展，时空分离的前提下，时间和空间分别被虚化，人们不再被限定在一定的时间或者固定的场所内，在现代性制度里人们的很多社会行动能够从固定的场域中"脱离出来"，并获得重新的组合可能。吉登斯用"脱域"和"再嵌入"两个概念相互补充，详细说明现代性的脱域机制及其功能。"脱域，我指的是社会关系从彼此互动的地域性关联中，从通过对不确定的时间的无限穿越而被重构的关联中'脱离出来'。"①"所谓再嵌入，我指的是重新转移或重新构造已脱域的社会关系，以便使这些关系（不论是局部性的或暂时性的）与地域性的时—空条件相契合。……所有的脱域机制都与再嵌入之行动的情境发生互动，它要么维护要么损害这些情境。"②而脱域机制则主要指的是由"专家系统"和"象征性标志"组成的一个抽象系统。这一动力在现代性制度的运行中起着非常重要的作用。三是知识的反思性。以上也提到过，吉登斯认为现代性就是"反思性"的制度，所以，知识的反思性这一动力也是现代性制度一个较为明显和基本的特点。以上这三点不仅仅是现代性制度的动力，是现代性制度的三个特点和本质属性，更是吉登斯系统的现代性思想内涵的重要组成部分。

　　吉登斯不同于大多数的社会学家所采用的化约论式的方法，对现代性只是进行单一性的解释，而是从四个制度性维度对现代性进行分析，即资本主义、工业主义、监督和军事力量。第一个维度是资本主义，它是指包含有产品市场和商品化过程的一种生产体系。第二个制度性维度是工业主义。对非生命资源在商品物质生产过程中的利用是工业主义的主要特征，而且这一利用也体现了工业主义的另一个特征即机械化的充分使用。但是，工业主义还不仅仅体现在这两个方面，在生产过程中必然有人的出现，因此还体现为生产过程中人与人的一种社会关系。工业

---

　　① ［英］安东尼·吉登斯：《现代性的后果》，18 页，田禾译，南京，译林出版社，2006。

　　② 同上书，69 页。

主义中物质力量的利用是现代性社会的自然轴，生产中的社会关系是社会轴，两个轴都是现代性制度的"组织类型"。第三个维度是监控。他借用了福柯的监控概念，认为监控是进行社会控制、保持社会秩序的必要手段。这里，吉登斯强调的是对信息的持续有效的监控。此外，还有第四个制度性的维度也即军事力量（暴力工具）的控制，或军事力量的工业化发展与政治适用。吉登斯认为在前现代性社会中，中央政府不能对自身所拥有的军事力量进行永久性的控制，由此常常会引发一些国家内部的动乱。因此，在现代性社会，国家对军事力量拥有绝对的控制力是一件意义非凡的事情。而且在现代性制度中，工业主义的发展逐步向军事力量渗透，军事力量也不断涉足工业领域，军事的工业化使得战争的性质发生改变。

吉登斯所谓的现代性以三大动力为基础，通过四个维度的制度层面实现发展。现代性制度的这四个制度性维度各有特点，它们各自在现代性制度中分别发挥着自身拥有的独特功能，起着不可相互代替的作用，它们相互之间并不是绝对独立或者可以等同的。同时，它们还是一个各要素相互作用的完整体系，四者之间存在着紧密而重要的关系，他们共同促进现代性制度的运行与发展。在现代性条件下，资本主义的不断扩展是变革的重要动力，资本主义经济秩序的确立促进了现代性的出现和现代性制度的产生。工业主义对物质资源的利用使其成为人类社会与自然环境之间相互作用的主轴线，而且在经济发展中与资本主义也保持着密切的联系。工业主义和军事力量之间的相互渗透，使得国家对暴力工具的控制与工业主义关系更加紧密和特殊，工业发展范围不断扩大，甚至在军事力量中得到发展和深度渗透，致使军事工业化的发展同时改变了战争的性质，使得整个世界进入核战争时代。当然，这一切也离不开监督的作用，监督不仅成为国家对军事力量的控制和进行社会管理不可缺少的部分，而且，它在现代性社会中对资本主义和工业主义的管理与发展也起着重要的作用。总之，资本主义、工业主义、国家对暴力工具的控制以及社会的普遍监督这四个方面，在相互作用中，共同构成了现代性社会的四个制度性的维度。

吉登斯认为，在资本主义、工业主义、国家对暴力工具的控制以及社会监督的共同作用下，现代性社会的现实状况表现为保守主义正在走向激进，而左派正在走向保守，"已经变得激进的保守主义遭遇到已经变得保守的社会主义"，"在今天的社会条件下，已经不存在右派和左派的陈词滥调"①了，这意味着现代性社会正在反转，正在走向社会结构的调整。这种反转和调整正是现代性社会发生重大变革的表现，是产生新的社会秩序的前奏。之所以有这些意识方面的改变，是因为现实社会发生了三大变化。

首先，对吉登斯来说，现代社会实际上是关于空间和时间的转变，它不仅仅或者说主要不是一个经济现象，而且它不应该被等同于出现了一个"世界体系"。现代社会的特征是远距离行动，它与最近几年得到强化的即时的全球通信和大规模运输工具的出现有着密切的联系。吉登斯特别强调，现代社会不仅仅是大规模体系的产生，还是社会体验的本土化以及个人环境的转变。我们日复一日的活动日益受到发生在世界另一

---

　　① ［英］安东尼·吉登斯：《超越左与右——激进政治的未来》，译序 2 页，李惠斌等译，北京，社会科学文献出版社，2000。

端的事情的影响，本土的生活方式习惯已经具有了全球性的影响。国际分工和生态体系发生了改变。现代社会不是一个单一的过程，而是各种过程的复合，这些过程经常相互矛盾，产生了冲突、不和谐以及新的分层形式。本土民族主义的复活以及本土认同的增强直接与相对立的现代社会的力量交织在一起。

其次，后传统社会秩序的出现。① 吉登斯认为，我们现在已经生活在一个后传统秩序的社会，这种社会秩序不是传统消失的秩序，而是传统的地位发生了改变的秩序。这里我们可以明显地感觉到，吉登斯的后传统社会就是对他一直强调并始终关注的现代性社会的超越，因为"世界的现代性，即什么是具有现代特征，这恰恰是当代社会的社会安排，这个世界超越了自己的过去，不为传统、习俗、习惯、惯例、期望和信念所禁锢。现代性是一种具有历史意义的差异状况，它以某种方式打破了从前的一切"②。即使是"民族—国家的形成始于它们发展出明确的边界（borders），以取代更传统的国家所持有的那种模糊边疆（frontiers），边界是地图上的精确界线，而且任何侵犯边界的行为都被看成是对国家主权完整性的一种损害。现在，国家再一次拥有边疆而不是边界，但其中的原因却与过去不同。当代国家的边界之所以逐渐演变为边疆，乃是因为它们与其他地区的联系越来越紧密，而且越来越多地参与到各种跨

---

① ［英］安东尼·吉登斯：《超越左与右——激进政治的未来》，6 页，李惠斌等译，北京，社会科学文献出版社，2000。

② ［英］安东尼·吉登斯等：《现代性——吉登斯访谈录》，15 页，尹宏毅译，北京，新华出版社，2001。

国集团的交往中"①。当然，吉登斯并没有说传统至此消解了，而是说今天的世界是一个超越了传统的世界，因为"数不清的传统、信念和习俗相互混合。……没有任何单一的传统可望左右大局，也没有任何单独的习俗性行动方式能够成为人们在复杂和不断变化的现代情况下生活的基础。……因此，现代的世界并没有带来传统的消亡，而是赋予传统以新的地位和环境，使之成为决策的可供选择的替代环境"②。就是说作为人类行为经验概括或理念抽象的传统，相较现代性社会的权威——科学来讲，仍然会发挥作用，只是传统不再是绝对的唯一的权威，它的权威性要依赖于理性认识的考量，只有那些合理和合法的传统才具有生命力，因此，传统必须自我解释，公开接受质问或对话。例如在现代社会早期，传统的影响依然强劲，对传统的重新关注在实现社会秩序稳定方面发挥了主要作用，像民族主义或宗教这样的大传统被创造或重新创造出来。而与现代社会早期不同的是，科学成了当下的一种"权威"，借助它可以用相对没有疑问的方式来应付困境或者解决问题。在一个文化上具有世界主义特征的社会中，传统被迫采用开放的观点：必须为它们提供存在的理由和证明。这是因为，在吉登斯看来，我们今天生活在一个人为不确定性的世界，其中的风险与现代制度发展的早期阶段的风险完全不同，新型的风险主要体现在三个方面：一是这种人为不确定性是启蒙运动引发的发展所导致的，是现代制度长期成熟的结果，是人类对社

---

① ［英］安东尼·吉登斯：《第三条道路——社会民主主义的复兴》，134页，郑戈译，北京，北京大学出版社，2000。

② ［英］安东尼·吉登斯等：《现代性——吉登斯访谈录》，16页，尹宏毅译，北京，新华出版社，2001。

会条件和自然干预的结果；二是无法用旧的方法来解决这些问题，同时它们也不符合启蒙运动开列的知识越多控制越强的药方；三是其中后果严重的风险是全球性的，可以影响到全球几乎每一个人，甚至整个人类的存在。① 言外之意，新型风险的化解主要有两条路径：一条是科学的路径；另一条是能自我证明具有合理性和合法性的传统。

最后，社会的反思性得到扩展。吉登斯认为，在后传统的社会中，个人必须习惯过滤所有和他们的生活状况有关的信息，并且有条理地根据信息的过滤过程来行动，其结果首先影响到人们的日常生活习惯和社会行为，包括婚姻、性习惯和认同，而且这些已经现实地发生了改变，人们比以前要求更多的生活自主。由于社会反思性的增加推动了知识与控制的分离，使得人为的不确定性风险增加。在后传统秩序中，如果个人要在这个世界中生存下去的话，就或多或少必须参与到更广阔的世界。② 这里，吉登斯潜在地强调了作为社会主体的独立性及其所固有的理性力量。因为专家(包括科学知识)制造的信息不再能完全局限在特定的团体中，相反，普通人在自己的日常活动中习惯性地对它加以诠释并作为行动的依据。社会反思性的发展是几乎没有任何共性的多种变化出现的关键因素。而且，它也深刻地影响到工业生产、社会管理、官僚体制和政治领域。在政治领域，国家不再能够随意把自己的公民当作"臣民"来对待。对政治重构、消除腐败的要求以及对正统的政治机制的广

---

① ［英］安东尼·吉登斯：《超越左与右——激进政治的未来》，译序 28 页，李惠斌等译，北京，社会科学文献出版社，2000。

② 同上书，6—7 页。

泛不满在某些方面反映了已经增加的社会反思性。① 早在《现代性与自我认同》中，他就特别强调了这一点，是最早提出反思的现代性的思想家之一。如果说，吉登斯的反思的现代性更多地聚焦在社会的主体——人，倡导人的理性认知和理性行为的重要性，那么，他的反射性现代化则是指向了社会变迁的客体特征，换言之，现代性社会的反射性指的是"我们的生活环境日益成为我们自己行动的产物；我们的行动也反过来越来越注重应付我们自己所造成的风险和机遇，或对其提出挑战。……过去制约社会行动的'极限'，现在却充斥着这种行动的后果"②。在这里，吉登斯说明了反思性与反射性现代化的相互影响，提出了看似相悖但却内在一致的看法，特别强调了作为主体的人的责任，因此，社会的反射性越来越成为我们反思的核心焦点，而这是吉登斯所有研究的基本出发点。反思的现代性就主体而言体现为对自我行为的理性解释，反射性现代化是就行为对象的结果而言的，是主体人对自我行为意义与价值解释的行为结果，也许可以简单表述为：行为的解释和解释的行为。

吉登斯认为，现实社会的这些根本性改变，必然会在人们的生活和国家制度中反映出来，因此，传统意义上的资本主义和社会主义二分的制度设计和思想理念已经不复存在，必须寻找新的出路才能拯救人类社会和秩序。正是基于现实的经验分析，使吉登斯捕捉到了现代性面临的

---

① ［英］安东尼·吉登斯：《现代性与自我认同》，137 页，赵旭东等译，北京，生活·读书·新知三联书店，1998。
② ［英］安东尼·吉登斯等：《现代性——吉登斯访谈录》，17 页，尹宏毅译，北京，新华出版社，2001。

那些影响其发展的根本问题。

(二)现代性社会是对传统的颠覆和重塑

吉登斯认为，"现代性以前所未有的方式，把我们抛离了所有类型的社会秩序的轨道，从而形成了其生活形态。……在外延方面，它们确立了跨越全球的社会联系方式；在内涵方面，它们正在改变我们日常生活中最熟悉和最带个人色彩的领域"①。现代性社会秩序是从传统社会秩序中分离、断裂的一种新型的社会制度的形态。它的发生主要是由于现代性时代变迁的程度更加神速，变迁的领域、层面更加全面广泛以及现代性动力机制和制度组织形式的独特性。

现代性社会是对传统的颠覆与对立，传统是具有标志性的人的反思性成果，传统不仅凝聚着人类世世代代的智慧经验，而且传统的形成与再创造本身就是人类反思性的结果。"传统是一种将对行动的反思监测与社区的时—空组织融为一体的模式，它是驾驭时间与空间的手段，它可以把任何一种特殊的行为和经验嵌入过去、现在和将来的延续之中，而过去、现在和将来本身，就是由反复进行的社会实践所建构起来的。传统并不完全是静态的，因为它必然要被从上一时代继承文化遗产的每一新生代加以再创造。在处于一种特定的环境中时，传统甚至不会抗拒变迁。"②

在前现代社会中，人的反思性仍然更多地局限于对传统的解释中，

---

① ［英］安东尼·吉登斯：《现代性的后果》，4 页，田禾译，南京，译林出版社，2006。

② 同上书，33 页。

过去仍然比现在、未来具有无限的重要性；在现代性社会中，人的反思更多地渗透到社会系统的再生产的基础环节中，使得人的思想和行动始终处于一种连续的彼此相互反映与相互影响的过程中。传统的反思性只有被证明具有合理性时才具有价值，也就是说，传统只有参与到现代性的反思实践中才能被认同，并因此而具有价值。吉登斯说，"对现代社会生活的反思存在于这样的事实之中，即社会实践总是不断地受到关于这些实践本身的新认识的检验和改造，从而在结构上不断改变着自己的特征。所有的社会生活形式，是由它的行为者们对社会生活的知识构成的。现代性的特征并不是为新事物而接受新事物，而是对整个反思性的认定，这当然也包括对反思性自身的反思"①。现代性与传统的这种对立性差异的认识几乎已经成为一种大众化的定义。

然而，传统在现代性中的持续影响力仍然未被了解。现代性在其历史发展的大部分时间里，一方面它在消解传统，另一方面它又在不断地重建传统。在西方社会中，传统的存留和再造是权力合法化的核心内容。② 我们知道，传统是社会生活的理性选择，是一种文化意义或价值的选择与坚持。最直接也是最基础的选择标准就是之于生活的需要满足的价值。为此，英国新马克思主义的历史哲学家霍布斯鲍姆（Hobsbawm）在《传统的发明》中说："'被发明的传统'意味着一整套通常由已被公开或私下接受的规则所控制的实践活动，具有一种仪式或象

---

① ［英］安东尼·吉登斯：《现代性的后果》，34 页，田禾译，南京，译林出版社，2006。

② ［德］乌尔里希·贝克等：《自反性现代化：现代社会秩序中的政治、传统与美学》，73 页，赵文华译，北京，商务印书馆，2001。

征特性，试图通过重复来灌输一定的价值和行为规范，而且必然暗含与过去的连续性。"①霍布斯鲍姆是说，传统是运用已有的旧形势的形式化、外在化的可见形式，回应一种变化了的新形势的要求，它力图通过强制性的形式重复，使自己能够在过去和现在的连接中找到位置或价值所在，"传统在本质上是一种形式化和仪式化的过程，其特点是与过去相关联"②。

传统通过与过去的关联，使得自己具有连续性和合法性，也就是获得一种来自历史事实的身份认同和证明。霍布斯鲍姆依据传统的功能或作用对传统进行了分类，认为传统一般会有三种基本类型：第一，使各个团体的社会凝聚力或成员资格得到确立的那些象征化传统；第二，使制度、身份或权力关系得以确立的合法化的传统；第三，使信仰、价值体系和行为准则得到灌输和社会化的传统。③ 事实上，我们认为这也是对传统具有的社会秩序化、人的认同实现等作用的说明。正是由于传统具有这样一些功能，传统在现代社会以来，越来越成为一种被发明的社会存在，用吉登斯的话说就是越来越成为一种人的反思性活动需要的存在。所以越是由于社会转型使得旧传统不能够适应变化了的环境，或旧的传统及其与之相应的载体不再拥有充分的灵活性，甚至旧传统已经消失时，传统便越会以一种人的创造性新形式或新面貌出现。换句话说，传统的存留始终是和社会的整体环境与社会的需要密

---

① ［英］E. 霍布斯鲍姆等：《传统的发明》，2 页，顾杭等译，南京，译林出版社，2008。

② 同上书，4 页。

③ 同上书，11 页。

切关联的，也就是说，所有的传统都是社会的需要或拒绝，而社会就是静态的历史化。

传统的社会性、历史性和秩序性往往会表现为社会群体特有的一种文化认同的情感活动和培养方式的文化模式。而文化模式依据英国著名的文化唯物主义哲学家威廉斯的观点，就是"各种兴趣和行动的选择及构型，对它们的一种详细评价，一个独特组织的产生，一种生活方式……一种几乎不需要表达的经验集合"。威廉斯（Williams）认为，由文本或实践所体现的所谓"绝对价值"和由历史与社会所确定的习俗产物一样，只有在一个传统或社会的现行"情感结构"中才有意义。而情感结构是由一种特定的文化模式①生成的。在一定的意义上，传统是一种文化模式中最核心部分的代际传承，是社会秩序的底线规则和最高规则的规定，表现为传统是审美（品位批判）判断的生活转化。

霍布斯鲍姆、威廉斯等人的相关思想主张，在我们看来，其核心观点与吉登斯的主张几乎是完全一致的，不仅如此，在个别方面是对吉登斯思想的进一步说明或补充。当传统与传统文化不能再给我们提供安全的时候，在吉登斯看来，我们似乎很难理解，或者充分地理解自己的存在，但准确地理解是人类好的存在的必须。

吉登斯认为，当今高度现代性的社会是一个高风险的社会，是一个后传统秩序的社会，"在这种秩序之下，作为秩序保证的传统和习惯并没有被理性知识的必然性所代替"②。现代性社会是一种正在形成新的

---

① Williams，R. *The long revolution*. London：Chatto and Windus. 1961. pp47-48.

② ［英］安东尼·吉登斯：《现代性与自我认同》，3 页，赵旭东等译，北京，生活·读书·新知三联书店，1998。

传统的社会。吉登斯着重强调现代性的后传统属性，而不是在一般传统意义上进行的。在他看来，现代性社会中的现代性并不是一般意义上的modernity，而是在前边加了 high，因此，吉登斯视域中的此种现代性社会应该被称作"高度现代性"，或者"高度发展了的现代性""高度现代性化了"的社会。

吉登斯的传统思想，更多是在高度现代性社会的语境和事实中去分析传统，是相较于传统来讨论传统的，即相较于现代性社会以前以及现代性社会的初始阶段的传统来讲这个传统的。虽然我们说吉登斯是研究现代性的集大成者，涉及诸多领域，他讲的现代性总是和传统相对立来谈的，认为现代性是和传统相对而言的一种社会状态，是相对于传统社会来讲的，这似乎是一种共识。但是，吉登斯所认为的传统在现代性社会中的持续影响力并没有被人们充分的了解。传统对现代性社会究竟有怎样的影响，是否真的终结了？或者说传统在现代性社会中是否被彻底消解了？吉登斯的答案是否定的。

吉登斯在分析了传统的断裂性消解后，反复强调了传统的重构。他认为，传统的重构和再造是现代性社会权力合法化的核心内容。现代性社会中不是没有传统，只不过这个传统不是原来意义上的传统，而是经过消解之后对传统的一种再构。吉登斯对重构传统的论证，事实上是对另外一个问题的回答，即现代性社会为什么要消解传统，为什么能够消解传统的回答。

吉登斯从超越现代性社会制度的需要出发，论证了激进现代性社会秩序建设中的传统重构，说明重构传统是为了服务于现代性社会的权力的合法化。吉登斯在《自反性现代化》一书中认为，社会科学的新议程包括两个直接相关的转变领域，而这两个领域分别对应着两个变化过程。这两个变化过程起源于现代性发展的初期，但在现在便显得尤为激烈。这就是现代制度向外的不断拓展，并通过经济全球化过程实现普遍化和现代制度不断指向内部的变化过程，这些内部变化就是传统的撤离（evacuation）过程，是对传统的发掘并使之问题化。① 其中，基于现代制度向外的拓展，吉登斯指向的是一种资本主义扩张的模式问题。正是由于资本主义扩张。现代性社会及其组织方式成为当今世界普遍的人类社会生活的组织方式。虽然资本主义的现代性所具有的流动性，逐渐成为一种普遍的用来组织我们社会生活的方式。这种社会生活方式是如何呈现出来的呢？是由于资本主义社会制度的对外扩张导致的。对外扩张是指向全世界范围内的其他各个民族、各个领域的扩张而实现的一种普遍化，使得现代性成为一种普遍化的社会生活组织形式。

吉登斯讲的第二个变化是指向内部的变化，即传统的撤离。这里他更多地指向的是组织社会生活的各种资本主义的现代化制度。吉登斯所讲的是指向资本主义自身内部各个领域的一种不断的、变革的制度形式、文化形式，比如法律。当制度指向人，指向内部的时候就会涉及政治、文化、法律等方面的问题，当指向这些问题的时候就需要变革。资本主义制度以前的理念和措施就不适应现在的社会目标和需求，就需要变革。

---

① ［德］乌尔里希·贝克等：《自反性现代化：现代社会秩序中的政治、传统与美学》，73 页，赵文华译，北京，商务印书馆，2001。

吉登斯认为，当指向内部变革的时候，就是一个社会的传统撤离的过程，撤离是什么？撤离并非完全不存在，而是中心的、主要的、对社会秩序的建构和控制的角色的撤离过程，是传统逐渐从对社会秩序的控制和对社会成员共同生活的约束的主要角色中撤离出来的过程。但是，任何一个社会都需要一种来自社会的共有的基本约束力，而传统是过往发生所沿袭下来的，需要在撤离过程中，对传统进行发掘。发掘可解释为发现和挖掘，是传统撤离的过程，是对传统发掘并使之问题化的过程。通过发现和挖掘，使传统问题化，也正因为这样，传统才能逃离进而被重构。吉登斯认为，一个指向外部，具有普遍化；一个指向内部、具有深刻性。我们认为，吉登斯这里所讲的这两个方面，不是绝对分离的，而是彼此关联的。所以我们说，现代制度向外扩张实则是指向内部的制度本身，把在内部社会变革中形成的那套理念、做法、体系逐渐推向外，因为认为它们是有效的，所以就不断推向外，这也就是他讲的脱域机制与反思性等共同推动下的现代性的结果。

这里体现了吉登斯的两个非常重要的思想：第一个是资本主义的现代制度合法化的基础是如何被建构起来的，或者说支撑它的社会力量在哪儿？第二个是资本主义制度本身的力量是如何被建构的？是基于传统的解构和重构。资本主义对内的制度的变革，换句话说，是对内的、传统的一种再构，促进了对外的一种扩张，只是暗含了这一种关系，如果没有对内的传统的重构的有效性，就很难去支持资本主义制度的自反性。

自反性即资本主义认为的制度的有效性，进而用这样的有效性去推动对外扩张①，必然具有灾难性的后果。吉登斯认为，我们今天所处的世界是一个经济全球化的世界，其特征是遥远的世界力量、遥远的社会事件对地方性的活动产生重大影响，甚至是决定性的影响。吉登斯举例说，你消费一件产品，可能就会保住另外一些工人的工作。你消费什么，你和遥远的地方生产什么的人产生直接的关系。如果我们都不消费，工厂就会倒闭。所以他认为这就是个人日常生活活动的一个全球性的彼此依赖的关系，这个关系影响地球另外一边的人。

吉登斯认为，这不仅关系到工人的工作问题，还关系到对自然资源的使用强度。个人消费什么，实际上会涉及和自然环境的关系问题，这是一个生态问题，而生态问题又是和我们每一个人以及我们整个人类都相关的问题。吉登斯认为，个人日常活动越来越具有全球性的意义和价值，而且这个全球性的后果反过来又会影响人们的日常决策。比如空调，会对自然资源造成一些消耗，产生一些负面问题，当你遇到这些问题，你会不会考虑继续使用它，或者减少使用次数、频率和强度。毫无疑问，这是知识反思性运用后的行为选择的预设。这在事实层面回应了吉登斯个人日常活动具有的全球性意义和价值，日常决策和后果之间的关系在不断加强的判断。由于全球性的秩序反过来又会影响我们日常生活的安排和选择，为此吉登斯特别强调生活政治。

过去启蒙运动思想家认为知识越多，越容易产生人们控制自然、控制社会的局面，从而进行积极的社会创造活动，然后把人类的幸福指向

---

① [德]乌尔里希·贝克等：《自反性现代化：现代社会秩序中的政治、传统与美学》，75 页，赵文华译，北京，商务印书馆，2001。

我们想要的方向上。但是，在吉登斯看来并非如此，尤其是在这样一个高度现代性的社会中，控制自然和控制社会的知识虽然具有指向人类幸福的可能性，但由于知识本身具有的开放性以及偶然性特征，使得我们积累的关于我们自身以及关于外部世界的知识不仅不必然会给我们带来幸福，而且很有可能给我们带来风险。因此，在高度现代性的社会中，机遇与风险是均等的①，是由于人类所积累的知识即关于外部世界的知识带来的。吉登斯和启蒙思想家的观点就分开了，正如经典的名言"知识就是力量"，知识确实是力量，但并不是必然会给我们带来幸福的力量，在吉登斯那里有可能是埋葬我们的力量。为什么？就是他特别强调的实践意识以及人的行为结果的不确定性，他特别强调，人的行为的不确定性、人类行为的反思性和社会的反射性（有时也称自反性）的辩证关系的不确定性。行为的不确定性是怎么导致的？是知识在主体与人实践意识的结合中产生的。

吉登斯认为，当我们人类越来越想去开拓未来，我们的实践活动指向未知世界的时候，我们就越有可能更多地去面对意外以及一些意外的结果，尤其是当人类的社会化入侵自然甚至终结自然的时候，传统消解了，新兴的不可计算性风险出现了，传统的消解是指我们利用那个传统所建构起来的人类社会秩序抵抗可确定的风险的状态不存在了。过去的传统社会或者现代性社会初期，传统通过提供一套社会的秩序化的东西，能够抵御人类行为可预期的确定性结果，哪怕这个结果是负面的，

---

① ［德］乌尔里希·贝克等：《自反性现代化：现代社会秩序中的政治、传统与美学》，75页，赵文华译，北京，商务印书馆，2001。

但是能够对风险做出确定性计量。所以说，传统是能够用来化解确定性风险的，当人类社会化入侵自然，甚至消解了自然的时候，确定性的风险就不存在了，我们面对的就是不可计算的新的风险。此时我们就会提出各种各样的设想和猜想，各种各样的基于我们理性认识的、知识判断基础上的对风险的认知。

吉登斯通过气候变化的例子来说明他的观点。对于气候变化，有人说这个是温室效应的问题，还有人说现在是小冰川时代，一个说是气候越来越暖，一个说不仅变暖还有可能变冷，面对这两种最基本的问题，我们应对的方案就不一样。现代性社会是一个制度化社会，而制度本身具有自反性，当一个制度认同了前者的时候，它的设计就是要减少温室效应，比如说减少碳排放，如果认同后者，就会有其他措施。结合前边所讲的两个变化，这种新兴的不确定风险和制度的自反性结合在一起就会更复杂。资本主义化的现代制度在全球的拓展，当新兴风险出现的时候，它和资本主义现代制度相结合，制度的自反性（institutional reflexivity）已经成为现代性社会的核心成分，这种设想情形会更加复杂，因此，现代性具有实验的性质，甚至是全球实验的性质。①

现代性是具有深远意义的日常生活的重构过程，传统作为一种无需考虑的机械的仪式，是较为简单的社会得以延续的必要条件，很明显，在现代性社会，尤其是高度现代性的社会不让传统发生变化是不可能

———————————

① ［德］乌尔里希·贝克等：《自反性现代化：现代社会秩序中的政治、传统与美学》，76 页，赵文华译，北京，商务印书馆，2001。

的。所以他认为现代性是一种实验，是一场把人类卷入其中的大实验。

在吉登斯看来，传统是对现代有重大影响的力量。传统是再构或重构了的传统，解释就是对传统再造的过程，任何历史都是当代史，都是对过往事件和行为的记录。记录是一种主体性干预，因而，历史总留有人的主体性倾向，纯客观性不可避免地要受到影响，解释与被解释是历史性的行动。因此，回忆不等于记忆，记忆中需要回忆。文化的向前发展，就是在传统基础上进行的，传统是浓缩的指向人的未来需求的东西，是把人类自我连接起来的人的反思性活动的创造物。

传统之所以对现在有影响力，是因为虽然传统是指向过去的，但它却能够通过现在对未来施加影响。它为什么能对现在施加影响呢？我们可以去理解这样一个问题——传统是如何被建构起来的。当我们回答传统是如何被建构起来的时候，我们知道这样一个基本的事实，那就是传统是基于过往的历史活动以及历史活动的有效性经验建构起来的一种认知，一套行为规范，一套做事的机制，甚至是一种集体情感。

当我们在吉登斯对传统的解释中进行这样一种回溯的时候，我们看到了传统是如何被建构起来的，看到传统包含了历史，而历史是过去发生的事件，以及我们对事件的描述和记录的问题。这个时候我们对吉登斯所讲的历史性有了比较清晰的认识。吉登斯说历史性可以被定义为"利用过去以帮助构筑现在，但是它并不依赖于对过去的尊重。相反，历史性意味着运用过去的知识作为与过去决裂的手段，或者仅仅保留那些在原则上被证明是合理的东西。历史性事实上主要是要引导我们走向未来。未来被看成在本质上是开放的，并且，未来有赖于在这样一种基础上的反事实性条件，即未来受制于人们依据心目中未来的种种可能性所采取的行动的过程。这是时—空'延伸'的一个重要方面。现代性的种种条件使得这种时—空延伸既有可能，也有必要。'未来学'，即对未来如何是可能的、可信的和可能得到的说明，变得比对过去的说明更加重要"①。从这里，我们可以看到吉登斯强调的是现代性脱域机制与传统之间的某种关联，作为历史积淀的传统与具有合理性开创未来的脱域机制的微妙结合，使传统更多地指向过去的特质，具有了走向未来的现代价值。

历史和历史性是有差异的，传统的现代性价值往往借助于历史性的解释。事件本身是客观的，但对事件的描述带有主观性，在记忆的过程中人不是简单的对事件进行记录，而是对事件的整体以及这个事件和事件发生的整体性的关联做一个抽离性的总结。而这个总结是不断地被人类社会的过往类似的事件和行为证明是有效的，所以它才慢慢地固化为一种有效的理念，一套有效的行为规则、行为机制。当我们去看历史的时候，我们就看到这样一些问题，这个时候我们就需要去思考，思考传统、事件和记忆，尤其是集体的记忆，而不仅仅是个体的记忆。传统是一套做事的行为机制，这个机制不仅仅是个人的，它是个人所在的群体普遍认可的、共有的集体记忆。所以传统是属于集体的，在这里可以看到传统具有地方性，或者说传统具有本地性。

吉登斯说，他理解的传统是与集体记忆联系在一起的。传统包含仪式；传统与真理联系在一起；传统有守护者；传统有别于习俗，含有道

---

① ［英］安东尼·吉登斯：《现代性的后果》，44 页，田禾译，南京，译林出版社，2000。

德和情感的约束力。①

吉登斯说程式概念本身是具有真理性的，而传统是具有真理性的，因为传统总是和它联系在一起。传统的权威性是和程式性概念的真理性密切相关的，如果离开这个，传统就不具有权威。而且，吉登斯认为传统和传统的守护者具有相关性。谁具有对程式概念的解释，那么，它就拥有对传统的权威。任何一个传统都有守护者，而守护者才是程式概念真正的真理性的解释者。在传统社会里，传统的守护者是长辈、智者，无论是长者还是智者，他们都有一个统称——主人，他们是这群人的统治者。这个统治者称号是根据传统的规则获得传统的地位之后所拥有的。传统不是有明确规则的规则，但却有约束力，这个约束力来自传统本身真理性的力量，而这个真理性的力量是传统的守护者赋予它的。因此，我们可以看到吉登斯讲的传统通过道德和情感发挥约束力。这里，吉登斯看到了传统的价值倾向，认为传统是一种价值的力量。很多人会把情感视为一种非理性的东西，似乎它和价值判断无关，但事实上任何人的情感都具有价值倾向性，因为情感的养成、情感的培养是基于人过往的理性认知，并以此为基础建构起来的。而道德更是如此，因为我们认为，道德是关于善恶美丑的一种判断，当我们说什么东西是善的时候，他其实就是做了一种价值判断。

吉登斯认为，传统不完全等同于习俗，它是含有道德和情感的约束力的。这里，吉登斯强调了传统的价值特征。传统是有价值特征的，或

---

① ［德］乌尔里希·贝克等：《自反性现代化：现代社会秩序中的政治、传统与美学》，81页，赵文华译，北京，商务印书馆，2001。

者说是有价值倾向的，吉登斯为什么费那么大力气去研究传统，实际上他是研究一个现实的人、一个社会中的人的价值倾向、价值情感是如何慢慢地通过生命历程被培养起来的，被建构起来的。通过对传统的记忆，这样一个动态的社会过程，我们不断地生产出蕴含于传统中的对过去的事件或状态的解释，实现了传统的完整延续，并把与此相关的道德和情感所具有的约束力培养起来。这样的话，传统就通过一种集体记忆的动态过程，以及在时间上不断地阐释，发挥了一种把过去、现在和未来联结在一起的作用。

如果说传统在培养社会人的基本的价值态度、价值立场、价值倾向性上有这样的一种作用的话，那么这种作用的媒介是什么，换句话说它的载体是什么，就是仪式。仪式是和传统所具有的真理性的约束力联系起来的，因此，传统被重构的过程也是仪式会发生变化的过程。但是，无论仪式怎么变化，它总是和人们当下的行动诉求联系在一起，也就是说使仪式发生变化的是人们当下的行动诉求。因为传统的约束力是通过仪式发挥出来的，体现传统的价值立场、价值倾向以及价值诉求。

每一个个体都是在历史中形成的，我们每一个人历史化的生成和传统发挥它的作用的历程是同步的、吻合的，因此，我们要去改变传统的时候，我们只能根据人的现实的行动诉求和传统的价值诉求之间可能的弹性来进行结合。所以仪式的调整对接的是当下的行为，或者说是当下的行动诉求。如果说完全遵从仪式所具有的传统的价值作用，那它和当下的价值诉求是无法发生关联的，我们可以看到，正是通过仪式的不断重构，重构了传统的核心理念。

仪式通过证据式参与，使传统对社会生活的建构力体现出来。不去参加仪式化活动，意味着对集体文化所认同了的真理性的东西的背叛。所以说，传统是通过仪式不断地被重构而具有了一种权威性的。传统就是这样不断地被重复，通过重复不断地被解释，不断地进行仪式的演化、重构，不断地被传播。可以看到，传统本身所具有的一种联结过去现在的功能，是因为它和道德、情感有关系，所以传统体现的不仅是这个社会做了什么，还是这个社会应该做什么。而这些都源于传统的守护者的解释活动。传统是如何对现在发挥影响作用的，通过解释、仪式的不断重构，通过它所具有的道德和情感的力量体现出来的价值倾向和态度，对社会发出秩序化的指令。因此，传统所具有的功能，是一种社会生活的权威者的功能。什么是权威者，权威者就是能够发布约束性命令的资格，或者是对某种知识的控制（真理性的拥有者），二者有时是分开的，有时是合二为一的，所以权威具有意识形态，或者是权力的非人格化手段的作用。所以，权威是一个非人格化力量的手段，它是抽象的。

到了现代性社会，传统被逐渐解构了，过往事件的印痕记忆裸露，在身份建构和社会规范的意义上也变得不确定。印痕记忆裸露，吉登斯在这里主要强调了两个方面。一方面，对事件本身的客观的、真实的记载更加接近事件本身；另一方面的含义是越来越个体化，而不是变成一个群体性的。在过去，传统是我们解释事件的框架，传统是一套理念，一套行为规则，一套机制，这个机制给我们提供了稳定的、统一的认知框架，一个社会、一个群体共有这套框架，所以它有确定性，有统一性，大家都会统一到传统所具有的核心的价值诉求中去。而到了现代性社会，尤其是到了高度现代性社会的时候，传统被逐渐的解构了，专家系统出现了，每一个个体的主体性被充分激活了，这个时候如何认识事件的认知模式就发生了变化，就是解释的框架发生了变化，不再具有统一的框架。所以吉登斯说，科学与更广泛意义上的理性，将取代无思考能力的传统的规则。传统在现代社会失去了它作为统一的价值立场、价值态度、价值倾向的建构能力，这个时候个人的知识、责任变得重要了。就是说对发生了的事件如何进行解释，传统不能给人提供太多的帮助，这个时候需要个人理性的积极参与。

传统给我们所提供的解释框架，能够给我们带来一种本体性的安全。吉登斯一再地讲本体性安全，因为本体性安全意味着我们克服了我们的焦虑。而现代性社会，鲍曼（Bouman）讲流动的现代性，流动的现代性给我们带来的最大的灾难性的东西就是不确定性所引发的情感和心理上的焦虑。这在我们的日常生活中都可以感知到。传统解决的是一个确定性问题，确定性是一种信任，对环境，对世界，对过去、当下、未来的信任。所以在这个情况下，就需要重构我们的认知，要进行一场认知革命。

综上所述，传统通过仪式使自己能够存留发展，而且通过仪式这样一种保证存留的手段把过去的不断重构与人的实际行动紧紧地联系在一起，在实践中使传统卷入到现在。同时，仪式还通过提供文化社群共享的证据，即参与仪式代表了某种日后难以背弃的公开承诺。①

总之，传统就是重复，它预设着一种与理性探索相对立的真理。传统对现在的影响首先诉诸情感。因为在吉登斯看来，从弗洛伊德以降，现代状况的困境被看作如何克服我们早期生活中所内置的编程。因为传

---

① ［德］乌尔里希·贝克等：《自反性现代化：现代社会秩序中的政治、传统与美学》，104 页，赵文华译，北京，商务印书馆，2001。

统的道德本质与连接过去和现在的阐述过程密切相关。传统所体现的不仅是一个社会做了什么，而且体现了这个社会应该做什么，而这都源于守护者的解释活动或者说解释行为。传统具有的控制力，通过传统为坚持者提供的一定程度的本体性安全（ontological security）而发挥效力，也正因如此，传统的行为模式和信仰提供了一种克服人的焦虑的情感机制。传统居于信任的中心地位，是信任的导向机制。

吉登斯同意权威具有双重含义的看法。认为权威既指个人或集团所拥有的对其他人的权威，即拥有发布约束性命令的资格，也指知识的控制。有时两者合二为一，成为意识形态或权力的非人格化手段。权威属于守护者的领域，权威拥有者更像是主人（传统规则、传统地位确定的主人），传统规则很少有明确规定，主人拥有对规则广阔的自由解释空间。科学与更广泛意义上的理性将取代被认为无思考能力的传统和风俗的戒律，认知观被重构了，但传统的情感特性却基本上未受影响。因此，现代性的认知革命的另一面是强迫。

吉登斯认为，现代性的强迫是十分明显的，尽管它表现为不同的形式。[1] 而强迫性是凝固的信任，是没有对象却永存不废的信奉。[2]这种强迫性是十分明显的，尽管它是隐藏的，而且它的表现形式也不同。

现代性社会是一个强迫性的社会。吉登斯讲现代性社会是一个权威的社会，这样一个权威的社会不同于传统的权威的社会，这个现代性社

---

① ［德］乌尔里希·贝克等：《自反性现代化：现代社会秩序中的政治、传统与美学》，89 页，赵文华译，北京，商务印书馆，2001。

② 同上书，115 页。

会的权威是专家系统所具有的。专家系统之所以拥有现代性权威，是因为现代社会的权威依赖的是理性合法权威。理性合法权威的基础是对颁布规则的合法性的信任，以及对据此规则选拔出来的权威所拥有的发布命令的权力的信任。

在这里，吉登斯并没有明确指出现代性社会秩序依据的是专家系统和抽象体系，以及由此衍生的社会普遍性态度。它包含两个基本点：第一个基本点是规则的合法性。现代性社会是一个规则化了的社会，但是规则本身有没有合法性以及合法性的强弱，影响着我们对它的遵从。所以法律规则要百分之百遵从，而对道德规则的遵从却有大的差异。第二个基本点，是根据规则选拔出来的人所拥有的权力的信任，这就是合法性权威。

因此，他说权威的基础是这两个，机构就是官僚体制。吉登斯所强调的权威的基础是合法性的、规则的信任，以及根据规则选拔出来的权威的拥有者的信任。所以他说约束和管制是官员和机构行为的总特征，应该说约束人、控制人是官僚机构的总特征①。约束、控制本身就是强迫性，现代性社会运行的普遍的机制就是官僚制，而官僚制本身是有强迫性的。任何一个官僚机构是有目标指向的，它的结构设置是为了完成机构的目标，人在某一个机构的位置是承担这个组织机构总的目标，谁占据这个位置，就是最能够保证这个位置的目标充分实现的那个，所以机构承认的是人承担这个结构位置的能力，而不是这个人。在现代性社

---

① ［德］乌尔里希·贝克等：《自反性现代化：现代社会秩序中的政治、传统与美学》，106 页，赵文华译，北京，商务印书馆，2001。

会高度发展的前提下，社会成员的教育和专业技能被普遍地提高了，所以占据组织中同一个结构位置的候选人越来越多，究竟谁占有这一位置，是根据能够完成结构位置能力的大小以及和其他结构位置的合作的能力来确定的。所以，吉登斯说，工作是在社会分工日益精细化的今天我们首先获得生存资源的基本手段和基本条件，不去就意味着没有工作，就不能体面地生活。我们认为，即便到共产主义社会人也是需要劳动的，所以马克思才讲在共产主义社会，劳动是人的第一需要，为什么劳动是第一需要，因为是人成就自我生命的需要，那时的劳动已成为生命实现的基本形式和基本手段。

吉登斯讲官僚机构的总特征是控制和约束。他说在官僚机构里承担管理岗位的是官员。官员就是广义上的专家。但是紧接着吉登斯又说，专门知识是比官职更普遍的一种现象，这就意味着人必须充分履职，去履行好约束和管制职能，才能持久或相对稳定地占据那个位置。他说专家是能成功占有外行所不具备的具体技能或专门知识的人。但专家是相对而言的，在行动的具体情景中，技能和信息的失衡使得一个人相较于另一个人来讲成了权威，就是说专家是否具有权威性，是相比较而言是不是拥有更多的专业知识和专业技能。所以吉登斯讲的专家的权威性具有不确定性，是相比较而言的。可见，专家具有的权威是不同于传统权威的，因为专家拥有的专门知识是抽离性的（专门知识从根本上说是非本地性的），专门知识依靠的不是程式真理，而是对知识的可矫正性信念，专家的知识积累包含着内在的专业化过程，正是专门知识与日益发展的制度的自反性的相互影响，使得日常生活中的技能和知识不断地损耗并被重新配置。①

　　总之，个体的日常生活和社会活动越来越受到来自地方性和全球性交互作用的影响，生活与社会活动的组织越来越处在不断的重构之中，个体需要在专门知识、抽象系统提供的多样性方案中对自我的生活方式选择进行估算或者说进行价值评估，反思和断裂将现代从传统秩序的连续性中分离了出来，现代性脱域的未来，把人类推到了前所未有的不确定风险中，而给人提供连续性、稳定性、同一性秩序定位的传统，在高度现代性的社会中正在逐渐被消解，传统的控制功能也愈益丧失，印痕记忆更加裸露，身份建构和社会规范的意义也变得更加不确定。因而，传统提供的对过去的重构变为更加明显的个人责任——甚至是个人的迫切需要。② 个体的同一性获得被打破了，本体性安全日益受到威胁。

二、商品生产与资本主义的基本矛盾

　　在西方马克思主义和新左派的众多话语形式中，从"商品化"入手来理解现代性概念及其特征，理解资本主义的本质与现实状况，吉登斯不仅是最早的思想家，而且也是最有成果的学者之一。按照吉登斯的说法，所谓现代性问题是指"在后封建的欧洲所建立而在 20 世纪日益成为

---

　　① ［德］乌尔里希·贝克等：《自反性现代化：现代社会秩序中的政治、传统与美学》，107 页，赵文华译，北京，商务印书馆，2001。
　　② 同上书，86 页。

具有世界历史性影响的行为制度与模式"①。对现代性问题的讨论，构成吉登斯一生学术思想的核心，其思想被誉为是站在"巨人的肩膀上"。② 吉登斯把马克思的思想作为自己理论探索的基础性思想源泉，尤其是马克思的"两种商品化"思想，更是构成他分析当代资本主义的起点和指导性纲领。他自认为一生完成了社会理论的三部曲，"所关注的均是历史唯物主义与当代世界之间的关联"。"马克思的著作对于理解影响现代世界之塑造的那种无所不在的力量至关重要。"③事实上，在他于1971年出版的《资本主义与现代社会理论》这部对其思想具有奠基性意义的著作中，就是从解读马克思的商品化思想入手的。吉登斯从马克思的商品化思想入手，总结、概括和提炼马克思的思想，并与现代性问题密切关联，从而形成他自己对资本主义本质和现实的认识。

(一)"两种商品化"理论是理解资本主义社会存在的思想基点

吉登斯在《资本主义与现代社会理论》中特别重视马克思的《1844年经济学哲学手稿》(以下简称《手稿》—作者注)，认为它有两个重要性，其一是它"在马克思整个著作体系中具有突出重要性"，是马克思在政治

---

① ［英］安东尼·吉登斯：《现代性与自我认同》，16页，赵旭东等译，北京，生活·读书·新知三联书店，1998。

② Jon Clark, Celia Modgil and Sohan Modgil (ed.), *Anthony Giddens: Consensus and Controversy*, the Falmer Press, 1990, p. 12.

③ ［英］安东尼·吉登斯：《民族—国家与暴力》，1页，胡宗泽等译，北京，生活·读书·新知三联书店，1998。

经济学领域进行批判的最早尝试。① 其二是马克思在那里明确处理了一些在他以后的著作中不再成为直接关注对象的问题，如宗教分析和异化等。吉登斯认为，对于马克思来说，"相对于对现代资本主义进行理论批判这一最高目标而言，这些问题已经得到圆满解决"。吉登斯把异化问题作为马克思《手稿》的"核心"，认为"尽管异化概念很少出现在 1844 年以后的著作中，但它无疑是成熟著作的根基。在这以后，马克思把《手稿》中异化概念所包含的各条线索分别树立出来。异化概念，由于它所具有的马克思不愿再卷入的抽象和哲学性质，从而也就成为多余的了。然而，《手稿》对异化所做的直接研究提供了一条宝贵线索，它使我们能够窥透潜蛰在马克思后期思想中的最重要主题"②。考虑到马克思后期的思想主要集中在以《资本论》为代表的一系列揭示资本主义现实矛盾和社会发展规律的著作中，很显然，吉登斯不仅把异化问题作为马克思早期思想的重要内容，同样也把它作为成熟时期马克思思想的基石，因为在他看来，"所有对马克思著作做精确划分的做法都是主观的"，"实际上，在对黑格尔的批判、1844 年的《手稿》和马克思的成熟思想之间还是存在明显的连贯线索"。③ 这样一来，吉登斯对马克思思想的理解就自然地开始于对异化问题的理解。

吉登斯认为，马克思的《手稿》从对当时流行的国民经济学的两个错误的批判入手，从而使他能够在关于政治经济的中心论题上发表看法。

---

① ［英］安东尼·吉登斯：《资本主义与现代社会理论》，12 页，郭忠华等译，上海，上海译文出版社，2007。

② 同上书，13 页。

③ 同上书，23 页。

国民经济学的第一个错误是"假设资本主义特有的生产条件可以适应于所有经济形式","利己主义和追逐利润是每个人的天性";其二是"假设经济关系是纯粹抽象的关系"。关于第一点,马克思认识到资本主义是特定历史条件下的一种生产制度,它也不会是最后一种;对于第二种错误,马克思认为"资本""商品""价格"等等并不是独立于人的媒介之外的存在,而是在特定经济关系中存在。吉登斯非常同意马克思的看法,指出"每一种经济的现象同时也就是一种社会的现象,特定类型的经济同时预设了特定类型社会的存在"①。

马克思的批判直接引发了一个至关重大的问题,那就是国民经济学犯这些错误的原因在哪里?吉登斯认为马克思找到了这个原因,即他们"把工人视为资本家的成本,因此也就等同于其他成本开支。国民经济学声称把社会中的人作为分析对象的观点是不合适的;正是出于这一原因,经济学家得以掩蔽他们对资本主义生产方式的阐释中的实质性的东西;资本主义建立在以无产阶级或工人阶级为一方,以资产阶级为另一方的基础之上。在工业生产的成果分配方面,两个阶级处于根深蒂固的斗争之中"②。

吉登斯认为,"马克思对资本主义生产中异化现象的研究,以一个当前的经济事实作为出发点:资本主义越向前发展,工人就变得越贫困。这一出发点同样是其阐述的主题,而后在《资本论》中得到详尽分析。资本主义生产方式所创造出来的巨大财富都被土地和资本所有者所

① [英]安东尼·吉登斯:《资本主义与现代社会理论》,14页,郭忠华等译,上海,上海译文出版社,2007。
② 同上书,14页。

占有。劳动者与劳动产品的分离并不仅仅是一个产品剥削的问题"①。通过对马克思所分析的产品与劳动者分离思想的研究，吉登斯满有把握地说："马克思研究所关注的基点是，在资本主义社会中，劳动者所生产出来的产品与劳动者一样被同等对待。"诚如马克思所说，"工人生产的财富越多，他的生产的影响和规模越大，他就越贫穷。工人创造的商品越多，他就越变成廉价的商品。物的世界的增值同人的世界的贬值成正比。劳动生产的不仅有商品，还生产作为商品的劳动自身和工人，而且是按它一般生产商品的比例生产的"②。这就是吉登斯所说的马克思的两种商品化的思想或理论，即产品的商品化和劳动者的商品化，吉登斯把它看成马克思研究活动的基点，同样也成为吉登斯理解资本主义的思想基点。

马克思在《手稿》中对异化劳动的讨论，确实是从"商品化"这一资本主义社会的典型现象入手的，涉及劳动积累与资本积累、扩大分工与劳动力的市场化、工人之间的竞争与劳动力价格的贬值、资本家之间的竞争与劳动过程的异化、工资的提高与工人自身精神和肉体摧残等。马克思的结论是："这就是对工人最有利的社会状态，即财富正在增长、增进的状态所产生的后果。然而，这种正在增长的状态终究有一天要达到自己的顶点。那时工人的贫困持续不变。"③马克思在《手稿》中所表达的两个商品化的思想，深深地影响了其后期的作品，例如在《资本论》中，

---

① ［英］安东尼·吉登斯：《资本主义与现代社会理论》，14 页，郭忠华等译，上海，上海译文出版社，2007。

② 《马克思恩格斯文集》第 1 卷，156 页，北京，人民出版社，2009。

③ 《马克思恩格斯全集》第 42 卷，53 页，北京，人民出版社，1979。

马克思就从商品开始讨论问题，以此为切入口，在作为商品的产品和作为商品的劳动力的关系中理解在经济关系中所包含的社会关系。

在吉登斯看来，资本主义的现代形式是所谓现代性的社会存在的状态，"它意指包含竞争性的产品市场和劳动力的商品化过程中的商品生产体系"①。由于马克思早已确立了资本主义是商品化的经济与社会的思想，就此而论，吉登斯对马克思思想的认识，为其形成现代化社会是商品交换社会的总体思想，提供了一个有效的认识论基础。诚如陈炳辉在《西方马克思主义的国家理论》中所说的那样，吉登斯把马克思对于资本主义生产机制的分析，作为理解现代社会巨大转变的理论核心。②

(二)"两种商品化"理论体现了资本主义劳动的必然特征

在马克思主义经典作家那里，劳动被赋予了人的现实存在的本质规定。恩格斯曾明确指出，劳动以及在劳动过程中所产生的语言是确立人的地位的根本力量，马克思恩格斯早在《德意志意识形态》中就充分肯定了劳动对于人的根本性意义，认为"任何人类历史的第一个前提无疑是有生命的个人的存在。因此第一个需要确定的具体事实就是这些个人的肉体组织，以及受肉体组织制约的他们与自然界的关系"。"可以根据意识、宗教或随便别的什么来区别人和动物。一当人们自己开始生产他们所必需的生活资料的时候(这一步是由他们的肉体组织所决定的)，他们

---

① [英]安东尼·吉登斯：《现代性与自我认同》，16 页，赵旭东等译，北京，生活·读书·新知三联书店，1998。

② 陈炳辉：《西方马克思主义的国家理论》，285 页，北京，中央编译出版社，2004。

就开始把自己和动物区别开来。人们生产他们所必需的生活资料，同时也就间接地生产着他们的物质生活本身。人们用以生产自己必需的生活资料的方式，首先取决于他们得到的现成的和需要再生产的生活资料本身的特性。这种生产方式不仅应当从它是个人肉体存在的再生产这方面来加以考察，而且它在更大程度上是这些个人的一定的活动方式、表现他们生活的一定形式、他们的一定的生活方式。个人怎样表现自己的生活，他们自己也就怎样。因此，他们是什么样的，这同他们的生产是一致的——既和他们生产什么一致，又和他们怎样生产一致。因而，个人是什么样的，这取决于他们进行生产的物质条件。这种生产第一次是随着人口的增长而开始的。而生产本身又是以个人之间的交往为前提的。这种交往的形式又是由生产决定的。"①劳动是人的本质特征，这是马克思主义哲学关于人存在的基本规定，然而，在资本主义制度下，人的劳动却被异化了，被扭曲了，这意味着人的存在本质被扭曲了。异化劳动就是资本主义社会劳动的基本特征。关于这一点，吉登斯认为，马克思在《手稿》中已经解决了对资本主义劳动本质特征的认识，解决过程正是在讨论两种商品化中实现的。

吉登斯认为，马克思所说的"两种商品化"作为资本主义劳动的基本形式，对资本主义存在特征的表现，首先在于特殊的生产过程的对象化，体现为对象的丧失和被对象奴役的形式。吉登斯认可马克思的观点，即在资本主义经济中，当劳动者的生产能力随着资本主义的扩展而不断提高，但劳动者却越来越不能控制其生产出来的产品时，异化现象

---

① 《马克思恩格斯全集》第 3 卷，24 页，北京，人民出版社，2002。

也就产生了。不仅在经济领域，而且在政治以及宗教等领域，也形成相应的异化。"工人的劳动作为一种与他相异的东西并成为同他对立的独立力量，意味着他给予对象的生命是作为敌对的和相异的东西同他相对立。"因此，"资本主义的对象化与异化是一回事，它是资本主义劳动所具有的必然特征，都涉及将劳动力置换到它所创造出来的对象上去。换言之，劳动产品外在于工人，不仅是就其本体论意义而言，而且还有更深层、更特定的意义，即凡是成为他的劳动的产品的东西就不再是他自身的东西"①。

"两种商品化"体现出资本主义市场经济的核心原则，即生产出来的商品必须用来交换，作为商品的产品和作为商品的劳动力，都体现出交换的特征。吉登斯认为，在资本主义生产中，商品的交换和分配完全受自由市场的支配，工人也像商品一样在市场上被买卖，他当然无权决定其产品的命运。"市场的运作就是以牺牲工人的利益为代价来提高资本家的收益。"②这意味着劳动者不仅无权处置其产品，他生产的产品都为别人所占有，工人生产的越多，他能够消费的越少；他创造价值越多，他自己越没有价值、越低贱。

劳动或工作只是手段而不是目的本身。按照马克思的观点，在异化劳动的状态下，劳动的产品只是以外化的形式存在，生产本身必然是能动的外化或活动的外化。这意味着在资本主义劳动状况中，劳动者在劳动或工作本身中被异化。工作并不会使工人产生内在的满足感，使工人

---

① ［英］安东尼·吉登斯：《资本主义与现代社会理论》，15 页，郭忠华等译，上海，上海译文出版社，2007。

② 同上书，15 页。

自由地发挥自己的体力和智力，劳动仅仅被外在的环境所强加。如同马克思所说，只要肉体的强制或其他强制一旦停止，人们会像逃避瘟疫一样逃避劳动。

两种商品化的结果使在资本主义社会中的人际关系被化约为市场机制，货币成了衡量社会关系的准则。吉登斯按照马克思的逻辑做出的推论是"既然所有经济关系同时也就是社会关系，那么，劳动的异化也就必然带来直接的社会后果"。"这直接印证了货币在人类关系中所具有的意义，货币促进了人类关系的理性化，因为它提供了一种抽象的准则，使那些即使性质完全不相同的东西都可以进行比较，或相互化约。"①这意味着以两种商品化为基点的资本主义劳动把一切关系都货币化了，人变成了金钱的奴隶。

不仅如此，在商品生产的驱使下，对象化的活动也使人与自然的关系疏离，自然也被商品化了。吉登斯认为，"人类生活在一个与自然界积极交互的关系当中，技术和文化既是这种交互关系的结果和表现，也是人类区别于动物的主要特征"。然而，在资本主义生产劳动中，"异化劳动把人类的生产活动降格为一种适应性行为，而不是一种积极主动地征服自然的行为。这使个体与其类存在相分离，与作为有别于其他动物的人类生命相分离"②。吉登斯非常赞赏马克思对费尔巴哈的超越，从人的具体存在性上、从人类劳动的全面性和积极主动性上来看待人与自然的关系，来批评资本主义劳动的异化性，批评资本主义劳动对人性的

---

① ［英］安东尼·吉登斯：《资本主义与现代社会理论》，16 页，郭忠华等译，上海，上海译文出版社，2007。

② 同上书，16 页。

蔑视。

吉登斯坚持马克思关于人的异化的社会存在的看法，认为"在资本主义社会，人以各种特定的方式与赋予他们人性的社会形成疏离"①。其表现首先是异化劳动使"类生活和个人生活异化"，其次是"把抽象形式的个人生活变成同样是抽象形式和异化形式的类生活的目的"。吉登斯认为，"马克思对资本主义的分析表达的是人与其类存在异化的含义，而且在相当程度上，这种异化是不对称的，也就是说，异化效应透过阶级结构而表现出来，为无产阶级所集中体验"②。同时，马克思不认为异化仅仅只限于雇用劳动者身上，从私有财产和金钱支配了其自身的存在这一规律而言，资本家自身也受役于资本。这意味着，在资本主义时代，人的社会关系完全被异化了，这是资本主义商品化的一个必然结果。

(三)"两种商品化"理论蕴含资本主义社会权力关系的本质

在吉登斯思想发展的高峰，他对当代资本主义社会的民族—国家与暴力之关系的揭示引发了广泛的思想争论，取得了重要的理论进展。吉登斯的这一理论被称作新左派的国家理论，意欲阐明"资本主义会被未来社会转型之唯一目标的社会主义所超越"③的可能性。

---

① ［英］安东尼·吉登斯：《资本主义与现代社会理论》，17 页，郭忠华等译，上海，上海译文出版社，2007。

② 同上书，18 页。

③ ［英］安东尼·吉登斯：《民族—国家与暴力》，6 页，胡宗泽等译，北京，生活·读书·新知三联书店，1998。

吉登斯推进了马克思在《手稿》中所阐述的经济关系是社会关系的思想，提出社会关系体现权力关系的看法。在他看来，当代资本主义国家已经发展成民族—国家，其"基点在于行政集中以及由此而来的业经改变的控制所具有的辩证法特性"①。吉登斯认为，人是能动的存在，"要成为人就意味着成为能动者，而要成为能动者也就要掌握权力。在这种高度抽象的意义上，'权力'即指'改造能力'，……是指能够对一系列既定的事件进行干预以至于通过某种方式来改变它们"②，只有把权力与资源联系起来才能认清权力本身。"资源是能动者为完成其所做的一切事务而在其活动过程中予以运用的，它们内嵌于社会体系的再生产过程之中"。③ 所谓行政控制在本质上是对资源进行控制，资源包括配置性和权威性两种。配置性资源是指对物质工具的支配，这包括物质产品以及在其生产过程中予以利用的自然力；权威性资源则指对人类自身的活动行使支配的手段。④ 权力就是对资源的支配和控制。

吉登斯认为，马克思主义在对社会构成以及对社会变迁所做的解释中，配置性资源被赋予首要地位，这一点在马克思的思想中是一贯的。配置性资源控制物质生产活动，其实就是对商品化生产的控制，这是传统资本主义权力控制的核心。尽管吉登斯并不认为在现代资本主义国家中对配置性资源的控制起决定性作用，而是要在社会体系的构成和社会

① ［英］安东尼·吉登斯：《民族—国家与暴力》，5 页，胡宗泽等译，北京，生活·读书·新知三联书店，1998。
② 同上书，7 页。
③ 同上书，7 页。
④ 同上书，8 页。

变迁的动态过程中考察两种资源的各种关系，但配置性资源控制仍然处于核心位置上。换句话说，对商品生产过程的控制仍然是基本的。

诚如吉登斯所说，就资本主义而言，动力源泉是显而易见的。资本主义企业通过生产由市场出售的商品来追求利润，追求足以保证充分的再投资所需的利润，就是经济转型和扩张的长期动力。"这种动力源泉恰恰是现代性的不连贯性的主要特征之一。"[1]吉登斯指出，"在资本主义社会，对配置性资源的控制具有特别重要的意义"。"劳动力的商品化是资本主义社会阶级体制的基础。在以往的阶级统治中，剥削阶级的形式是占有'剩余'产品。"[2]在这一状况下，大多数人被剥夺了对其生存手段的直接控制权，劳动者的劳动处于企业主或管理者的直接监管之下。"与此同时，劳动力的商品化不仅使得，而且也需要'劳动力成为顺应于雇佣者组织指令的'抽象劳动。"[3]这就是说，资本主义是这样一种社会组织形式，其社会权力的核心在于监管，包括了多样性的监管形式，但目标本身还在劳动产品和劳动力的商品化方面。

在现代社会中，监控措施的发展并不限于资本主义的工作地点，它的起源也不限于此。由于独立的经济领域为其他领域注入了动力，监控在工作地点的扩大和巩固强烈地左右着其他地点所发生的事件。吉登斯认为，"资料足以证明，这与劳动力的商品化有关"[4]。吉登斯充分肯定

---

① ［英］安东尼·吉登斯：《民族—国家与暴力》，174 页，胡宗泽等译，北京，生活·读书·新知三联书店，1998。

② 同上书，178 页。

③ 同上书，178 页。

④ 同上书，179 页。

马克思关于商品生产与资本主义权利监控相关联的思想，认为"马克思对产品的商品化（集中体现为货币资本）以及劳动力的商品化（集中体现为抽象劳动）所做的分析，揭示了制度之间的联系，正是这种联系构成资本主义社会的阶级体制的核心"①。基于马克思的商品化思想，吉登斯进一步推论到，资本主义制度下的私有财产将契约自由权和资本的全面转化能力统合于商品和劳动力的买卖之中，而这正是现代货币经济与众不同的特征。商品和劳动力的买卖，包含了最大的利益对抗和长期的斗争，这些阶级冲突是资本主义生产中的固有成分，也是资本主义社会的内在成分。② 从工作地点的监控而扩大的社会控制形式，以模式化的方式，发展成了工业资本主义兴起的一项主要特征。监控是权力的媒介，不管这种权力同私有产权具有什么样的联系，它都并非直接源于监控。吉登斯的这一观点也同样适用于对暴力工具的控制。

在社会发展理论方面，吉登斯以其现代化理论和民族国家理论著称。他在分析资本主义的扩张与现代国家的巩固之间的关系时明确指出，我们必须对资本主义发展的两个连续的阶段给予估价。第一阶段为16 世纪至18 世纪晚期，它牵涉绝对主义的发展和工业以及资本主义企业的早期传播问题。第二阶段就是民族—国家和工业资本主义发展得以联合的阶段。吉登斯认为，"资本主义的成熟过程，一方面包括土地和产品的商品化，另一方面包括劳动力的商品化。尽管这两方面在发展过程中彼此并不是完全独立的，但第一方面主要与绝对主义国家的发展交

---

① ［英］安东尼·吉登斯：《民族—国家与暴力》，180 页，胡宗泽等译，北京，生活·读书·新知三联书店，1998。

② 同上书，181 页。

织在一起，而第二方面的大规模发展依赖于民族—国家的形成"①。

从上面的讨论可以看出，在吉登斯看来，作为现代资本主义社会存在的典型形式，民族—国家包含了复杂的权力结构，"它存在于民族国家所组成的联合体之中，它是统治阶级的一系列制度模式。它对业已划定的边界（国界）的领土实施行政垄断，它的统治靠法律以及对内外暴力工具的直接控制得以维护"②。这种以权力控制的形式对资本主义社会的维护，既产生于早期对土地、产品和劳动力的商品化的维护过程中，同时也是对现实的商品化活动的监控和对其制度的坚持。权力关系扎根于经济和社会关系之中，而其基础是产品的商品化和劳动力的商品化关系。

吉登斯曾多次强调，他对资本主义现实社会的认识和理解，是基于对深刻影响了当代学术思想的几位重要学者的思想加以研究、总结、概括和提升，同时又密切联系现代性社会现实状况的结果，主要包括马克思、涂尔干和韦伯等人，其中马克思不仅排在第一位，而且是理解和研究其他几位学者思想的基础。这说明马克思的思想财富并不在于随历史话语的改变而转换其形式，而在于其思想与现实的内在关联，尤其在于展现其思想精髓。因此，并不存在马克思思想过时的问题，只存在能否把其学术思想同当代发展有机结合的问题。吉登斯的马克思情结充分说明了这一点。

---

① ［英］安东尼·吉登斯：《民族—国家与暴力》，185 页，胡宗泽等译，北京，生活·读书·新知三联书店，1998。

② Giddens. *A Contemporary Critique of Historical Materialism*. Vol. 1, The Macmillan Press Ltd，1981. 190.

　　吉登斯从马克思的"两种商品化"思想入手，一方面以此为线条来全面释读马克思的思想，另一方面又以此为切入口，研究和理解资本主义的历史与现实，揭示其基本矛盾和本质，这在当代西方马克思主义学者中独树一帜，开辟了一种新的研究方式。吉登斯关于马克思的"两种商品化"理论是理解资本主义社会存在的思想基点，它体现出资本主义劳动的必然特征以及"两种商品化"理论蕴含资本主义社会权力关系的本质等看法，是对马克思思想的一个启发性的总结，有利于我们在当代意义上理解和认识马克思的思想。确实，在马克思的著作中，两种商品化的思想源自于《1844年经济学哲学手稿》中对异化劳动缘起和特征的解释，从人的生产劳动到经济关系和社会关系，为历史唯物主义奠定了思想和理论基础。然而，在《德意志意识形态》后的一些著作中，马克思更多地在生产力与生产关系、经济基础与上层建筑的关系上讨论问题，似乎不再关心商品化问题了，这显然是一个误解。其实，资本主义是商品经济社会这一点对马克思来说是毋庸置疑的，马克思研究资本主义经济与社会关系的经典著作《资本论》的逻辑起点就是商品。既然资本主义社会是商品经济社会，揭示商品的意蕴内涵，其首要性就不难理解。显然，吉登斯从商品以及商品生产入手，而不仅仅是从一般意义上的生产力或生产关系入手来理解马克思，理解现代资本主义，这是一种有意义的尝试。

　　在如何对待马克思思想发展的阶段性以及思想的内在统一性上，吉登斯也提供了新的思考。吉登斯从整体性视角看待马克思一生的思想演进过程及其内在的一致性。与许多人的观点不同，他不认为存在两个马克思，尤其不认同存在本质上完全不一致的两个马克思，这一点突出表现在他对《1844年经济学哲学手稿》的看法上。他认为《手稿》提供了一个对资本主义进行批判性分析的框架，它已真正包含了马克思所有重要思想的萌芽，这些思想在他后来的著作中得到进一步深入细致的发展，[①] 他尤其推崇马克思在《手稿》中所表达的一些思想的历史和现实意义。除了我们在本文特别讨论的"两种商品化"理论外，吉登斯还特别认可马克思关于人的"类存在"问题、人类渐进性地自我创造的概念、多样性的异化概念、国家与权力的思想、社会结构中无产阶级与资产阶级的对立与冲突思想、革命的实践以及共产主义的学术思想等。尽管是一家之言，但他讲出了许多让人信服的道理，对于全面理解马克思的思想是有启发意义的。吉登斯对马克思的社会主义和共产主义思想，达到一种理性信仰的高度，他曾不止一次地说到社会主义取代资本主义或资本主义的未来形式是社会主义。他批评那些认为马克思在《手稿》中还是从抽象意义上来理解人的思想，认为情况正好相反，马克思看到了资本主义巨大的生产力使人类的未来发展成为可能。异化劳动所表明的并不是自然人与社会人之间的张力，而是资本主义所蕴含的潜力与这种潜力实现之不可能性之间的张力。马克思所关注的是现实的人的劳动与社会的分离问题。

吉登斯对马克思思想的关注与吸收，似乎印证了德里达（Derrida）的话："全世界的男男女女们，不论愿意与否，甚至知道与否，他们今天在某种程度上都是马克思和马克思主义的继承人。"[②]南京大学哲学教

---

① ［英］安东尼·吉登斯：《资本主义与现代社会理论》，19页，郭忠华等译，上海，上海译文出版社，2007。

② Jacques Derrida, *Specters of Marx: The State of the Debt, the Work of Mourning, and the New International*, New York: Routledge, 1994, p. 91.

授张亮先生于 2012 年就在《江海学刊》上发表了《作为马克思'继承人'的吉登斯》的文章。在文中，张亮教授分析说，"在非马克思主义传统出身的当代西方理论家中，或许没有谁能比安东尼·吉登斯更能称得上是马克思的'继承人'：他不仅系统研究过马克思的理论，而且选择通过对历史唯物主义的当代批判，建构了自己的社会理论，并与马克思和马克思主义保持着长期的对话关系。吉登斯显然更关注并愿意吸收那些与个体、心理、微观有关的理论成果，而对某些宏观的社会科学成果特别是经济学成果关注不够。正是这种结构性的缺陷导致他在事实上未能对当代资本主义再生产过程中的变革及其社会效应形成完整准确的理解，容易被当代资本主义社会中那些仅仅在此时此地才具有重要性的社会因素所吸引，从而忽略被这些因素所覆盖、遮蔽起来的生产力、经济基础之归根结底意义上的决定作用。而马克思以降的思想史表明，经济学在研究、把握变化了的社会现实的过程中具有无可取代的基础性地位"[①]。我们认为，吉登斯的分析是值得尊重的，但由于他对商品等问题的分析，过多停留在了一般社会的层面，而未能在政治经济学的高度像马克思那样给出彻底的科学分析。因此，吉登斯的思想虽然体现了关注实践、关注现实、关注人的生活等特质，但又总在这些认识上看似辩证地保持了一种似是而非的模棱两可。

[①] 张亮：《作为马克思'继承人'的吉登斯》，载《江海学刊》，2012(4)。

三、人的现实生存的焦虑与困境

吉登斯对现实资本主义社会发展的一般状况和社会生产的自识性的认识，并没有仅仅停留于简单的唯象描述和事实列举，而是尝试从资本主义的制度层面切入，从人的社会生活的基本状况与资本主义制度的关系方面，看人的现实生存和生活，从而达到自识性的高度，不仅揭示了人的现实困境，而且深化了人们对资本主义制度腐朽性的认识，从而为提出更加系统性的科学解释和指导人的实践活动奠定了基础。

(一)现代性的资本主义制度造就了风险社会

吉登斯认为，现代性社会是高风险社会，它给人的现实生存带来了本体性焦虑。在他看来，20世纪末期，我们处在一个时代即将结束的时期，这或许对人们来说只是日历上的一个普通时间，但是"人们广泛地把世纪之末与迷惑和不安的感觉等同起来，其影响之广以至于人们怀疑，诸如现代性的终结或历史的终结等各种的终结的谈论是否就是世纪末情绪的反应"①。我们处在一个过渡时期，现代性社会就是一种终结，现代性在发展时期内既消解了传统，又建构了传统，现代社会保存了传统社会的特性，传统有着抵御变化的延续性。在我们的时代，科技革命的发展日新月异，社会生活方式的变化导致与传统社会不同的社会模式产生了，社会发展出现了巨大的断裂，从而给我们的生活和生产活动带来了本体性的焦虑和不安。

---

① [英]安东尼·吉登斯：《现代性的后果》，56页，田禾译，南京，译林出版社，2006。

在吉登斯看来，现代性社会风险的根源在于时—空的分离。传统社会日出而作，日落而息，观日而辨识时间，空间与时间密不可分，当机械表出现使得计时方式不再依靠太阳，时间有了标准，跨地区的时间标准化，使得时间与空间联系减弱。现代性使得空间与地点分离，受"缺场"支配，远离了面对面互动的场景，人们要面对无法控制的陌生环境的影响。社会关系从彼此面对面的互动中脱离出来，结构单一、功能多样的社会分化成结构多层、功能逐渐专业化。其中，重要的脱域机制包括了象征标志和专家系统，象征标志是"相互交流的媒介"①，不用考虑任何特定的场景，最具代表性的是货币符号，人们通过创造事物，从而创造了价值。但同时，这一创造过程又使自己与事物相分离，然后再寻求克服距离和摆脱困难的手段。这中间的困难越大，手段就越有价值，在社会生活中，货币一方面拉开了人与物之间的距离；另一方面，又通过"物—货币—物"的模式克服人与物之间的距离，货币作为一种黏性联系着人与人，这样的交换需要彼此相互信任。吉登斯认为，作为象征标志的货币，"作为一种流通物，货币并非与时间相关，而恰恰是通过连接当时与日后，在场与缺场而将时间托架出来的手段"②。货币使得人们不用面对面的互动，货币作为一种权威，以人们赋予的合法性为基础，这种价值使具有整体效应的群体和组织能够不依赖于亲密的接触而进行互动，人与人之间的关系逐渐制度化，但是货币却对人们产生了不利影响，它使人们在接触多种多样的人的同时，却并没有太多时间和精

---

① ［英］安东尼·吉登斯：《现代性的后果》，19 页，田禾译，南京，译林出版社，2006。

② 同上书，22 页。

力进行熟悉和交流，使得人们变得孤独。在货币的强力冲击之下，出现了拜金主义、人情淡漠等多种社会病。作为"由技术成就和专业队伍所组成的体系"①的专家系统，已经变成了脱域机制的一种，它将人们对未知的恐惧规范在知识体系中，虽然方便了人们的学习和生活，但却把人作为机器来看待，给人的生活带来了本体性的不安全。当人一进入高度现代性的社会时，实际上就进入了由专家系统、脱域机制等控制下的各种不同时空情境，也就是处在布尔迪厄所说的"场域"中，进入了与场域相联系的一套自我可能根本意识不到的前提预设中，从进入的那一刻起，我们就无时无刻、不可避免地承受着无处不在的风险。

当然，吉登斯认为，"风险"不同于"危险"，危险包含着结果的既成事实的意味；而风险则像是一个概率，是对未来可能发生的危险的评估，如果人们提前加以筹划就有规避的可能，这与我们作为实践主体所具有的主观能动性不可分割。"风险"一词在不同时期的含义不同。吉登斯在《失控的世界》这部著作中追溯了风险一词的起源，它最早是由西方的航海探险家们发明的，意思是航行到了未知的水域。所以，"风险"最开始主要有空间方面的含义，后来，它的含义转向了时间方面。②

从概念分析中可以看出，风险概念蕴含的理念与未知和不稳定性是分不开的。在现代，人们对它的认知更具有科学性。传统社会中的人们倾向于将生活中或好或坏的不确定因素归结为命运使然、上帝的安排；

---

① [英]安东尼·吉登斯：《现代性的后果》，24页，田禾译，南京，译林出版社，2011。

② [英]安东尼·吉登斯：《失控的世界》，18页，周红云译，南昌，江西人民出版社，2001。

现代社会到来之后，这些思想虽然没有被完全消除，但日常实践和理性思维一再证明了"风险是一个致力于变化的社会的推动力，这样的一个社会想要决定自己的未来而不会任由它走向宗教、传统或者自然界的反复无常"①。通过对风险的有效管理，人们可以控制和规范未来的走向，创造机会。因此，风险虽然不管在什么时候都会给人带来焦虑，但不同于传统社会中迷信地祷告或是完全束手无策的做法，现代社会的到来唤起的是人们积极面对风险的态度。因此，风险这个概念在现代性意义上必然与实践行为紧密联系在一起。

风险被吉登斯划分为两大类：外部风险和被制造出来的风险。前者是自然给予人类的威胁，其为传统社会中风险的主要表现；后者多是由人类实践活动的发展所导致的，在现代社会中占主导。但并非在现代社会中，外部风险就不存在了，实际上是因为随着人类实践能力的提高、科技的进步，人类预测和控制外部风险的能力得到了很大提升。而社会风险从以外部风险为主过渡到以被制造出来的风险为主的原因在于经历了自然和传统的结束，自然的结束是指我们所赖以生存的自然环境已经时刻被人类的实践活动所影响和控制，传统的结束在于生活领域内的传统和习俗都在一定意义上被颠覆，进而被一种个人化的生活方式所取代。② 这些终结都是人类实践活动的参与造成的。

风险加剧的现象与现代性的到来密切相关。作为表现的社会断裂，

---

① ［英］安东尼·吉登斯：《失控的世界》，20 页，周红云译，南昌，江西人民出版社，2001。

② 许峻铭：《吉登斯风险社会理论的哲学审度》，11 页，南昌，江西师范大学出版社，2013。

从传统的亲缘关系的疏离、地域性社区的紧张、宗教宇宙观丧失以及风俗习惯的彻底改变，严重威胁到人的本体性安全。在现代社会中，地域化不再是本体性安全的充要条件，而是变成了充分条件；熟人社会的逐渐没落；逻辑、理性战胜了宗教、迷信，成了人们思维的工具；风险环境也由外部风险转变为被制造出来的风险为主，这些转变都体现了一个世俗化的过程，是断裂的体现。

吉登斯强调，人总是在反思中过自己的生活。反思性作为人的一种基本的思维特征，它贯穿在人类生产与再生产的所有活动过程中，它是一种行动的惯常性联系的体现，即行动与思想互相反映，深刻影响着人的未来行动。人作为实践主体，受主观实践意识的支配，但也受着客观环境诸如社会结构的影响，促使人的实践行为与社会结构有着相辅相成的关系。人的反思性渗透在人类参与的社会生活的全部范围内，包括对已获得的确定性知识的反思（特指与现代性紧密相连的社会科学知识），而在此作用下，又没有什么知识是有绝对确定性的，因而，人会陷入困惑、恐慌、焦虑的状态。

时空分离导致空间虚化也使人陷入焦虑状态。日历在全球各地的统一和跨区域时间的标准化使得时间虚化和空间虚化，交通工具、通信技术的发展，使得现代社会的空间因素从地点中分离出来了，那些"缺场"的（即不在场的）东西，甚至成为左右在场情况的根本性力量。地域性与全球性实现了交融，这极大地改变了人们已有的日常社会实践方式。脱域机制使得时间、空间分离后形成新的排列组合，促使人们日常实践的范围由"熟人社会"转变为"陌生人社会"。反思性机制，虽然在人们的行动中惯常保持着与过去的联系方式，推动了社会知识的再生产、社会系统的完善和社会文明的进步、演变，但也使人们陷入焦虑的状态。正是时、空被时—空分离机制延伸，进而为脱域创设了基础条件；脱域机制将时—空条件进行了重组，使得大到社会系统、小到个人实践都置身于一个更加宽广、开放的环境；反思性机制在延续中又突破传统，不断推陈出新，使得整个社会的体系和内容都得以改变。在这三者的共同作用下，现代性犹如一匹疾驰狂奔的猛兽，从全方位、全领域推动着世界的进程，由于现代性本身所蕴含的高风险性，因而，这一进程也推进了高风险社会的形成和发展。

吉登斯认为，我们的时代，使得世界各地的社会联系得以加强，相隔千里的地域之间有了广泛的联系。社会的发展过程极具复杂性和辩证性，它是一个碎化与整合相结合的过程，这种整合使得世界甚至形成一种相互依赖的命运共同体，因而全球的安全与风险成了无处不在、共同分担的因素。现代性的复杂性直接导致了复杂的社会现象，也成了现代性环境下，风险社会加速形成的催化剂。正是在经济全球化的背景下，在资本主义、工业主义、军事力量和社会监控的共同作用下，世界的资本主义经济化越来越强烈，国际劳动分工和世界市场走向统一，世界平衡借助于军事秩序来实现，民族国家体系则推高了极端民族主义，风险社会不仅不会停息，而且还在继续加速发展。

吉登斯认为，现代性条件下的资本主义是在竞争性劳动和产品市场情境下的资本积累，它的中心是对资本的私人占有和无产者的雇佣劳动之间的关系，这个关系也构成了阶级领域的主要内容①。可见，资本主

---

① 山小琪：《现代性的制度之维》，载《江淮论坛》，2005(3)。

义社会是复杂的，它有强劲的内驱力，因而能率先打破传统社会中静态平衡的经济秩序，创造出现代性的新秩序，这是因为在资本主义社会中充斥着激烈的竞争和野蛮的扩张，而这背后所暗含的正是普遍、持续的技术创新。[①] 而在经济全球化的过程中，现代社会中的经济权力中心在资本主义国家，他们所建立的以跨国公司为主的商业形式能够获得全球领域内的扩展机会。但与此同时也带来了具有严重后果的风险：资本积累的欲望是无穷的，而可获得的资源是有限的，在现代性的经济全球化过程中，市场要么不触动外在事物，要么反过来扩大全球的不平等、加速财富的两极分化，这些都具有社会性的破坏作用。

工业主义是一种对自然的改变："人化环境"的发展，在现代环境下，生产逐渐规模化、协调化、效率化，工业主义的重要后果之一就是通信技术上的变革，它让现代性制度的全球扩张具有了可能性。随着经济全球化进程的加剧，科学技术在世界各个地方扩散，全球性的劳动分工随之扩张。通信技术的发展也愈演愈烈，直接构成了将现代从传统中分离出来的反思与断裂机制的重要方面。但科技是一把双刃剑，它在加快工业进程的同时也造成了一些慢性的、不可逆转的环境破坏，这一切都在警醒着人类，对人类在追求经济发展与生态稳定的和谐上提出了更艰巨的挑战。

现代社会中的军事力量即暴力被逐出了资本主义生产活动中的劳动契约，而汇集到了国家权威之中。而且随着军事力量的发展，规模不同

---

① ［英］安东尼·吉登斯：《现代性的后果》，50 页，田禾译，南京，译林出版社，2006。

的国家都拥有了先进武器，逐渐成为军事现代化的强大国家；战祸也逐渐形成了连锁效应，区域的纷争和矛盾很有可能成为全球性战争的导火索。因此，军事力量会带来具有严重后果的风险：使用一般武器的大范围的战争也会带来毁灭性的破坏，且因为科学和武器技术在持续革新，新的武器装备不断出现，而它们的可怕威力并不亚于核武器①。这种风险一旦爆发的话，就会带来诸多直接、致命的后果。

监督机制是对信息和社会督导的间接控制，监督活动直接促进了民主机制的健全和民主活动的完善，它对于所有与现代性相联系的组织来说，起着根本性的作用。国家主权应当是不断反思性地加以监测的东西，拥有了边境，也即拥有了主权。但增进民主参与也会带来风险：不同程度的极权现象的出现。因为政治利益的冲突必然会引起权力斗争，更有甚者会导致强权政治的出现、暴力冲突的产生。历史上的法西斯意大利、纳粹德国等都是这一现象的真实写照。

愈演愈烈的西方社会的风险，从各个方面表现出来，首先在经济领域中，生产与消费两个环节严重脱节。我们知道，生产是将原材料加工成产品的过程，现代化的大工业生产不断促使更高产能、高效率的机器出现，经济全球化进程加剧之后，商业活动的广度和深度也随之提高，在利益驱使下人们不断地开发利用有限的自然资源、不加节制地排放污染物，对自然环境的破坏也加剧了。虽然人们的环保意识以及环保措施逐步到位，但与此同时，资本家为了获得更多利益，不断促使着生产的

---

① ［英］安东尼·吉登斯：《现代性的后果》，151页，田禾译，南京，译林出版社，2006。

再扩大与科学技术的更新相互作用，因此，与之相关的各种风险逐渐酝酿。消费使得资本得以实现，日益扩张的生产必然要有相应的市场需求才行，因此，当生产扩大之后，商家们就会想方设法地创造消费，使消费也朝着畸形的方向发展，形成恶性循环，不断推动着现代社会走向风险加剧的泥潭。但就科学技术来说，它本身的发展带给人类的自由度与不确定性是相对平衡的，单靠它不可能导致风险社会。综上可知，由于资本关系的介入性渗透，彻底打破了实践发展给人类带来的自由与其导致的风险之间张力的相对平衡，凸显了实践的破坏性，彰显了全球性风险社会来临的危险性。

在反思性领域，"人类的行动并没有融入互动和理性聚集的链条"①之中，在现代性社会下，反思性现代性也带来了"自然的终结"，人的生活环境越来越由先前的自然环境转变为某种反思性的制造出来的"人造环境"，人们周围的环境与人类活动更加相关，人们用知识改造着环境，可以预测天气，预测地质灾害，建造房屋，建设宜居城市，避免很多自然风险。人类遇到的最大风险不再来自于自然，而来自于由现代性所带来的各种风险，金融海啸、次贷危机都对人类造成难以根除的影响。现代性的制度化反思不仅出现在宏观的社会层面，而且延伸到微观层面，带来自我认同的复杂性与向内的自我救助。人的信任、社会的信任急需建设性的重构。

在现代性社会下，人的本体安全遇到了最大的挑战。在吉登斯看

---

① ［英］安东尼·吉登斯：《现代性的后果》，32 页，田禾译，南京，译林出版社，2011。

来，人们之间的信任与本体性安全有着重要的联系。"信任"作为"对某
人或某物之品质或属性，或对某一陈述之真实性，持有信心或依赖的态
度"①。当我们信任某人时，主观上便对其产生了某种依赖心理，期望
达成自己所期望的目标。我们在评估某事件时，心理会估量其他可能
性，并力图规避这些有风险的事件，这就是怀有的信任。现代性社会
中，信任与时—空的缺场有关，若某人对某件事有明确的认识，掌握了
完整的信息，那就不会存在信任问题，否则就意味着有不可控的风险，
就会有信任忧虑。对抽象系统的信任是建立在系统能有效运作的基础
上，规避任何对其自身有害的风险，如果不能，就会因为本体性安全受
到威胁，而造成信任缺失。

　　吉登斯把本体性安全看作"大多数人对其自我认同之连续性以及对
他们行动的社会与物质环境之恒常性所具有的信心"②，这是对人与物
的一种可靠性的感受，对自己的存在这一事实可靠的感觉，对周围的事
物有真实的感觉，对自我有正确的认识。在风险社会中，人们认为外界
是虚假的，外人时常要迫害自己，事物都在变化中，没有一刻是静止
的，人们之间很难建立起信任，对恒常性产生了怀疑，这就会产生焦
虑，感觉时刻处在风险中，处于自身毁灭的焦虑中。大多数普通人的安
全感基于他们童年时形成的基本信任及其重要的经历，儿时"信任"的培
育奠定了自我认同的基础，一个人必须学会怎样依赖外在供养者的认同
或信赖，这样人才能够相信自己。儿童时期的外在供养者主要是母亲，

---

　　①　［英］安东尼·吉登斯：《现代性的后果》，26 页，田禾译，南京，译林出版社，
2011。

　　②　同上书，80 页。

当母亲离开婴儿时，婴儿会觉得母亲再也不回来了，会出现焦虑感，婴儿的这种依赖心理会延续到成年时期，婴儿容忍母亲在时间和空间的缺场能力值得重点关注，当婴儿认识到母亲的缺场并不意味着彻底失去时，就确立了信任，这对自我的建立有重要意义，这样一种人类的心理作为"集体记忆"逐渐延续下去，成年后的人面对现代性的脱域机制时，就能够抵抗这种时间与空间的分离。对他人的信任是一种持久而经常的心理需要，通过习惯的渗透作用与常规密切联系，在日常生活中建立起来的惯常性的东西，加芬克尔（Garfinkel）认为人们不只是懂得了日常生活中的常规，在面对面的互动中，基本信任的维系是通过如目光注视、身体姿势及身体语言方式完成的，但在现代性社会中，人们更多是与陌生人打交道，不再是原来乡土社会的熟人社会，人们时时刻刻面临着焦虑。现代性社会中，专家系统提供的对这个世界的解释，在不断变化的现代性社会中，不能成为一种人们习惯的解释，不能缓解人们对未知风险的恐惧。

在专家系统中，对本体性安全的威胁更加严重。本来，现代性社会是以知识为基础的，专家系统作为知识的象征，是化解人的困难和问题的手段，是建立社会信任的基础；但现实中，它却成为压抑人的力量，成了社会统治的手段，成为引发人的焦虑的重要因素。吉登斯认为，专门知识是抽离性的，专门知识是适合整个社会的，并非是本地的，它所依靠的知识是可矫正的，通过反思性不断丰富，知识的积累逐渐专业化，成为解决某些问题的技能，"专门知识是没有本地附属物的"，在现代社会中，充满了风险，打破了亲属关系，需要不断与陌生人相遇，当情感不能为人提供信任时，就需要依赖外在的知识指导人类，这些因素使得专家系统成为可能，现代性社会是高风险的社会，知识分子成了社会的良心，但是一旦专家的解释失去正确性，失去信任，会威胁人们的本体性安全，产生焦虑，现代性控制着人们的生活，使得大家彼此的联系变弱，变得陌生，人与人的信任受到威胁。当情境不固定时，符号更多地充斥在人们的生活中。符号本身就是一种社会建构产物，人们通过符号标识事物，赋予其特定意义，这些符号是人们共同理解的。当有些人不理解符号时，拥有符号资本的人会享有更多的机会，成为一种稀缺资源，引发冲突。当专家系统不能解决社会问题时，普通大众会对他们失去信心，鉴于此，提倡建立规范和秩序，对风险进行控制和预测，使情境相对固定，否则面对变化，人们的本体性安全受到威胁时，为了缓解由此带来的焦虑，会更倾向于去信任抽象系统，原有的传统秩序被打破，专家系统、货币符号缓解了焦虑，重新构架对"符号"的信任，但是也充满了风险，这种抽象体系容易使人们异化。

专家与传统守护者之间是命令系统的合法性联系，专家系统的权威来自于规则，对其服从是因为它的地位，人们内心或许并未真诚地服从。守护者是通过某种特殊途径获得程式真理的，这种程式真理是不可矫正的，而专家知识是不断丰富、变化的，像波普（Popper）说的建立在流沙之上，随时有瓦解的可能，人人都可以通过学习而获得知识，这样却使社会成了多权威的世界，会逐渐消解人们的信任，"作为专家知识的驱动力，怀疑论可能会在某些情境中或某些群体中导致专家失去魅力"[①]，

---

① ［德］乌尔里希·贝克等：《自反性现代化：现代社会秩序中的政治、传统与美学》，111 页，赵文华译，北京，商务印书馆，2001。

让人们处于焦虑之中。

(二)资本主义权力暴力导致人的现实存在的非人化

现代性与资本主义制度的结合，带来的基本特征就是经济上走向越来越强的全球性的市场垄断，文化上走向越来越大的世界性的文化殖民，而政治上则走向越来越不可理喻的强权，帝国主义、垄断主义和极权主义越来越清晰地表现出来，其后果就是物质生产的商品社会，日常生活的消费与风险社会，政治生活则体现为极权化。现实的人就生活在这三种交互作用的高风险社会中。

吉登斯基于对现代性社会一般特征整体的把握，采用经验主义的唯象描述和症候阅读，看到了经济全球化背景下生产、消费和人的日常生活的一般状况，基于此进一步描述了资本主义统治下人的政治生活的现实，揭示了资本主义的极权本质以及人的政治生活的异化。

第一，资本主义借助工业主义与军事化的结合，从而把人类引入战争和军备竞赛的场域，使人类处于战争恐惧的状态中。

在吉登斯看来，工业主义与军事化的结合始终是资本主义推动历史演变的主要动力之一。作为军事手段，战争是国家构建和改造权力关系的极端形式。战争是权力关系中断的结果，同时也是交战双方在新的基础上重建权力关系意愿的表达。现代军事与以往战争形式的不同在于现代军事与工业主义的深度结合。大量的科学技术应用于军事生产，便捷的交通和通信方式，职业化军人的产生，使陆海空协同作战成为可能。军事的工业化大大提升了战争的机动性和破坏力，两次世界大战的规模和形式就是证明。

　　工业技术在战争中的应用首先依赖于通信技术的发展。通信技术的发展使远距离的信息传输成为可能，大大缩短了时—空距离，为战争的空间调度和对敌情的迅速掌握提供了可能。机械化的发展不仅提高了武器生产和运输的能力，更增加了其破坏力。19 世纪的欧洲，蒸汽动力已经被装备到了舰艇上。从这里开始，工业技术同军事目的结合起来运用于武器生产，并逐渐普及到战争的方方面面。马克思认为，战争和扩张是由于资本主义对金钱贪婪的本性使然，而吉登斯认为，资本主义只是为军事工业化提供了手段，民族—国家的权力争夺才是军事工业发展的根源。战争或军事从来都是国家活动的主要权力之一，任何国家组织都在试图努力抓住或扩充它。"冷战"时期的全球格局便体现出了这一点，即使美苏两国在经济方面成就卓越，但最具威慑力的仍然是双方的军事实力，尤其是核武器数量。

　　吉登斯分析了马克思、韦伯和涂尔干的社会理论，他认为，这三位思想家均对社会演变的动力提出了独到的见解。但吉登斯也指出，即使是最权威的思想家也没有把战争在推动社会变迁方面的作用放在核心位置。吉登斯对战争史进行了考察，他认为传统战争和现代战争无论在规模还是破坏力上都不可同日而语。事实上，关于这一点，马克思在对暴力警察的论述中早已指出，"文明国家的一个最微不足道的警察，都拥有比氏族社会的全部机构加在一起还要大的'权威'"①。正如丘吉尔（Churchill）在第一次世界大战中说的："我们经历的大战与所有古代战争都不一样，它在密集的战斗力方面及可怕的破坏力方面与古代相异，

---

　　① 《马克思恩格斯选集》第 4 卷，172 页，北京，人民出版社，1995。

在其战斗之极端残忍性方面，也与所有现代战争相别。一切时代的恐怖都汇合而来，不只是军队而是所有人员都投入洪流之中。"①

这种规模战役的发起依赖于职业化军人的形成。亨廷顿（Hunting-ton）指出，19 世纪以前的军官团是商人和贵族子弟的逐利行为或英雄寻梦。在那时，军队尚未成为现代类型的反思性监管组织，即使有些监控技术已经在军事领域中开拓出来。到 19 世纪下半叶，欧洲国家，包括美国均建立了正规的训练军官的学校。② 与此同时，普遍的兵役制的实行，使军队从"业余"向"职业"方向发展，普遍的职业化军人不仅提高了反思性监控，而且大大提升了军队的战斗力，再加上先进的武器，使战争具有了现代化的色彩。

吉登斯认为，军事工业化的发展从根源上说是民族国家活动的结果。民族国家是相互承认边界和主权的权力实体。随着内部行政力量的扩张，军事暴力和政治逐步脱离，并使其职能逐步转向对外。当回顾 19 世纪以来的人类社会历史时，我们发现不仅民族国家的发展处在一个相互联系的有机整体之中，而且国家之间到处都充斥着矛盾争端和利益纷争，国家组织在不断协调这些矛盾、争取利益的过程中又必然要依赖于军事技术作为强大的后盾，哪怕是潜在的威慑力。而现代科技已经创造了高效、快捷且具有极大破坏力的武器系统，加上训练有素的职业化军人，配备上先进的运输系统和通信设备，发动一场全方位的战争甚为容

---

① Raymond Aron, *The Century of Total War*, London: Verschoyle Press, 1954, p. 96.

② Samuel P. Huntington, *The Soldier and the State*, Cambridge: Harvard University Press, 1957, p. 29.

易。吉登斯认为，从军事力量方面来考察并不存在第三世界。[①] 由于工业基础、国家财力以及多种因素的影响，不同国家之间军事力量的发展水平存在着重大差别，致使人类陷入普遍的战争恐慌之中。由于现代军事力量如此强大，它对现代政治构成巨大威胁，直接影响对公民权利的消解、集中特定类型的监控活动以及国家对暴力工具的垄断，这些都暗示了资本主义国家在极权主义方面的威胁。

第二，资本主义国家行政力量的全面扩张，在更深层次上压制了公民的民主权利。

吉登斯认为，行政力量对于不同类型的国家来说都是统治的必要手段。相对于传统国家，民族国家本身就是一个权力集装器，它的行政范围正好与领土边界相对应，这是以往任何国家都不曾达到的。

行政力量的扩张也有赖于科学技术的大力支持。马克思指出，"统治阶级的思想在每一时代都是占统治地位的思想"[②]。吉登斯认为，在阶级分化的社会中，国家体系的整合主要集中在统治的上层精英和其他行政官僚手中。统治阶级的思想意识很少传播到下层和边缘地带，这主要是因为阶级分化的社会缺乏那种用以阐明普遍化政策以及这些政策同信息的系统化整合为一体的话语领域。罗素（Russell）曾在关于权力的论述中指出了人对权力的欲望，统治集团也不例外。统治阶级总是充满了维护统治和增强控制力的欲望，只是在不同国家阶段可利用的条件不同，从而所能达到的程度也有所不同。

---

① ［英］安东尼·吉登斯：《民族—国家与暴力》，342 页，胡宗泽等译，北京，生活·读书·新知三联书店，1998。

② 《马克思恩格斯选集》第 1 卷，98 页，北京，人民出版社，1995。

在民族国家阶段，科学的发展为行政力量的扩张提供了必要的条件。运输方式的机械化，电子媒体的发明，远距离的信息传输等现代工具的出现，提供了阶级分化社会所没有的用以急剧扩大时—空延伸范围的新手段。通过这些手段，国家的行政控制力量得以渗入以往未曾达到的任何地方。这里有必要提出的一点是，行政力量和另一个权力的维度，即监控之间有着密切的关联。监控作为现代西方国家权力的突出特征之一，在行政力量的扩张及其他方面至关重要。

吉登斯论述了行政权力产生的根源，提出了权威性资源。他认为，权威性资源是指权力生成过程中所需的非物质资源，来源于驾驭人的活动能力，使某些行动者相对于其他行动者处于支配的地位。[①] 行政力量通过操纵它得以产生的情景，取决于对人类行为所实施的管理和协调。行政力量的特性已经从整体上改变了人类的生活方式和行为模式，也改变了统治阶级维护统治的模式。关于这一点我们可以从暴力手段在职能方面的转变来看，军事工业复合体前所未有地提升了战争的威力，也潜藏着大规模战争的危机。自古以来，军事都是统治阶级维护统治和对外征伐的主要力量。但直到现代民族国家阶段，这种对内的职能才有了根本性的转变，行政力量的强化是军事暴力的职能转向专职对外的直接原因。

国家机构严格地控制着财政和税收的管理，并形成一套完善的运行系统以保证国家的各项用度开支。另一方面，国家对人口实施有效的管理，并逐步建立起反思性的监控体系，可以对人口实行系统化的管理。

①　[英]安东尼·吉登斯：《民族—国家与暴力》，8页，胡宗泽等译，北京，生活·读书·新知三联书店，1998。

行政力量还体现在诸多微观的方面。紧接前面论述过的，"越轨"的产生依赖于统一的法律制度的建立，并对越轨者实施惩罚性教化。通过监狱、劳教所等诸多机构，不但缓和了暴力手段所带来的严重冲突，更使控制变得细致入微。常规治安警察的产生从根本上解放了军队，使军队从介入国内的秩序中分离出来。还有一种更为重要的控制是劳动领域中"契约"的产生。马克思在考察资本主义经济体系时认为，无产阶级或者劳动者之所以被牢牢地束缚在工作场所，并不断地劳作，承受资本主义的不断剥削，是因为生产资料完全掌握在资本家手中。普通大众为了维持生计和生活，必须出卖劳动力，从而使劳动力商品化。劳动契约使"政治"和"经济"相分离，使"隐晦的经济压迫"和监控成为可能。

吉登斯归纳了民族国家的普遍特性，其中之一就是行政力量的急剧膨胀。吉登斯解释道："我已经证明了民族国家的一个主要特征，只有权威性资源得到了扩展，生机勃勃的现代经济所依赖的配置性资源的集中才成为可能。"民族国家高度的行政力量不仅对巩固国内统治是必要的，而且对应付国际政治体系中的其他国家也是必要的，然而，正是这种看似合理的必要，却深深压制了公民的民主权利。

第三，资本主义社会对大众的监控越来越集中化，几乎剥夺了公民的任何隐私，体现出越来越极权化的特征。

监控是吉登斯国家权力理论中的一个核心概念，也是现代性制度维度中的一个独立丛结。① 吉登斯认真研究了马克思和韦伯的观点。认为

---

① ［英］安东尼·吉登斯：《现代性的后果》，2页，田禾译，南京，译林出版社，2006。

马克思把"独裁权力"的产生解释为阶级之间的"势均力敌",因此国家机器才达到强化。韦伯的科层制虽然包含了专家和专门化官员这两个方面的监控形式,但始终没有把其置于内容分析的核心位置。监控也许与阶级统治有多方面的相互作用,但它绝对不是来自阶级统治。在吉登斯看来,监控是国家权力的核心概念之一,马克思和韦伯忽视了监控在权力形成中的作用,他指出"对于监控作为权力中介的无比重要性,自由传统或者社会主义传统的政治理论都没有充分把握"[①]。监控不仅是其他权力产生的媒介,也是权力的表现形式之一。

　　吉登斯在论述极权主义的时候指出:"极权主义首先是监控的极端集中,大致表现在(a)国家对其管辖的人口实行的各种建档分类方式——身份证、许可证和其他官方文件,它需要所有成员照准执行,即使是最鸡毛蒜皮的事情也要遵守成规;还有(b)由警察或他们的线人对这些活动进一步监视的基础。"[②]与传统国家不同,现代国家极权主义的监控手段随着科学技术的发展及其应用已日臻完备,已从单一的文本扩展到了以电子方式对信息进行储存、核计和传播。通过对社会成员的DNA(脱氧核糖核酸)取样,建立了庞大的基因图库;知识的大众化已不同于传统的权威化,其对个体的影响更胜一筹;国家掌握的教育工具,决定着知识的生产、分类和传播。时空的分离和重组渗透进了日常生活的细枝末节,日益改变着最为私密的个人行动与个人关系,并逐渐消融了个体的自主性选择。"在现代的、和平的国家里,信息控制连同

---

　　① ［英］安东尼·吉登斯:《民族—国家与暴力》,358 页,胡宗泽等译,北京,生活·读书·新知三联书店,1998。

　　② 同上书,354 页。

极其迅速的通信、交通体系以及复杂的隔离技术，能够直接用于监视人的一举一动，因而产生高度集中的国家权力。"①当然，我们并不能把极权主义国家中的监控等同于现代民族国家中的监控，但从现实及其发展趋势来看，这二者之间的距离并不遥远。

在论述传统国家权力时，吉登斯也提到了监控，但相比于现代国家，这种差异还是相当明显的。民族国家在监控的最大化方面与传统国家有着根本的差别，监控的最大化与国内绥靖一道创造了一个拥有确定边界的行政统一体。②

联系现代性国家权力的前两个特征会清楚地看到，无论是暴力工具职能的转化，还是行政力量的扩张，都在很大程度上借助了监控的发展。吉登斯在论及西方现代国家极权主义的起源时认为，"极权主义是20世纪的特殊现象，若要理解其起源，就要分析政治的巩固，而这种巩固产生于监控技术与工业化战争技术的合流发展"③。由此可以看出，监控和暴力工具以及行政力量之间有着密切的关联，其中任何一项均不能还原为其他两种方式。

监控在现代国家具有普遍性，并和公民权利的实现联系在了一起。吉登斯分析马歇尔（Marshall）对公民权利的划分时把公民权利同不同的监控形式联系起来。他认为，马歇尔所指出的权利的三个阶段，实际上是权力斗争的三个舞台。公民权利相对于政治方面的监控，政治权利相

---

① ［英］安东尼·吉登斯：《民族—国家与暴力》，360 页，胡宗泽等译，北京，生活·读书·新知三联书店，1998。

② 同上书，30 页。

③ 同上书，346 页。

对于国家行政力量的反思性监管方面的监控，经济权利相对于生产"管理"方面的监控。从考察民生和维护公民合法权利方面来讲，监控是实现群众权利的有效途径。它通过对公民信息的系统性掌握和控制，使国家意识渗入人民的生活领域，改变了个体生活的私密空间。但同时也隐含着对大众自由的威胁，正如后现代主义者对现代理性的批判一样，如果一切都运用理性去衡量，那么生活从此也就失去了光彩。对于监控来说，如果人的一切行为都纳入了国家权力的监控范围，那么人的一切权利将从此消失。

第四，资本主义的极权主义使人的政治生活完全陷入意识形态的控制之中，同时也造就了一个非正义、不公平的社会。

在吉登斯看来，资本主义的极权化意味着资本主义社会中特权阶层或权力阶层无限制的扩展和权利的集中。权力阶层掌握着权力的使用权（这种权力有时代表着大多数人民的利益，有时又与之相对），这种权力通常是以组织的形式表现出来的，国家组织便是最为集中、最为突出的代表。关于这一点，国家发展的历史已经给予了证明。现代民族—国家从不同方面操纵着国家最有力的权力机构和部门，并左右着社会的发展。尤其这些权力组织和权力阶层之间的不断联合，使权力的触角延伸到了世界的每一个角落，每一个个体的生活之中，他们无孔不入、无处不在。

在现代性理论中，吉登斯曾归纳了现代性的不同维度，并论述了相应的后果。那么我们究竟应该如何理解这些现代性的后果。实际上，当我们从源头上细细考量现代性的后果时就会发现，无论从哪些层面来讲，他们都离不开国家组织对权力的运用，或者和权力运用有着莫大的关联。现代性国家权力的延伸使人类生活的一切几乎全部纳入了权力监管和运作的范围之内（无论是在直接意义上还是在间接意义上）。正如前文所指出的，如果一切都纳入权力的范畴，那么人的权利将不复存在，更何况有很多风险是我们个人根本无法驾驭和逃避的。

吉登斯指出，由于存在未预期的后果和社会知识的反思性特性，影响了我们对未来社会发展图景的认识。历史的发展并不能被掌握，也不会遵循人类所设定的目标或方向。但是，作为主体的人类却不能因此而陷入悲观和绝望。正如辩证法所带来的启示，面对现代国家在权力的无节制运用方面所带来的风险性后果，我们同样可以从中发现驾驭风险的方式和途径。"这并不意味着我们应该（或者我们能够）放弃驾驭那头猛兽的努力。将具有严重后果的风险降到最低点，超越了所有的价值和所有相互排斥的权力分化。"[①]

吉登斯在论述军事工业化时，特别提到伴随工业化而来的战争的威慑力和破坏力。暴力工具与工业主义之间存在着特殊的关联，这使得军事组织与武器之间能任意地渗透。"战争的工业化"急剧改变了战争的性质，使其进入了"全面战争"以及核战争时代。我们知道，军事权力从来都是国家组织的重要权力之一，尤其现代民族国家已经掌握了军事力量的支配权。回顾 20 世纪的战争灾难，我们不得不对军事力量在未来的发展担忧。不同区域国家之间的军备竞赛，超级大国之间为了权力的制衡所进行的源源不断的武器输出，为争取地区资源而进行的局部战争，

---

① ［英］安东尼·吉登斯：《现代性的后果》，135 页，田禾译，南京，译林出版社，2011。

并由此带来的恐怖主义的蔓延。这从另一个方面显示了军事武器和强权政治结合的威力，也是当今世界的特征之一。

极权主义对生活于 20 世纪早期的人来说并不陌生，甚至有一大部分人经历并参与到了其中。英国哲学家波普就是其中之一，他提出限制国家权力无限扩张的主张，认为过度的干预有极大的危险，它可能导致国家和官僚权力的膨胀。[①] 雷蒙·阿隆（Raymond Aron）也是一位对政治保持高度敏感性的政治哲学家。他曾总结了极权主义统治的特征：党对政治活动的垄断；变为国家的官方真理，并使党具有一种绝对权威的意识形态；对传媒工具及暴力工具的全面控制；政治、经济间的界限被取消，经济与职业活动的统一与意识形态的确定的、由党来实现的各项目标；从意识形态角度对社会的"一般观念"的重建。[②] 我们无意对现代西方国家极权主义的起源做深入的探讨。在吉登斯看来，极权主义的威胁主要源于行政力量的极度扩张，而监控技术与军事工业化的发展则为其提供了条件。

吉登斯认为，现代国家区别于传统国家最明显的地方就在于控制力方面，"国界"取代了"边陲"。这就意味着行政力量延伸到了国家的边缘地带，政治意识渗透到了边远地区的民众当中。随着这种权力的不断渗透和加强，产生了两个非常明显的后果：极权统治的兴起和自我认同的危机。后者将在稍后加以论述。吉登斯认为极权主义在现代民族国家具

---

① ［英］波普：《开放社会及其敌人》，320 页，陆衡等译，北京，中国社会科学出版社，1999。

② ［意］萨尔沃·马斯泰罗内：《当代欧洲政治思想》，32 页，黄华光译，北京，社会科学文献出版社，1996。

有普遍的倾向，正如他指出的"在当代世界没有哪个民族—国家能与潜在的极权统治完全绝缘"①。

资本主义商品经济是资本主义经济体系中的核心。20 世纪的经济发展证明了资本主义商品经济在创造财富方面的巨大作用。西方资本主义国家的相继复苏，并跨入强国的行列，这体现了资本主义商品经济在推动社会发展方面的作用，也证明了资本主义发展的阶段性。即使是马克思也没有否定资本主义生产形式对社会进步所作的重要贡献，他看到了在资本主义体制下生产力极大释放的现实性。人类谋求美好未来的畅想似乎在资本主义发展的初期得到了验证，再加上苏联社会主义阵营的瓦解，更是让一些盲目乐观的西方学者欢呼资本主义的全面胜利，如亨廷顿在《文明的冲突》中的呼喊。然而，吉登斯深刻地认识到了资本主义体系所具有的弊端。资本主义商品经济的发展并没有给社会大众带来普遍的利益和社会的稳定繁荣，反而使阶级对立更加尖锐，贫富分化更加悬殊（体现在不同国家以及同一国家内部的不同阶层），局部冲突不断。另一方面，在资本主义条件下，工业产品不仅仅是"商品"表现的唯一形式，劳动力也是商品的一种类型。大量的劳动力在市场中被交易，劳动力商品化与资本主义制度下普遍的商品生产发展成为同一过程。人们只有出卖劳动力才能获得必要的生活资料，而劳动契约则使这种交易具有了不断发展的惯性。资本主义发展带来的商品市场的极大丰富是一个不争的事实，但束缚在生产领域的劳动异化和劳动者自由权力的丧失并没

---

① Giddens, *Central Problems in Social Theory*, London：Macnillan Press, 1979, pp. 143-144.

有使工人阶级感到多少幸福。

同时，资本追求利润的特性和商品经济的扩张使社会生态与可持续发展陷入了危机。现代资本主义大型企业的扩张往往伴随着资本的大量转移，从发达国家到发展中国家，哪里的资源、土地和劳动力有利可图，可以获得最大利润，他们便选择去哪里投资。但资源的有限性与需求的无限性矛盾日趋激烈，由经济发展带来的全球性生态危机已经威胁到了人类的生存。如 2009 年哥本哈根世界气候峰会就被称为拯救地球的最后一次机会。我们知道，经济全球化使资本和商品的全球流动成为可能，这在带来大量的信息交流和金融发展的同时，也使全球有可能卷入普遍的金融危机和风险之中。

资本主义极权化的另一个典型后果是个体自我认同的危机。个人认同的危机同行政力量的渗透有关，也是监控的直接后果。现代性的反思性已延伸到自我的核心部位。在现代性的后传统秩序中，以及在新型媒体所传递的经验背景下，自我认同成了一种反思性的组织起来的活动。自我的反思性投射(首尾一贯但又持续修正的个人经历的维系)发生于经过抽象系统过滤的多元选择的场景中。行政力量愈扩张，也愈加消解着传统的认识。依据地方性与全球性的交互影响的日常生活愈被重构，个体也就愈会被迫在多样性的生活方式选择中进行讨价还价。① 现代性在人类事务和社会生活中的导入，伴随着信任机制和风险环境的变迁，摧毁了人们已有的安全系统，现代性的焦虑和不安全感，成为折磨这个时

---

① ［英］安东尼·吉登斯：《现代性与自我认同》，5 页，赵旭东等译，北京，三联书店，1998。

代与生活于其中的所有人的强迫力量。

资本主义的极权化进一步强化了人的生存的本体性安全和存在性焦虑。在吉登斯看来，本体性安全是时间上的连续和有序，这包括那些并非在个体感知环境中的感受。实践意识是本体性安全感的认知和情感依托，而本体性安全感又是所有文化中大部分人类的特点。存在性焦虑是有关人的生活以及物质世界的基本存在维度的问题，是对存在问题的普遍担忧，这是所有人在他们日常生活活动情境下都要"回答"的问题。本体安全感的缺失与存在的忧虑正是个人认同与归属感缺失的标志。

资本主义国家权力以监控为媒介，把个体活动的一切都纳入其中，从而引发了权利的危机。极权主义是一种典型的强权，但除此之外，吉登斯还联系监控区分了几种权利，即经济权力、政治权力和公民权利。"现代西方国家的监控运作在某些方面是公民权利的实现所不可缺少的，然而，监控的扩大又将千辛万苦赢来的权利置于威胁之下。"①因而全面争取公民权利的斗争必然对极权主义的监控形成约束。公民权利的争取与强化必然是自由、公正与正义等民生目标得以最大程度实现的途径；公民权利是政府权力的有效监督形式，一个健康的公民社会可以保护个人免受强大的国家权力的迫害；公民权利是国家权力运行的基础，国家权力的运行不能损害公民权利。现代性充分彰显了主体意识，然而主体的完全膨胀却又使其陷入了自身设置的陷阱之中，从而使国家权力陷入了一种两难的境地。

---

① ［英］安东尼·吉登斯：《民族—国家与暴力》，369 页，胡宗泽等译，北京，生活·读书·新知三联书店，1998。

(三)资本主义制度下人的生活的异化

对于现代性与资本主义制度的结合造成的人的生存困境,吉登斯从多方面做了经验主义的症候阅读和描述,最终落脚到人的现实生活中。在吉登斯看来,人的现实生存的各种威胁,不仅通过人的生活世界的变化表现出来,尤其是在个体生活中得到体现,其结果就是个人生活的全面异化,包括个人身体、自我以及共同体生活的灾难。

吉登斯是从现代性社会与资本主义制度高度结合的视角,从唯物史观关于人是社会关系的总和的立场出发,对人的身体给予关注。在他看来,在资本主义制度和现代性社会发展的现实背景下,个人身体不仅仅体现为受到威胁,更重要的是体现为身体自身的异化。吉登斯不仅仅把身体看作思想和行为的载负者,而且还是政治权利、知识文化、话语传统等复杂社会关系的携带者。从这个意义上说,对身体的理解,不仅仅是社会学、政治学研究的对象,更是一种整体性的研究对象。

吉登斯认为,"对身体的轮廓和特性的觉知,是对世界的创造性探索的真正起源"[1]。在反思的现代性中,身体是第一个被感知的对象,如何把身体在感觉中重构起来,与身体的存在场域和人的自我认同密切相关。吉登斯列举儿童认识世界的过程来说明对身体感知的重要性。儿童刚开始感知世界的时候,并没有意识到自己是有身体的,他们通过与客体世界和成人的实践性参与活动来觉知身体的存在。也就是说,儿童

---

① [英]安东尼·吉登斯:《现代性与自我认同》,61页,赵旭东等译,北京,生活·读书·新知三联书店,1998。

在认识自己身体的同时，也开始了对物质世界的认识。身体是应付外在情景和事件的"实体"。比如吃饭、穿衣、行走、工作、学习等惯常行为，都是通过身体这个"实体"来完成的社会实践活动。

对身体的觉知，也是在特定的时间和空间中实现的。"身体在时间中创造出恒定，使过去的开端与预期的将来相连接。在所有社会中，个人身份的维系以及个人身份与更广泛的社会身份的联系是本体性安全的基本要素。"①个体是通过对身体的稳定性、恒常性和连续性的内在诉求的觉知活动来获得本体生存的安全感的。因为在熟悉的、惯常的生活情景中，个体可以大致预测明天或者更久远的未来事件，可控的"明天"给人一种安全感。反之，变幻莫测的生活情景，会使人们失去正确掌控未来的依据，引发人的内心恐惧和焦虑，从而萌发出本体性的关于生存的不安全感。显然，作为人们预测和掌控明天的重要依据的传统、习俗、习惯、仪式、惯常的规则以及各种形式的制度，使人们获得了本体性安全，同样，它们也是导致本体性不安全的重要因素。因此，在一个很大程度上已经失去传统、改变了习惯规则和已经形成的商品化生产、消费至上、风险横生以及极权主义盛行的时代，人们所拥有的经验已经被封存了，变动不居的现代性生活情景使人们的身体无所适从。生活世界中身体所依照的传统经验，稳定的时空情景，按惯有的时空占据方式去生活已不可能，身体处于那种可掌控的、稳定的日常活动中所产生的安全感，早已成为过去。吉登斯认为，在高度反思性的现代性社会里，时空

---

① [德]乌尔里希·贝克等：《自反性现代化》，101 页，赵文华译，北京，商务印书馆，2001。

分离、抽离化机制、专家系统和象征符号的共同作用，使传统常规的秩序受到严重的冲击，那些稳定的、可预见的生活世界已经支离破碎，身体在这种变幻莫测的社会场景中，充满了恐惧和焦虑。

在吉登斯看来，身体的恐惧和焦虑只是人的本体性不安全的初始阶段，更可怕的是人的"自我"的丧失和精神的颓废。人的自我是与身体休戚相关的，具有天然的联系，这种联系不仅仅是与身体的物理特性的联系，还包括与身体反思性特征的联系。自我通过身体的这两个特性以自我认同的方式来体现。而自我认同是"个人依据其个人经历所形成的，作为反思性理解的自我"①。这就是说，人的自我作为一种认同活动，不仅是个体在实践中连续性活动的结果，还是个体在反思性思维支配下，依据传统经验创造出的某种东西。人的自我认同对于人的生命存在的维系和个人行为的掌控是特别重要的，它与自我感分裂相对应。

通常而言，自我感分裂的个体的行为是混乱的。在现代性社会中，由于实践经验的断裂，造成个体的无存在感，即个体不能确信自己是否存在，不能获得关于生命持续性的信息支持。这种情感会导致个体产生毁灭性的焦虑、不安和恐惧。面对变化多端的现实世界，个体会对其生存的外部环境产生巨大的担忧，并且这种忧虑会左右个体的实践活动。如果个体没有能力处理外部环境冲击的危险，焦虑的个体会选择逃避的方式以达到与环境融合，因而自我被完全抑制。由于自我感分裂的个体缺乏自我关注的热情，在道德上产生空虚感，他不能在现实环境中建立

---

① ［英］安东尼·吉登斯：《现代性与自我认同》，58 页，赵旭东等译，北京，生活·读书·新知三联书店，1998。

信任。自我分裂的这些特征导致自我认同丧失殆尽，人就会成为没有灵魂的躯体。正常的自我认同感的特征与分裂的自我感的特征截然相反。合理稳固的自我认同感使个体通过反思性可以掌握其实践活动的连续性，并在一定意义上可以与他人沟通交流。而且信任关系的确立，给个体设立安全防护系统，自动过滤掉那些威胁自我完整性的外部因素。这样自我的自主性就可以充分地发挥出来，进而建立自我认同感。稳定的自我认同感是本体性安全的重要因素，其稳定性体现为，在个体实践活动中，自我认同感可以足够安全和稳固地维系个体在现实生活中遭受的冲击与压迫。

然而，不幸的是，在现实世界中，自我分裂现象是普遍存在的，这就是现代资本主义发展的恶果。现实社会中人的自我是如此脆弱、如此不稳定，如果我们允许这种状况一直持续下去，那必然是人类的灾难。

人的身体的焦虑和恐惧，自我的分裂和认同度的降低，为人的共同体生活带来史无前例的困难和问题。吉登斯认为，人类的实践活动和人与人之间的交互关系，促进了共同体的形成，构造了人类生活活动的现实载体。通常，人们最容易觉察到的变化，是那些与我们的生活和生活载体紧密联系的事情。如身体、人际关系、家庭、工作等等。现代性的到来带来了变革，我们自身以及与他人的关系都发生了观念上的变化，这些变化又依据地域和文化的不同而不同，因此，我们很难确定在这个现代性风险社会里，利益多一些还是问题多一些。比如共同体的最初级、最普遍的形式——家庭的变化。传统家庭中，婚姻意味着女性正式成为其丈夫的合法财富。传统上，无论是东方还是西方国家，女性是其丈夫或者父亲合法、恒定的财产。女性的作用就是传宗接代、服务男性。传统家庭中没有权力和地位的不仅仅是女性，还有孩子。现代性社会里，上述不平等的现象（即家庭制度）发生了历史性变革。今天，无论是现实生活中还是规章制度上，女性的社会地位有了很大的提高。家庭的组建也倾向于尊重女性的意见。对女性来说，离婚不再是一种羞耻的行为。女性可以依据法律保护自己，摆脱被男性奴役的困境。婚姻关系的变化影响了家庭稳定性，也影响了婚姻中每一个人稳定而持续的心理需要的满足。吉登斯通过诸如婚姻、人的基本信任的建立与培育等事实性描述，为我们展开了一幅即便是在最亲密的关系中都不能保障的他者信任的现实画卷，人要想获得存在的安宁，只能求助于人类的主体性转向，从自身内部去寻找、发现意义，通过发现自我、发掘自我，进而获得一种现代性下的积极信任，克服生存焦虑，维护自我同一性的稳定。

综上所述，吉登斯秉持"知识以经验为基础，……经验被定义为正常情况下所观察到的事物与普通习语中描写的人人皆知的事物总和"[①]的英国经验主义传统，运用唯物史观的基本思想和方法，对现代性社会给人们带来的生产、生存和生活困境，在唯象层面做了全面的描述和分析，尤其是对现代性与资本主义制度的结合所引发问题的讨论，提出了许多在社会实践活动中不可回避的深层次问题。其中，他关于经济全球化背景下的商品化生产社会、消费与风险社会以及极权化社会的思考，真实反映了我们的时代社会发展的特点，关于经济上市场垄断的帝国主

———————

① ［美］保罗·费耶阿本德：《经验主义问题》，42页，朱萍等译，南京，江苏人民出版社，2010。

义、政治上的极权主义以及文化上的霸权主义的阐释，清晰地揭示了现代性社会发展的一般状况。正是这些重大的关涉人的现实生存、生活和社会实践的重大问题，对人的本体性安全、人的自由生活和全面发展、对人类的解放构成巨大的威胁，引发了不可避免的人的身体的焦虑和恐惧、自我的分裂和共同体的灾难，使人陷入全面的非人化的、异化的状态。吉登斯除了深入讨论了商品化生产、消费与风险以及极权化控制等问题外，还广泛地讨论了生态、气候、土地、温室效应、社会的两极分化等诸多问题，描绘了一幅资本主义现实状况的图景，借助于经验主义的症候阅读，表达了他对资本主义和现代性社会现状的自识，为他在认识论上进一步做出科学认识，在价值论和实践论上探寻人类理性的发展方向，奠定了本体论基础。

第二章 ∣ 新功能主义的解释学

　　社会批判是英国新马克思主义的方法论特征和科
学手段。英国新马克思主义以唯物史观为基础，以英
国传统的经验主义为方法论基础，聚焦资本主义的现
实困境和灾难。一方面，揭露资本主义的重大问题，
分析其产生的根源；另一方面，在认识论上积极探寻
新的解决策略和方案，力求形成新的理性认识，建构
科学的发展理论，指导社会实践，实现社会主义，才
是真正的目的所在。吉登斯的社会哲学，在聚焦资本
主义现实困境批判的同时，更加注重从整体上系统地
分析产生人类现实困境的原因及其根本特点，从宏观
和微观两个方面，以结构化为核心理念，形成了一整
套关于社会历史发展的科学认识，即结构化理论，被
认为建构起了所谓"新"的功能主义解释学，对于人们

科学地认识社会现实，解决现实的社会问题，推进人类走向新秩序的未来社会，有着积极的启迪作用。

　　吉登斯首先从宏观视角切入来考察社会，尝试厘清社会存在的本真性特征，形成对社会的基本看法，进而从社会结构的微观方面做出分析，突出人的现实实践的意义，以此来建构自己的社会解释理论。他认为，对于各种不同形式的社会研究，不可能将它们归入一个名目下面，进行一项研究工作可以澄清许多互不相同的问题，究竟解决哪个问题，取决于研究者打算考察什么。"所有的社会研究都以一种解释学环节为前提"①，体现出共同的文化处境和对知识的共享与利用，包括用解释学的方式来阐明意义框架、研究实践意识（无意识）的情境和形式、识别认知能力的各种局限以及对制度秩序进行详细说明，形成既具有解释力，又具有普遍适用性的解释或理论。对于结构化理论来说，吉登斯认为它是一种双重解释学（double hermeneutic）的取向，这里，双重解释学中的"解释学"这个概念涉及双重的转译或者说解释过程。② 社会研究的任务之一就是协调行动者为行为定向的那些意义框架，但这些描述本身也是解释范畴，也要求学者努力在不同的意义框架之间进行转译。社会研究领域所面对的现象，已经被普通行动者构成有意义的现象。"进入"这一领域进行研究的条件，就是要了解行动者在顺利"进行"社会生活中的日常活动时，已经知晓了什么东西，必须知晓什么东西，结构化理论内含的就是这种"已经知晓"和"必须知晓"的东西。吉登斯的结构化

────────────

　　① ［英］安东尼·吉登斯：《社会的构成》，464 页，李康等译，北京，生活·读书·新知三联书店，1998。

　　② 同上书，412 页。

理论涵括很广泛的内容，这里，我们将从抵抗断裂、重构情境以及整体实践三个方面，也就是从宏观、微观以及宏观与微观的辩证关系方面，对这一理论做出认识论的分析，以求整体把握他的社会哲学的一般思想。

一、抵抗断裂：社会本真的结构化存在

在对现代性社会和资本主义现实困境根源的宏观描述和分析过程中，吉登斯用"断裂"这个关键词来表征其矛盾的根源，非商品生产社会与商品生产至上社会的断裂，稳定的社会生活与冒险、消费和风险社会之间的断裂，传统社会与后传统社会之间的断裂，构成现实社会灾难性后果的现状。然而，在吉登斯看来，人类文明之所以能够延续，人类生活之所以能够升华，关键在于社会历史的连续性，只有连续的社会、相对稳定的社会，人们才能安宁，社会才能进步。当然，这并不是说，吉登斯否定社会变革，而是说他认为社会要理性的变革，要在延续好的传统的过程中进步，因此，必须抵抗断裂，使之符合它自身进步的结构化，才能延续人类的历史发展，避免陷入社会断裂的深渊，而这才真正符合人的自我发展和社会进步的实际目标。

(一)结构化的社会就是人的生存世界

人是在社会中存在和发展的，所有的人都是行动者，不仅具有认知能力，能够对他们在日常生活中行为的条件和后果，拥有大量的知识和确定性的理解，而且还能按照他们所拥有的知识来行动和生活，在具体活动中展示出自己复杂的生存能力和实践能力。作为人的生存能力和实践能力的具体实践活动，是在社会系统中实现的，而社会系统是由多种因素"束集"在一起的真实的结构性存在，是被结构化的。

在社会系统与主体人的相互关系方面，吉登斯批判涂尔干的观点。他认为涂尔干过分强调社会对于个体的先在性建构的客观性，将社会与个体行动者分离，社会只是行动者的活动环境，而且这个活动环境构成了限制活动者的外部力量，完全没有看到作为社会构成重要要素的个体及其个体行动对社会构成的影响力量。同样，吉登斯认为帕森斯（Parsons）的理论力图将个体与社会系统的整合联系起来，把行动者的行为需求目标与社会整合的基础定位于主体内化了的价值和社会的价值共识，是一种"唯意志论"，就是说在吉登斯看来，帕森斯的理论，虽然看到了主体人的存在，但人仍然不是一种积极的社会建构力量。因此，吉登斯通过分析、区别"社会""系统"与"功能"等概念，说明社会与个体的关系，同时，论证了社会与个体之间为什么是一种相互的能动的结构化关系，即相互建构的关系，并进一步说明社会与个体的积极建构关系是要趋向人如何才能更好地存在和发展。

既然吉登斯的理论研究是人在社会中如何生存的更好这一主题，因此，他也是从区分"社会"这个词的日常含义和学术含义入手开始研究工作的。在吉登斯看来，我们在日常用语里的"社会"一词，有两方面的主要含义。其一是在"社会交往"或社会互动活动中所包含的广义的意涵；其二是作为一个统一体的某一"社会"意义上的社会，它有特定界限，以使自己与周围其他社会区分开来。① 虽然这两种含义有很大的差别，人们在日常使用中并不做明确的区分，尽管含糊不清，但也没有产生什么严重的后果，因为社会总体一般总是与确定的场所相联系，具有使用"社会"这一词的相对清晰的情景。

然而，在社会科学中，对"社会"一词的理解却有很大的差别，其中有几种理解是很有害的，包括社会有机体、内生以及民族—国家等三种理解。社会有机体的"社会"基于这样一种假定，即把"社会系统"看成与生物系统在概念上有密切关联的东西，提出社会有机体理论，如涂尔干、斯宾塞（Spencer）以及其他 19 世纪的许多学者在描述社会系统时，往往都直接采用有机体比拟，尽管现在持这种立场的人很少了，但暗含的类比还屡屡可见，如"开放系统"理论；"内生"理论或"展开"的模式理论，认定社会的主要结构性特征、支配社会稳定与变迁的力量内在于该社会，这种看法往往与第一种见解有所关联，人们设想社会具有与控制有机体形式和发育的机制相类似的特征；民族—国家的社会理论有一种更普遍的倾向，就是用实际上只属于作为现代社会的特征，来概括所有的社会总体类型。民族—国家具有精确限定的疆界，而历史上更为常见的显然是其他一些类型的社会，它们并不具备这一特点。② 受这些错误认识的影响，人们往往对"社会"的内涵做简单化的处理，把社会假设为社会性的可以被清晰界定的研究单位或整体，但这并不符合实际。

在吉登斯看来，社会性总体只能建立在沿时空边缘分布的跨社会系

① ［英］安东尼·吉登斯：《社会的构成》，264 页，李康等译，北京，生活·读书·新知三联书店，1998。

② 同上书，265 页。

统的情境中。换句话说，所有的社会都既是社会系统，又同时由多重复合的社会系统交织构成。这种多重复合的系统既可能完全"内在于"社会，又可能跨越社会的"内部"与"外部"，在社会总体与跨社会系统之间形成多种可能的关联形态。① 显然，吉登斯所理解的社会，是一种在特殊的时空构造中交织而生的社会系统，在社会总体与跨社会系统之间形成多种可能的关联形态，包含了不同类型社会之间的各种关联形式，并可以通过分析其间所涉及的自主与依赖关系，把它视为支配体系加以考察。按照吉登斯的说法，"社会"是以一系列其他系统性关系为背景，从中"凸显"出的社会系统，包含了不同社会类型之间存在的相互关联和权力差别。而社会系统又根植在这些系统性关系之中。它们之所以能够凸显出来，是因为确定的结构性原则推动产生了跨越时空并且可以明确限定的全部"制度聚合"，而这种聚合是一个社会最最基本的规定特征。②

在《现代性——吉登斯访谈录》里，吉登斯说"'社会'可以理解为由组成机构与制度之间反复发生的实践所构成的一个复杂结构。这些实践取决于个人所采取的习惯和生活形式。个人并不仅仅在自己的活动中'使用'这些东西。这些生活实践是构成社会活动的特性"③。这就是说，社会和社会制度的结构性特征并不是一种看得见的存在物，而是存在于人们的习惯性行为中。我们也可以换句话说，社会结构的非具在性和可

① ［英］安东尼·吉登斯：《社会的构成》，266 页，李康等译，北京，生活·读书·新知三联书店，1998。

② 同上书，266 页。

③ ［英］安东尼·吉登斯等：《现代性——吉登斯访谈录》，52 页，尹宏毅译，北京，新华出版社，2001。

再生性都依存于人们惯常的行动，社会结构与人们享有并认同的文化直接关联，人们处理日常生活的方式，在吉登斯看来，就是社会和社会结构产生的土壤。反之，社会结构也在生产着人们的思想、观念和行为。因此，吉登斯认为行动是一种结构化的表达，是主体的实践意识的表达与呈现。而众所周知，实践意识在吉登斯这里就是不断重复的社会与社会生活的规则，所以，吉登斯认为日常生活中的语言是主体社会生活样式的显现，通过语言我们可以观察到主体所属的社会的一些特质，语言构成了社会生活的一个核心部分。

对于由制度聚合而成的社会系统来说，吉登斯从总体上给出了三个特征，其一就是全部制度（包括政治的、经济的、文化的以及日常习惯的）在一个具体场所或地域中聚合在一起，形成一种制度性的结合而起作用。其二是系统包含了诸多以权利诉求体现的规范性要素，这些要素具有合法性并占据一定场所。合法性诉求的具体形式可能是多样的，也包含不同程度的异议。其三是社会系统中的内部成员普遍存在某种情感和相互认同，比如认为他们之间拥有某种共同的身份等，并在人们的实践活动、行为意识或话语表达中体现出来，这种情感既可以体现在实践里，也会体现在意识中。社会系统中的成员之间会清醒地意识到自己从属于某一确定的集合体，但并不意味着系统中所有的观念、实践行为或意识都能得到大家的认同，也并不是说社会成员之间一定具有某种“价值共识”。尽管社会系统的交互性使社会本身很复杂，但这样的场所是被结构化了的，是人们共同的“家园”，是人的生存的世界。

在吉登斯看来，对社会的研究，尤其是对结构化问题的研究，最重要的是要分析结构化过程中的那些规则类型，那些与制度化实践的再生产活动紧密交织在一起的规则类型。我们必须理解制度化实践的内涵，也就是那些在人类实践活动的历史时空中最深入地积淀下来的实践活动，厘清这些规则与社会研究的总体问题的关联性，如深层的、默契的、非正式的、约束力弱的、浅层的、话语的、形式化的、约束力强的等，而只有那些具有深层特性的规则，那些与人的日常活动过程密切关联的或那些介入日常生活大部分构架的结构化过程的规则，才是最重要的。吉登斯指出，日常生活中遵循的许多似乎很琐碎的程序，却对社会行为总体上有着较为深刻的影响①，因为，在现实的实践活动中，人们能够直接把握社会实践的生产与再生产中包含的绝大多数规则，他们知道怎样去按照规则做事。

　　社会系统的结构化过程实际上是从日常生活和实践中接触最多的规则入手的。事实上，"结构"不仅仅指社会系统生产和再生产中包含的规则，还指其中包含的资源。用"结构"来表示所考虑的社会系统较持久的特征实际上就是指在制度中反复采用的规则与资源。制度本身就是社会生活中具有较持久的特性的规则。吉登斯用社会系统的结构性特征来指系统中制度化了的特征，认为它们构成了时空向度上的"紧密性"，用较大规模的集合体或社会持续性的存在来说明结构化过程。因为"社会行动者的日常活动总是以较大的社会系统的结构性特征为依据，并通过自己的活动再生产着后者"②。

　　这里，我们不难看出，吉登斯把"社会"看作一个并不必然是浑然一

---

　　①　［英］安东尼·吉登斯：《社会的构成》，86页，李康等译，北京，生活·读书·新知三联书店，1998。

　　②　同上书，88页。

体的集合体，他所强调的社会是一个具有总体性特征的社会，这个社会在总体性上建立在沿时空边缘分布的跨社会系统的情境中。跨社会系统包含了不同类型社会之间的各种关联形式；时空边缘指的就是构成跨社会系统的不同类型社会之间存在的相互关联和权力差别。[①] 吉登斯在《社会的构成》一书中说："结构化理论总是把结构看作社会系统的某种属性，'体现在'以时空为根植基础的被人们再生产出来的实践活动之中。社会系统是在社会总体中按纵向和横向两方面组织起来的。如果忽视了这一点，结构化理论里的'结构'观念就会显得过于独特和个人化了。"[②]这里，我们可以看到，吉登斯在强调主体行动对结构的建构力时，并不是没有条件的，这个条件就是社会以总体性的特征呈现出的客观性。然而，吉登斯与涂尔干等整体主义者的不同在于，他不仅看到了作为结构化存在的社会系统具有的制约性，而且看到了作为主体的人对结构本身的跨时空的积极创造力。吉登斯在研究社会系统具有的结构化属性时，就看到了作为整体的社会与社会的主体——人之间的相互制约以及相互创造的关系，而这就是吉登斯所说的社会系统的结构性特征兼具的使动性和制约性。

(二)社会系统的结构化是基于规则和制约条件的延展

吉登斯认为，社会系统的一些基本特征表明，它并不是指那些与其他系统界限分明的社会关系的聚合系统。"系统性"的程度千差万别，但

---

① ［英］安东尼·吉登斯：《社会的构成》，265 页，李康等译，北京，生活·读书·新知三联书店，1998。

② 同上书，272 页。

从研究的角度来看，必须把社会的那些跨越时空的延伸与"封闭"作为问题来研究，这是结构化理论的一项主要特征。① 显然，在吉登斯看来，结构化理论是以对结构的理解为基础的。

那么，什么是结构呢？按照吉登斯的说法，结构是指使社会系统中的时空"束集"（binding）在一起的那些结构化特性，正是这些结构化特性使得千差万别的时空跨度中存在着类似的社会实践，并赋予它们以系统性的形式。可见，吉登斯这里的结构是一种转换性关系的某种看不见的秩序，这种被再生产出来的社会系统体现着结构性特性，同时，作为时空在场的结构只是以具体的方式出现在这种实践活动中，并作为记忆痕迹，导引具有认知能力的行动者的行为。② 显然，在吉登斯的思考中，结构不是一个表征社会存在的静态式样，而是构成社会的各种要素在时空中"束集"在一起的产物，这个"束集"的过程就是结构化过程，这就是说，社会结构总是在动态中变化着，是由社会存在的主体人的实践和行为推动的。由于在日常生活和实践中，人能够运用话语方式描述他们的行为及其行为的理由，于是，就形成个人对社会的认识，乃至形成群体甚至社会整体的认识，这些认识又被束集到人的结构中。这一过程充分显示了行为的理性化和实践活动借助话语的方式表达的特征。束集过程也就是结构化过程，它有可能会偏离轨道，因为系统中人的实践总会遇到各种各样的困惑，总会提出各种各样的问题，正是这些偏离、困惑或问题，成为社会系统进一步结构化的积极因子。

---

① ［英］安东尼·吉登斯：《社会的构成》，267 页，李康等译，北京，生活·读书·新知三联书店，1998。

② 同上书，79—80 页。

"结构""系统"和"结构二重性"是密切相关的。在吉登斯看来，功能主义的社会理论中，结构或"社会结构"扮演着极其重要的角色，而"结构主义"思想传统中，结构或"社会结构"有着更重要的作用。然而，功能主义和结构主义对这一概念内涵的阐释都存在根本性的问题。功能主义者过于强调结构的"功能"，他们通常把"结构"理解为社会关系或社会现象的某种"模式化"，这是对结构的一种很幼稚的看法，类似于某种有机体的骨骼系统、形态或是某个建筑物的构架，这些看法实际上是对主体和社会客体对象的二元论看法，把"结构"作为人的行动的"外在之物"来看待，把它看作对主体的自由创造产生某种制约的因素。对于结构主义来说，情况要复杂得多，结构的特性被看作在场与不在场的相互交织，而不是在场的某种模式化，只有从表面的现象中推断出潜在的符码，才能理解结构。

吉登斯认为，社会系统是在社会实践中组织起来的、行动者和集合体间再生产出来的关系，结构（丛）作为社会系统的特性组织起来的规则与资源或一系列转换关系，结构化则是支配结构维续或转换的条件，从而也构成了社会系统再生产的条件。结构作为被反复不断地组织起来的一系列规则或资源，超越了时空的限制，其特点就是"主体的不在场"。

结构二重性原理是结构化理念的关键。在结构二重性观点看来，社会系统的结构性特征对于它们反复组织起来的实践来说，既是实践的中介，又是实践的结果。相对个人而言，结构并不是什么"外在之物"。因为吉登斯讲的社会系统的结构化特征特指的就是系统中制度化了的特征，而结构包含了社会系统得以生产和再生产所包含的规则与资源。由此我们可以推出，他讲的社会系统的结构化特征其实是一种相对稳定而持久的制度化特征，也正因如此，从某种特定的意义上来说，结构才可能作为记忆痕迹，会具体体现在各种社会实践中，"内在于"人的活动，成为不像涂尔干所说的"外在"的存在，不是外部的制约力量，而是行动者将规则与意义联系起来后的自觉约束，是主体的理性行动，因此，我们不能将结构简单地等同于制约。

可见，在吉登斯这里，结构总是同时具有制约性与使动性。如此理解结构的特性才能理解并解释清楚社会系统的结构化特征在时空向度上的延伸，它远远超出了任何个体行动者的控制范围。当然，社会系统的时空延展也不排除行动者自己有关社会系统的理论，会使这些系统物化的可能，而这些社会系统的反复构成恰恰源于这些行动者自身的活动。社会关系的物化过程与结果，或者说人的行动中具有历史偶然性的环境与产物在话语层次上的"自然化"过程与结构，显现是社会生活中意识形态的主要特征之一。①

在吉登斯看来，社会的结构化是基于社会规则的运用而成的。社会的正常运行是遵循社会规则实践的过程，而社会生活中的规则是在社会实践的实施及再生产活动中运用的技术或可加以一般化的程序。在这个意义上说，社会中那些以法律条令、科层规章、游戏规则等形式出现的规则并不是规则本身，而只是对规则的法则化解释。我们不应该把它们看作一般规则的范例，而应视其为形式化规则的特定类型，凭借它们外

---

① ［英］安东尼·吉登斯：《社会的构成》，89—90页，李康等译，北京，生活·读书·新知三联书店，1998。

在的表述形式，负载着各种不同的特定性质。①

吉登斯的结构化理论所理解的结构，是通过认识到"结构"与"系统"概念间存在的差异来把握这些特性的。他在考察社会关系的时候认识到，人们不得不同时考虑横向的组合向度和纵向的聚合向度，前者即社会关系在时空里的模式化，它包含了处于具体情境中的实践的再生产；后者则是指不断重复体现在这种再生产中的某种"结构化方式"的虚拟秩序。② 这就是说，结构是那种转换的规则和资源，是使社会系统中的时空"束集"，是在社会总体再生产中包含的最根深蒂固的结构性特征，这是一种结构性原则。至于在这些总体中时空伸延程度最大的那些实践活动，我们则可以称其为制度。吉登斯之所以引入这些"结构"的用法，其目的在于克服以往社会理论在使用这一术语时的刻板或机械的缺陷。吉登斯的系统和结构化的概念所要发挥的作用，大致与人们一般要求"结构"概念完成的解释任务基本相当。

在吉登斯看来，社会系统的结构化是被"强制"进行的，是在特定时空中被人们再生产出来的实践活动中进行的。"强制"或"再生产出来的实践活动"体现为"制约"或"规则"。结构化理论充分肯定结构的制约性因素的重要性，总是把结构看作社会系统的某种属性，结构体现在以时空为基础的被人们再生产出来的实践活动之中。

结构化的强制因子首先存在于系统中的各种规章制度。吉登斯认为，社会系统是在社会总体中对"结合起来的整体"的各个制度按纵向和

---

① [英]安东尼·吉登斯：《社会的构成》，85 页，李康等译，北京，生活·读书·新知三联书店，1998。

② 同上书，80 页。

横向两方面组织起来的。① 正是存在于系统中的各种制度发挥了强制性作用，才使得结构化理论中的"结构"观念成为普遍的和非个人化的。吉登斯用一个婴儿在特定社会中的成长来说明这一点。对于降生在一个特定社会中的个体的生命来说，制度已经先在了，而且远为持久。婴儿作为个体必须融入这个社会，才能够顺利成长，这个"社会化"是包含了交互性的时间过程。它把婴儿与父母双方乃至整个社会的"生命周期"都联系在了一起。吉登斯这里的分析，我们可以明显地看出他在社会系统与个体的关系上，社会系统之于个体的先在性，社会系统的结构化以一种普遍的社会力量对个体发生作用，因而个体需要以积极融入的态度为条件，才可能完成他所讲的个体与社会交互作用的社会化。

基于先前就存在的各种规章制度的再生产的社会实践活动在时间与空间中的延展，是第二种强制性因子。吉登斯认为，相对于在自己活动中再生产出社会总体的个体生命而言，这些总体不仅在时间上先在并更为持久，而且在时间与空间上延展开去，超出任何单独的具体行动者，这就表明社会系统的结构化特征是外在于"个体"活动的。② 在结构化理论中，吉登斯不仅充分肯定"持久"的意义，更突出"延展"的价值，把延展看作更关键的作用。延展体现出了人的能动性。吉登斯说："人类社会（或者说社会系统）显然将不复存在。但这并不等于说行动者创造了社会系统：他们只是再生产或者说转变了后者，在实践的连续过程中不断

---

① ［英］安东尼·吉登斯：《社会的构成》，272 页，李康等译，北京，生活·读书·新知三联书店，1998。

② 同上书，273 页。

更新业已产生的东西。在这里，时空伸延的跨度很重要。"①社会系统的时空伸延跨度越大，说明它的制度切入在时间与空间上的程度越深，就越是能抗御任何一个个体行动者的操纵或改变，就越能够抵抗断裂。任何事情都会有两面性，时空延展可能会导致出现隔绝人类经验的某些可能性，但同时也可能开启另一些新的可能性。

"社会事实"的制约作用是第三种强制性因子。吉登斯认为，社会事实是客观的存在，它制约着实践活动的行动范围和可能性。对于系统的结构化过程来说，社会事实不仅是外在的，而且还是被外在因素规定的，它包含了其他人的行为，或其他人认为正确恰当的行为。按照吉登斯的说法，在社会生活中，人的社会实践活动总是会受到一些外在的、可以识别的特性的主宰，这些外力类似于在物质世界中发挥作用的那些力量，但这两种外在力量显然在本质上是不同的，只是一种宽泛的类比。社会世界的"事实性"是一种截然不同于自然界的"既定性"的现象。

在理解吉登斯的结构的二重性思想时，我们必须把结构相对于个体而言具有的先在性、客观事实性明确了。不仅如此，还要对作为反思性行动者的个体具有的内涵清晰。作为反思性行动者的个体，在吉登斯看来，他的内含意指反思性、定位过程和共同在场的联系。

如上讨论的强制性因子在系统结构化过程中的作用表明，人类行动者的认知能力和实践能力总是会受到这样或那样的限制，这些限制性的因子，来自于人的社会实践活动的历史的遗存所起的作用，来自于在实

---

① ［英］安东尼·吉登斯：《社会的构成》，273 页，李康等译，北京，生活·读书·新知三联书店，1998。

践活动中未被行动者认识到的条件和行动的意外后果，来自于人在实践活动中的主观能动性。探索这些限制正是在研究结构化理论过程中要解决的问题。

在吉登斯的结构化理论中，结构性制约是一个特别重要的概念，也具有特别重要的意义。吉登斯指出，如果予以彻底的审视，一旦抛开源于约束的制约不谈，可以看到，社会在任何一个特定时刻都先在于它每一位个体成员的生命，这种说法只是确定了制约的源泉之一，即社会的先在性以某种方式限制了它的个体成员能够获得的可能性。而强调个体在跨度大小不等的社会关系中都有自己具体的情境定位，并揭示这一点如何限制了个体的能力，也无非是仅仅指出了制约的又一个源泉。在这两种情况中，制约都来自于个体行动者无法改变的结构性特征的"客观"存在。[①]

吉登斯在分析了结构化的强制因子之后，从不同方面深入探讨了这些强制因子的制约机制和意义，及结构性特征的"客观"存在的意义。主要包括物质制约、人的身体的生理能力的制约、科学技术的制约、社会权利的制约等。

比如，人的身体的生理能力的制约，吉登斯认为，人的身体的生理能力与物质环境的有关特征共同起作用，限制行动者的选择。身体的不可分性，生命跨度的有限性以及时空在"容纳"方面的困难，人的身体在感觉和沟通能力方面的局限，人的生活习惯、科学技术所创造的人的新

————————

① ［英］安东尼·吉登斯：《社会的构成》，280页，李康等译，北京，生活·读书·新知三联书店，1998。

的生存环境，新媒体的广泛使用等，都体现了这种限制，表明人的生理能力与物质及其他因素的结合，制约了人们的社会生活的范围。

再比如权力制约问题。吉登斯认为，权力是使事情得以完成的方式，在发挥制约作用的同时，还非常确定地具有使动性。[①] 人们体验到权力的制约性，是通过各种各样的约束感知到的，包括强力、暴力、威胁、异议等。权力的强制约束，一方面表现为使那些体验到强制的人完全没有抵抗能力，表现为人生理上处于无助状态；另一方面则体现为人们的某种默认。权力关系通常是以极为深入的方式，根植于那些遵循它们的人视作理所当然的行为模式之中，尤其是根植于例行化行为之中，而在这种情况下，并没有什么明确的动机激发行动者的行为，也就是说，权力是"一种网络关系，而不是一种给定的东西。……权力是一种能力，……包括两个方面：一方面是转换能力，另一方面则是支配"[②]。所以，物质制约源于物质世界特性及身体生理特性的制约；（负面）制约源于某些行动者对他人惩罚性反应的制约；结构性制约源于行动的情境性，即相对于处于具体情境中的行动者来说，结构性特征的"既定"性。[③] 主体的"能动性与权力之间存在着本质的联系。他把社会系统中的权力关系理解成自主与依赖关系的规律化。权力关系永远是双向的，也就是说，不论行动者在社会关系中可能处于多么依附的地位，他（她）

---

① ［英］安东尼·吉登斯：《社会的构成》，279 页，李康等译，北京，生活·读书·新知三联书店，1998。

② 郭忠华：《变动社会中的公民身份——与吉登斯、基恩等人的对话》，13 页，广州，广东人民出版社，2011。

③ ［英］安东尼·吉登斯：《社会的构成》，280 页，李康等译，北京，生活·读书·新知三联书店，1998。

总是拥有一定程度的对于权力关系当中的另一方的权力。那些在社会系统中处于从属地位的行动者，总是能够娴熟地将其拥有的某些资源转化为对其社会系统再生产条件的控制"①。吉登斯在强调社会系统对个体的制约时，同样看到了，个体对于社会系统及社会的创造性再生产力量，当然，这是吉登斯研究问题时所一直秉持的辩证地看问题的方法所在。

总之，在吉登斯看来，社会系统的所有结构化特征都具有"客观性"。这些特征在多大程度上构成制约性特征，取决于任何一种既定行动序列或互动过程的具体情境与实质内涵。这就表明，社会系统的结构化是基于规则和制约条件延续的，是维持社会稳定和推进社会发展的根本所在。尽管如此，吉登斯也认识到，社会分析中使用的"制约"概念，没办法采用一种统一的定义。人类社会生活特有的制约类型有好几种，和社会系统的结构性特征相关的制约只是其中的一种而已。② 这就是说，问题其实是非常复杂的。

(三)结构化意味着社会秩序的再生产

在吉登斯的结构化理论里，"秩序问题"体现为社会系统如何能"束集"时间与空间，包容并整合在场与不在场的各种因素，使社会系统能够沿着时间和空间的"延展"得到发展。在吉登斯看来，使人的社会实践

---

① ［英］安东尼·吉登斯：《社会理论的核心问题：社会分析中的行动、结构与矛盾》，导论 6 页，郭忠华等译，上海，上海译文出版社，2015。
② ［英］安东尼·吉登斯：《社会的构成》，410 页，李康等译，北京，生活·读书·新知三联书店，1998。

活动能够沿着时间和空间"延展"的结构化，其实质是重塑一种新的社会秩序，这是一种社会秩序的再生产，其遵循的基本规则是结构性原则。结构性原则是某种组织过程的原则，它以在社会各方面的存在因素的整合机制为基础，从而产生相当持久的时空伸延形式。

结构化过程中秩序化的再生产实际上是制度化实践的再生产过程，因此，离开对日常生活的研究是不可能的。吉登斯认为，日常生活和可逆时间的重复性紧密相连，这种重复性就体现在跨越时空的路径上，并因此与身体的制约特征和使动特征相关。日常生活是社会整合和系统整合的相互渗透的重要环节，是相当广泛的社会关联"基础"。吉登斯指出，在社会系统的各种结构性特征中，结构性原则具有特别重要的意义，因为它们指明了整体的社会类型。① 我们可以看到，吉登斯的结构化理论，特别强调社会总体或社会系统的封闭程度的差别性，强调"系统性"的不同程度和社会系统形式的多样性。

总体来看，吉登斯的所谓结构化推进的社会秩序化包括了三种基本类型。其一是部落社会或小规模的口头文化类型，在这种类型中，占主导地位的结构性原则是社会整合与系统整合共同具有的媒介，它们根植于共同的时间和空间之中，作为运作中轴，发挥了把传统与亲属关系联系在一起的作用。这样的结构化，其实质是完全依赖高度的在场性的互动，从而使系统结构化。

其二，在阶级分化的社会中，占主导地位的结构性原则是社会整合

---

① ［英］安东尼·吉登斯：《社会的构成》，410 页，李康等译，北京，生活·读书·新知三联书店，1998。

与系统整合的分离，作为运作中轴，它们将城市地区和乡村部分内在地联系起来的。城市不仅仅是一种物质环境，它充当并发挥了行政管理资源的"储存容器"的功能，通过城市与乡村的分化，农业国家就是围绕着这些资源建立并发展起来。在这样的社会系统中，城乡之间的共生关系和传统的实践活动和亲属关系同时在发挥作用，亲属关系甚至发挥着显著的作用，然而，这两种社会整合与系统整合的功能并不是同时发生的两个过程，而是有强弱的差别。在这样的社会中，国家甚至无法深入地渗透到地方化的习俗中去，政府官员要想"牵制"住那些直接行政控制极其薄弱的边远地区，主要得依靠赤裸裸的军事力量。

其三，现代资本主义中占主导的结构性原则是彼此疏离化。尽管现代资本主义社会仍然属于阶级分化的社会，因而它并不是"文明"的一种类型，并不标志着从阶级分化社会"脱胎而出"的一个进化发展阶段。[①]从这个意义上说，现代资本主义作为历史上第一种真正具有全球意义的社会性组织形态，它是西方社会发展过程中的某种双重断裂的产物，即亲属关系和城乡关系断裂的产物，是自 18 世纪以来西方社会政治革命与产业革命彼此交织从而促成了一系列脱离于其他社会类型的巨大断裂的产物。现代资本主义国家与经济制度在维持相互关联的同时，也发生了彼此疏离化的过程，这正体现了这种社会特有的结构性原则。

然而，与这种类型的早期社会的特征相比有很大的不同，现代资本主义还表现出许多独有的特征。以技术革新为基础对配置性资源的利

---

① ［英］安东尼・吉登斯：《社会的构成》，291 页，李康等译，北京，生活・读书・新知三联书店，1998。

用，惊人的经济发展和社会经济力量，国家行政管理"范围"的迅猛扩张，国家对属民进行的直接监督，文化的行政管理渗透进日常生活，"人造"环境的疯狂扩张取代了旧有的城乡关系等。其中，监视成为推动系统整合从而脱离社会整合的一种关键机制，传统的实践活动形式趋于消解，人们现实交往的互动场景及其场所发生了一系列重大转变，部落社会阶级的分化社会已经转变为资本主义社会阶级分化的社会，尤其是资本主义社会和国家社会主义社会这些超级大国阵营以及"发展中国家"的出现，使得社会系统的结构性原则发生了根本性的改变。这种根本性改变表现为社会总体组织过程的原则，社会系统的制度关联所涉及的规则也表现为对资源系列的配置，社会的结构性特征则体现为跨越时空的社会系统制度化的特征。在这一背景之下，结构性原则的确定在于它与跨社会系统的联系方式，而分析结构性原则也就等于是在分析跨越"最深远"的时空范围的制度分化与制度关联的各种模式。① 吉登斯将此总结概括为现代资本主义社会结构化的根本表现就是形成了特殊的结构丛，其深层根源在于社会再生产过程中包含的规则与资源的相互可转换性。

　　吉登斯联系马克思在分析现代资本主义时谈到的以私有财产为例来说明分离性结构原则是如何在系统秩序化过程中起作用的。根据马克思的理论，资本主义劳动契约的前提在于，雇主与工人"在形式上自由"的情况下，"在市场上相遇"，这是资本主义阶级关系的一个基本特征。一

---

　　① ［英］安东尼·吉登斯：《社会的构成》，291 页，李康等译，北京，生活·读书·新知三联书店，1998。

方是劳动力的购买者，另一方则是售卖者。劳动力的"占有者"只出售了自己一定时期内的劳动力，雇主也只在这一定时期内有权"雇用"这一劳动力。而在奴隶制情况下，一部分人被另一部分人所占有，劳动力不可能商品化。劳动力的价值与其他商品的价值一样，都取决于生产该商品所需的时间，对于前者而言，即取决于确保提供劳动力的那些人维持肉体生存所需的时间。劳动力的雇佣要转化为利润，当然得依赖剩余价值的创造。"必要劳动时间"只是用来维持劳动力来源的，利润则来自于剩余劳动。[①] 资本主义社会秩序化的关键在于劳动力的分离，在于契约关系而不是亲属关系，在于雇佣与被雇佣的合法化，在于存在一个支配它的资本主义规则等。

从上面的分析可以看出，吉登斯的三种结构化原则或三种社会系统的秩序化思想，内在包含了三个对社会结构化展开分析的维度，即表意系统维度、合法化维度和支配规则的维度，正是这三者的内在关联，使得结构化成为可能，体现出不同的秩序化特征。实际上，结构化带来的秩序化，通常是通过社会生活中的所谓例行化活动方式表现出来的，我们也可以换句话说，结构化的秩序化也就是社会生活中的惯例起到了一种基本的秩序化作用。吉登斯认为，这种可以秩序化的例行活动或惯例，在心理上和最大程度地抑制焦虑的无意识来源有关，并在日常社会活动中占有支配地位。绝大多数日常实践并不是直接由动机激发的。例行化的实践是结构二重性在社会生活连续性方面的主要表现。通过完成

---

① ［英］安东尼·吉登斯：《社会的构成》，294页，李康等译，北京，生活·读书·新知三联书店，1998。

各种例行活动，行动者在相对稳定的可以被复制的秩序中维持了一种本体安全感。[①]

二、重构情境：复杂社会系统行为的整合机制

如何在抵抗社会断裂的同时消除断裂，使社会能够在不断创新中获得延展性的发展，是吉登斯社会结构化理论的一项根本性的任务，也是他"反思的现代化理论"的思想基础和基本内容。吉登斯在宏观视角对社会结构化的思考中，把社会的结构化看作一个在作为社会主体的人的实践活动中不断延展的过程与结果，因此，并不存在所谓的终极意义上的结构化。从马克思主义哲学的观点看，人的实践活动是在现实社会中进行的，没有任何超现实的终极性的人类实践，换句话说，人是在现实的各种各样的社会情境中进行实践活动的。吉登斯秉持了马克思主义的现实的实践性思想，认为社会结构化的过程就是人在自己塑造的社会情境中，通过实践活动而使系统发生结构性改变，人的身份与阶级二者相互关联，使得社会的排斥性机制持续地发生影响，最终导致了各不相同的阶级文化，并在人们的代际间再生产出了共同的生活经历。"这种机制不仅是阶级结构化的根源，而且还有助于阶级认同的形成。阶级是在生产领域中形成的，而阶级的结构化则是依赖于阶级成员共同的消费和行

---

① ［英］安东尼·吉登斯：《社会的构成》，408 页，李康等译，北京，生活·读书·新知三联书店，1998。

为模式。也就是说，吉登斯实际上认为，只有当阶级分类和身份族群相交叉时，阶级才得以结构化。"①因此，我们只有认真研究人在重塑的情景中通过社会实践的过程促使社会整合的机制，才能准确把握人及其社会存在的本真特征和基础。显然，在这一视角下来看这一问题，吉登斯使用了一种从微观社会研究的视角考察社会结构化的方式，具有在更精细的层次上对社会结构化的理性思考特征。这样，吉登斯对社会结构化的研究达到了宏观与微观认识的内在统一。事实上，吉登斯正是这样做的。在本节中，我们将结合吉登斯关于信任的微观结构化问题，展开一种近似案例化的分析，使我们对吉登斯关于此问题的阐释的理解更加清晰。

（一）社会整合是共同在场情境下的系统性

吉登斯的结构化理论，把遵循规则和强制制约看作主体参与下社会结构化的基本属性之一，是社会结构化的焦点和关键，这一点，我们已经做了全面分析。在吉登斯看来，社会制约是对人的现实的行为和实践活动的制约，它的内涵是与人的行动的具体情境相关联的，换句话说，制约的作用在于构成对人的行为的限制，人要么遵循这些制约行事，要么突破这种制约的限制，只能有这两种情况，这就是说，制约是一种"使动性"，人的行为与制约的相互作用，构成使系统结构化的状况，创造了一种现实的情境，规约着人的行为，人就在这样的情境中从事实践

---

① 周穗明等：《西方左翼论当代西方社会结构的演变》，37页，南京，江苏人民出版社，2008。

活动。这种情境是被塑造出来的，人在这种情境中的活动，具有复杂性，有着非常复杂的微观机制。

由于现实的结构化条件总是处在变动之中，因而，它是动态的。情境具有历史的可变性。① 在他看来，所谓历史的可变性，不仅是指人的行为活动的物质环境和制度等背景，还包括了行动者对这些环境背景的认识以及认识能力。吉登斯认为，"马克思主义思想的主要成就之一，就是认识到这一点，而没有滑入客体主义"②。一旦陷入客体主义，在方法论上就只不过是某种结构社会学的又一翻版，就会对制约的多重内涵与机制视而不见。

吉登斯从马克思主义的观点出发来看待情境与人的实践活动的相互作用的方式，他用"物化"这个词来指称特殊的情境状况，说明自己的观点。他认为，从人类社会历史的整体来看，有三种最典型的情境状况，它们构成形形色色的社会情境的基本内涵。万物有灵论是历史发展中最早也是最基本的一种观点，在这种思想中，人与人之间的社会关系被赋予了人格化的特征。吉登斯认为，在马克思关于"商品拜物教"的著名论述中表达了这种观点。马克思将商品关系领域比作"披着雾纱的宗教世界"，正是在宗教中，人的头脑所产生的、但却被赋予生命的独立存在的东西，进入了人与人彼此之间的关联之中，进入人类的关系之中，而在"商品世界"中，"商品拜物教"的情况也是如此。

第二种典型情境是指某种社会现象被赋予了自身其实并不具有的物

---

① ［英］安东尼·吉登斯：《社会的构成》，284 页，李康等译，北京，生活·读书·新知三联书店，1998。

② 同上书，284 页。

性特征的状况。诚如马克思所说的那样，在交换价值中，人与人之间的社会关联被转换成物与物之间的某种关系。其实，人与人之间的关系被完全物化是一种虚假的真实，只是在资本主义社会中表现出来的一种异化特征，是对人的本质存在的不真实的表现，但在资本主义社会中，它构成一种当代社会结构化的最重要的情境场域。

第三种典型情境是指把概念与概念所指称的对象视为一体从而将对象的属性赋予那些概念的状况。[①] 这样一种情境状况是许多社会理论研究中存在的现象，它以话语形式影响着人们的正确认识，是一种基于给予概念而不是事实的结构化情境。

对于上述三种结构化情境，吉登斯给予了马克思主义的分析。认为在社会结构化的过程中，我们不应该把这些意涵的物化解释为"物性"，而应把它看成这种思考方式的结果，不管这种思考是由自称社会科学家的人还是由社会普通成员做出的。因此，要从客观事实出发来考虑在情境之中的具体行动者，应将"物化形态"视为话语的某种形式或风格，而不是系统本身的特性，更重要的是，要把握系统的真实特性，但对于那些不同的话语形式或风格，要做出正确的判断。

复杂系统社会行为的结构化是在现实的特殊场景中实现的。对于吉登斯来说，上述的这三种情境背景都会在实际的结构化过程中起作用，但对于资本主义社会来说，第二种情境是更基本的，如同一个被涂抹了的世界图景一样，几乎每时每刻都在发挥着作用，但对于具体的社会行

---

① ［英］安东尼·吉登斯：《社会的构成》，284 页，李康等译，北京，生活·读书·新知三联书店，1998。

为的复杂性来说，人的特殊社会行为是多要素整合的结果。正是在这个意义上，吉登斯把"社会整合界定为共同在场情境下的系统性"①，也就是说，结构化过程作为一种社会整合是构成系统的各种要素在共同在场的系统化作用下形成的，是通过人的日常生活尤其是日常接触表现出来的。

吉登斯关于社会整合是共同在场情境下的系统性思想在他对一系列问题的思考中都得到运用，比如，对于信任这一重要的社会现象来说，就是一种社会行为在现实的特殊场景中通过结构化实现的。信任是人与人之间的一种基本关系，当我们说我们信任某人或不信任某人的时候，其实我们是在说某人是可靠的或不可靠的，是可以在一起共事的或不可以在一起共事的，这就使人的行为落实到场景中并被结构化。对人的信任必然涉及宏大的社会背景，按照吉登斯的说法，涉及一般化的场景的背景，如在吉登斯所说的第一种万物有灵论的在场情境中，大家都认为神灵是普遍存在的，假如有一人提出没有神灵，人们就会不相信他说的话，他就会得不到信任，显然，一种社会认同成了判断个人在群体中是否值得信任的价值准则。

为了更好地阐释信任概念，吉登斯还比较了前现代社会与现代社会中的信任环境。总的来说，现代社会中的信任关系已经转变为抽象系统中的信任。在前现代社会占据支配地位的四类信任的地域性情境，它们分别是亲缘关系、地域性社区、宗教宇宙观和传统。亲缘关系在前现代

---

① ［英］安东尼·吉登斯：《社会的构成》，148 页，李康等译，北京，生活·读书·新知三联书店，1998。

社会是一种稳固的社会纽带，它提供了一种亲密的关系网络，亲缘关系的存在意味着依靠这层关系交往的彼此是可以被信赖的；在前现代社会人们的流动性很弱，活动范围有限，周围都是比较熟悉的人，地域性社区提供了为人熟悉的信任环境；宗教宇宙观对人类生活和自然提供神灵的解释，它为信仰者描绘了一个特有的安全环境；而传统本身表现为一种惯例，一种日常生活的不断重复，重复已经成惯例的行为提供了本体性安全的基本方式。而现代社会中的信任环境主要是友谊或亲密的个人关系，抽象体系以及未来取向的非实在论。以血缘亲缘为纽带的社会关系尽管还是比较重要，但是一种新的"纯粹关系"已经凸显，它建构了一种建立在纯粹关系基础上的信任环境；在现代性条件下，对抽象系统的信任态度似乎是不得已的，因为我们日常所处的环境处处受抽象系统的影响，惯常行为强化了我们对它的信任。而多数人选择信任知之甚少的抽象系统，这是因为与信任相关的社会化起了很大的作用，科学技术原则上被认为是毋庸置疑的；未来取向的非实在论表现为人类对自身的信任，认为自己可以解决一切难题。

　　吉登斯认为，"信任"这个概念，经常出现在人们日常的语言中。当一个人说"我相信你还不错"，在通常情况下并不比用更礼貌一点的关切语气说"我希望你身体健康"有更多的含义，尽管这里"相信"具有某种比"希望"更强的语气，暗含着某种更接近于"我希望并且没有理由怀疑"的意义。在这里，我们可以发现，信心或依赖已经在更有意义的语境中渗入了信任。① 然而，

---

① ［英］安东尼·吉登斯：《现代性的后果》，26页，田禾译，南京，译林出版社，2011。

这只是一种习语中所说的信任，因为它们并没有涉及渗入信任的社会关系，与人们在现实场景中对信任内涵的理解没有太强的关联，没有展示出包含在信任中的更深层的意义，只是说出了有关他人行为的一种标识而已。

吉登斯引用《牛津英语辞典》的信任定义来思考信任的内涵，信任是"对某人或某物之品质或属性，或对某一陈述之真实性，持有信心或依赖的态度"。吉登斯认为这个定义为我们理解信任"提供了有益的起点"。① 这里，我们可以看出，吉登斯对信任的理解是与"信心""信赖""风险""后果"等有着非常密切的关联的。结合权威定义以及结构化理论和反思的现代性理论，吉登斯对信任的内涵及其特征做了十个方面的分析，充分展示出信任是共同在场情境下社会整合的系统化的思想。

从共同在场情境下社会整合的系统化视角看，吉登斯关于信任的结构化分析颇有特色，我们在此择其主要思想做一点初步讨论。吉登斯认为，信任通常是一种持续性状态，包含着诸多内容，它是信心的一种特殊类型。第一，信任与在时间和空间中的缺场和缺乏完整的信息有关。这意味着对于一个完全知晓怎样运行的系统的人来说不存在信任问题。第二，信任是与突发性事件联系在一起的，在共同在场中人的行为之间缺少了信赖（信赖包含"诚实"、荣誉、爱等含义），系统运作的结果就变成信任缺失了，这时，如果信任某人，就变成"对自己命运的道德抵押"了。然而，信任并不等同于信赖，信任的可靠性是由信赖派生出来的，

_____

① ［英］安东尼·吉登斯：《现代性的后果》，26 页，田禾译，南京，译林出版社，2011。

它是联结信赖与信心之间的纽带，是建立在对系统环境的整合基础之上的。第三，信任在各不相同的运行系统中会表现出不同的样态，比如在象征标志或专家系统内的信任，它基于信赖原则的正确性，而不是对他人"道德品质"的信赖。这就是说，"对某个人的信任在一定程度上总是与对系统的信赖有关，但是所信赖的只是这些系统的有效运转，而非系统本身"①。第四，正是出于这样的考虑，吉登斯认为信任可以被定义为："对一个人或一个系统之可依赖性所持有的信心，在一系列给定的后果或事件中，这种信心表达了对诚实或他人的爱的信念，或者，对抽象原则（技术性知识）之正确性的信念。"②第五，在系统整合的现实条件下，信任存在于以下情境之中：社会性因素影响的人类活动；由现代社会制度之动力特征所导致的急剧扩大的人类活动的变革范围（包括风险、危险、突发性事件、道德命令、自然原因、宗教意识）。第六，信任是在在场系统整合中对风险的判断，在信任所涉及的环境框架中（如对股市的投资、参加有危险的运动、乘飞机旅行、生态灾变、核战争等），通过对制度化的风险类型的判断而做出的决断。由于风险不只是个人的行动，而是存在一个对个体行为造成许多共同影响的"风险环境"，因此，在这种情境下，一系列的系统化的社会整合对介入主体的行为产生决定的信任影响。

　　显然，吉登斯关于信任的界定与信任特征的分析，是从实际、经验和结构化理论等多方面做出的。他的结构化理论特别强调了社会体系中

---

① ［英］安东尼·吉登斯：《现代性的后果》，30 页，田禾译，南京，译林出版社，2006。
② 同上书，30 页。

结构化具有的超越具体时空的秩序化主张，在他关于信任的分析中体现得非常充分。这种从结构化理论具有的社会整合的秩序化功能的微观解读方法，对于在一般意义上认识主体人的社会行为和实践，有着不可低估的认识论意义。

（二）日常接触蕴含在场情境系统化的一般机制

正是由于结构化过程是一种社会整合活动，是构成系统的各种要素共同在场情境的系统化起作用而形成的，所以人的日常生活尤其是日常接触就不仅显得特别重要，而且正是日常接触本身构成了现实的情境场所，也蕴含着它的一般机制。甚至可以简单地说，组织社会生活的惯例有一种实现社会系统秩序化的超强功能，或者说，社会生活与社会实践中的惯例成为社会秩序化的媒介与通道。通过我们的研究，我们认为，可以将吉登斯基于他的微观结构化研究所形成的、重塑情境活动中的结构再生产思想，归纳为四种结构化或系统化的类型，这几种类型最为直接地与社会整合的构成过程相关联。

其一，社会再生产机制。社会再生产机制是指无论在共同在场的情境中人的行为多么复杂，但总体上是通过日常接触得以实现的。[1] 吉登斯认为，日常接触作为一种活动，是理解现实情境中社会结构化的关键点。吉登斯说，为了把握日常接触与在时空向度上伸延开去的社会再生产之间的联系，我们必须着重分析日常接触是如何在日常生存状态的绵

---

① ［英］安东尼·吉登斯：《社会的构成》，148页，李康等译，北京，生活·读书·新知三联书店，1998。

延中反复形成的。①

在吉登斯看来，日常接触是在时间和空间中展开的，按照前后次序使日常生活具有序列性和绵延性，使人的活动具有起始与终结的"置括号"的活动流。各种社会场合都表现出这种特点，是各种仪式场合或社会场合的共同特征。当日常生活中的行动者置身这些社会场合的时候，其行为就被情境定调了，因此，人的一些行为才能够被理解。日常接触是多种生活形式交织在一起的，各种行为的发生过程标志着某种明确的社会"色彩"或"氛围"，因而，人们能够将纷繁复杂的活动片断逐一归入不同的"类型"中去，并体现出特殊的意义，如在特定场合中的玩笑、谎言、实验、演练、梦想、幻觉、仪式等，这些行为与日常生活活动的实质是不完全相符的。

我们都知道，日常接触的发生，必然是在日常生活的情境中发生的。对日常生活研究卓有贡献的匈牙利哲学家阿格妮丝·赫勒（Agnes Heller）和吉登斯在此问题上的观点几乎是完全一致的，只是二者关注的具体切入点不同，一个关注日常生活，另一个关注日常接触而已。赫勒通过研究个人与社会的关系，给出了日常生活的界定，认为日常生活"是一个由语言、对象和习惯等规则规范系统所维系的、重复性思维和重复性实践在其中占主导地位的自在对象化的领域"②。在日常生活中

---

① ［英］安东尼·吉登斯：《社会的构成》，148 页，李康等译，北京，生活·读书·新知三联书店，1998。
② ［匈］阿格妮丝·赫勒：《日常生活》，中译者序言10页，衣俊卿译，哈尔滨，黑龙江大学出版社，2010。

的个人不仅直接生产自身和属于他的世界，而且间接地生产社会集合体①。然而，日常生活中个人的交往，并不是简单的"人"与"人"的交往，而是在社会劳动分工体系中占据某一特定位置的人与另外一个占据特定位置的个人的交往、交流。②赫勒的这一思想，正是吉登斯的个人定位的主张。可见，他们都看到了日常交往或日常接触必然会涉及各种各样的与个体所在位置的规则、资源等。日常生活中交往的秩序化，实质是这些背景或情境蕴含的规范在日常接触的生活中的序列化，既有社会场合的大背景，也有特定性质的聚集活动的小背景，它们共同形成了主体行动的具体的情境。不同的是吉登斯特别强调了在这样的情境下，主体通过对身体、手势、定位过程的反思性监控，用某种"合乎习俗的参与界限"或限制去行动，这一过程是各种结构化规则共同起作用的一项集体协作的工作，这里，情境优势发挥了主导作用，体现出社会再生产的特征。

其二，结构二重性机制。结构二重性是指特定情境中日常生活和行为的例行化机制，它将日常生活的例行化特征与人体的特性、人体活动和沟通的方式以及它度过"生命周期"的路径发生关联并通过这种关联与人作为一种"生平筹划"的生存状态联系在一起的机制，借此识别在发生活动的情境中，人的行为在时空方面的伸展特点，说明日常接触在彼此交错的实践意识与话语意识中如何组织在一起。

在吉登斯看来，这种特定情境中的结构二重性机制，内在包括四个

---

① ［匈］阿格妮丝·赫勒：《日常生活》，8页，衣俊卿译，哈尔滨，黑龙江大学出版社，2010。

② 同上书，208页。

方面的具体形式。这四个方面的形式是：第一，人的身体的不可分性与介入其中的主体的运动能力和知觉能力的限制关系；第二，介入主体作为行动者的有限性与在时空方面伸展的互动性的限制关系；第三，介入主体在同时参与并完成多项任务与其能力的限制关系；第四，介入主体在空间中进行的同时，也是在时间中进行的运动与时空"容纳能力"有限的限制关系。这些限制关系表明，所有共同在场条件下进行的联系，都会以这样的情境作为基础，表现出人们在日常接触中发生互动时的整个生活路径的轨迹和互动网络，表明当行动者在互动中彼此相互作用时，他们彼此之间的互动构成的各种"束"之间的关系（也就是结构关系），以及互动场景时空的结构形塑过程，表明了"'普通人的普通时日'对社会系统的整个组织形式所带来的'影响'"①。

其三，交往互动机制。交往互动机制是指行动者在日常接触的生产与再生产中表现出的以实践意识为基础的互动技能的机制，其主要表现形式就是对作为日常接触中的构成性因素的交谈或日常会话的分析，籍此揭示互动过程中借助解释图式对沟通意义的阐释。②

在吉登斯看来，待人接物的技巧或"得体"构成人们日常接触的结构化过程的主要内容。在各不相同的文化或社会中，交往技巧具有无可置疑的重要意义，它既是互动情境参与者之间某种心照不宣的一致理念，

---

① ［英］安东尼·吉登斯：《社会的构成》，203 页，李康等译，北京，生活·读书·新知三联书店，1998。
② 同上书，148 页。

也是时空跨度内维持"信任"或本体性安全的一种重要的机制。① 介入主体一旦遇到合乎习俗的参与界限破裂的威胁，交往技巧就会突出地体现出它在维持这种参与界限方面的重要性，如在狭窄的空间里偶遇时的交谈、三人以上的交谈、人与人之间的"随意交谈"、远距离的交谈、暗示性的交谈、以身体等无声语言为特征的交谈等情况，这种日常接触情境或许会直接体现出权力的不对等关系，或者体现出各种其他的、复杂的关系。

其四，情境组织机制。情境组织机制是指时空的调动是介入主体行为的所有要素的"根基"。这里吉登斯突出强调了时空的社会属性和因此而赋予时空条件下，特定地点场所呈现出的情境特质。因此，只有有意识地对场所进行安排，才能获得特殊的情境效果，从而体现出情境组织本身蕴含的意义。吉登斯通过对所谓"在场可得性""场所"以及"封闭与暴露"的关系，阐释了情境组织机制的实质。②

在吉登斯看来，基于一定的实践意识，介入主体可以采取许多蓄意人为的方式来表现出"在场"，③ 比如通过对服装和身体饰物的安排，来体现参与人特定活动情境，体现出人们对外表的关注；通过对身体动作、姿态、习语等的维持，在他人在场情况下，时时监控自己的穿着打扮表达某种意义；通过穿着及其他行为方式上的特立独行来蔑视世俗陈规的文化或规则，藐视一般习俗；通过对身体的控制和外表的改变实现

---

① ［英］安东尼·吉登斯：《社会的构成》，152 页，李康等译，北京，生活·读书·新知三联书店，1998。

② 同上书，148 页。

③ 同上书，157 页。

某种期待等等，也就是说，通过在各式情境下保持对身体姿态、手势和衣着等外显形式的控制，凭借这些在场的方式，实现对自我连续性的自主监控，"承载"并呈现介入主体的意向和能动性，体现自我特征。

　　吉登斯在对塑造情境的类型做了多方面的分析之后，得出了一个基本的结论，即社会系统是作为常规化的社会实践活动得以组织起来的，是在散布于时空之中的日常接触里得以维续的，表明那些通过自己的行为构成了这类社会实践的行动者，都被"定了位"[①]。换句话说，在日常接触中，所有行动者在时空中都有自己的定位或"处境"，其行为有各自的时空路径，形成了时空中的各种定位关系，体现出在社会实践的连续性中，以结构化的特征表现出"定位实践"的关系。正如吉登斯所说，"对情境或者说互动的情境性的研究，是分析社会再生产的内在组成部分"[②]的微观认识，包括了对围绕互动片断形成的时空边界、行动者的共同在场体现出的相互作用、介入主体能够反思性地利用这些情境现象来影响或者控制互动流等的"情境"作用的认识。

　　现在我们仍然以吉登斯对信任的认识为例来深化这里所说的这些机制。吉登斯把日常接触所体现出的在场情境系统化的一般机制看作理解人的社会行为和社会实践的重要制度形式，看作时空跨度内维持"信任"或本体性安全的一种重要的机制。[③] 前面我们已经对信任的定义及其特征做了结构化方面的分析，吉登斯对信任也做了日常接触所体现出的在

---

　　① ［英］安东尼·吉登斯：《社会的构成》，162页，李康等译，北京，生活·读书·新知三联书店，1998。

　　② 同上书，410页。

　　③ 同上书，152页。

场情境系统化的一般机制的分析，这些分析，对于我们进一步理解上文所讲的吉登斯重塑情境的结构化机制思想中具有的深层认识论意义是很重要的。

对于信任问题，吉登斯将它放置于"现代性"这样一个大背景下进行考虑，显然，这正是他不同于其他学者对信任的研究的关键之处。有学者说："信任既成为吉登斯解释高度现代性社会赖以形成的基础，又成为他解释高度现代性条件下人类生活状况的关键。"[①]这一说法是对的，从某种意义上讲，信任思想确实是贯穿于吉登斯结构化理论和现代性理论的内在线索。

吉登斯从行为发生学的角度而不是信任内涵方面来思考信任形成的结构化机制。他认为，信任机制是通过个人的成长过程逐步形成的，最早产生于"本体性安全"与"自我认同"，与个体所处的外部环境有关。本体性安全是个体对其自身以及周围环境所持有的一种乐观态度，"自我认同"是指在现代性的条件下"个人依据其个人经历所形成的，作为反思性理解的自我"[②]。由于在"结构化理论"中主体和客体具有同等重要的地位，并通过实践将其相连，因此，本体性安全与自我认同意识都是个体通过动态的实践过程形塑自我的反映，并具有自我反思性和连续性特征。

对于吉登斯来说，个人的本体性安全感根源于人类童年时期的经

---

① 郭忠华：《信任关系的变革——吉登斯现代性思想的再思考》，载《现代哲学》，2008(1)。

② [英]安东尼·吉登斯：《现代性与自我认同》，58 页，赵旭东等译，北京，生活·读书·新知三联书店，1998。

历。在婴儿期，婴儿与照料者之间的互动，包括照料者的悉心照顾和偶尔的"缺场"训练，使得婴儿逐渐培养出一种信任机制，建立起一种基本的信任意识，由"缺场"带来的心理体验使婴儿产生了基本信任与基本怀疑之间的对抗，使得自我认同的持续性得到了维护。如吉登斯所说："'正常的'个人在其早期生活中所获得的基本信任的'剂量'减弱或磨钝了他们的存在性敏感度……他们接受了一种情感疫苗，用以对抗所有人都有可能感染的本体性焦虑。"[1]也就是说，人类个体不至于陷入强烈的焦虑情绪中是源于儿童早期基本信任的建立。如果某一个体在其婴儿期无法得到亲人的照料，或者在照料时有很糟糕的体验，那么他可能无法建立起这种基本信任。显然，这种信任机制是符合吉登斯交往互动机制和社会再生产机制的理论主旨的。

吉登斯认为，人在交往互动和社会再生产过程中形成的信任是在时间中建立的，包括了三种时间类型，它们分别是个体的生命跨度，日常接触以及长时段的结构再生产。吉登斯指出，除了个体的生命跨度以外，日常接触和长时段的结构再生产都属于可逆时间。但是日常接触中身体在场，长时段的结构再生产中身体不在场。日常接触的持续性使得很多行动得以重复，而长时段的结构再生产更是跨越了时空的互动。日常生活中更多地被惯例所组织起来的社会生活的实践活动，恰恰是结构二重性的主要实质形式。可逆的制度时间是日常生活实践活动的条件，又是它的结果。[2] 而普通的日常生活实践中蕴含了一种与实践方式、实

---

① ［英］安东尼·吉登斯：《现代性的后果》，82 页，田禾译，南京，译林出版社，2011。

② 同上书，102 页。

践结果的获得密切相关的某种本体性安全，这种安全体现为对于日常生活中可预见的例行活动，行动者在控制自我身体等方面的某种自主性。① 显然，信任是在日常接触中形成和定型的，正如吉登斯所说："在基本信任的构成中，人们不只懂得了日常生活中的常规、诚实与报偿之间的相互关联。他们所掌握的，还有极其复杂的在实践意识上的一套方法，这是一种抵御焦虑的持续性保护机制。"② 不难看出，吉登斯在这里强化了例行化行为对建立基本信任的重要性，而这一点正是他所强调的结构二重化，换句话说，正是个体在婴儿时期的理性行为使之获得了一种"情感疫苗"，并通过以后的生命历程，在实践意识方面获得了自我的内化，同时也会或多或少不同程度地存在一种"存在性焦虑或忧虑"。这就是说，儿童早期获得的本体性安全意识，为个体以后的互动奠定了重要的基础，并在日后更复杂的互动实践中得到重要发展。

如上的讨论表明，吉登斯把他关于微观结构化研究所形成的重塑情境活动中的结构再生产的系统化的类型，运用于对信任机制的分析中，从而表明信任是个人本体性安全的基础，在日常生活中为自我提供了一种保护，对存在性焦虑情绪的对抗，需要人类个体持续不断地与外部世界达成良好的互动，这个过程既伴随人的整个生命历程，又伴随人自我主体意识活动的不断反思性实践，只有真正理解重塑情境的结构化机制，才能理解信任的原始培育和后续的不断实践性建构与人的安全存在

① ［英］安东尼·吉登斯：《社会的构成》，120 页，李康等译，北京，生活·读书·新知三联书店，1998。

② ［英］安东尼·吉登斯：《现代性的后果》，87 页，田禾译，南京，译林出版社，2006。

的关系。

(三)位置定位体现日常接触结构化过程的本质特征

吉登斯的介入主体在情境中相互作用的系统结构化分析，逐步聚焦于介入主体的社会定位或位置定位，也就是所说的介入主体的"身份"确认，因为在特定情境中的介入主体之间的相互作用的结构化过程，实际上是在介入主体的社会定位的过程中实现的。吉登斯把社会定位看作在结构化过程中主体的基本属性，它构成了作为表意、支配与合法化过程的特定交织关系，同时涉及行动者的类型化问题。

吉登斯认为，一种社会定位，需要在某个社会关系网中指定一个人的确切"身份"或"类别"，同时伴有一系列特定的规范约束，扮演了某种特殊的角色，不仅携带着介入主体的动机激发、规范期待和"价值"的关系，而且体现着行动者在实践中的"定位过程"，也就是说，社会定位表明了介入主体的某种社会身份，蕴含着一系列特定的特权与责任以及与此位置相连的角色规定。① 吉登斯的这种认识，应该说在他与菲利普·萨顿(Philip Suton)合著的《社会学基本概念》一书中，表达的更为简明扼要。

在《社会学基本概念》一书中，他们认为，"Status"一词兼具地位和身份两层含义。无论是地位还是身份，指向的均是人们在一个社会中所处的位置。而这个位置被这个特定的社会赋予占据这些位置的个人或他

① ［英］安东尼·吉登斯：《社会的构成》，162页，李康等译，北京，生活·读书·新知三联书店，1998。

们的集合体一种特定的荣誉或声望。通过进一步分析韦伯的社会地位概念的含义，吉登斯他们认为，在现代社会，由于消费主义的转向，使得人们的社会地位的界定，越来越突破了"在传统社会中地位通常是不同情境下长时间面对面的互动所积累的第一手知识决定的"①这一划分标准，也越来越难以用韦伯等人给出的声望、荣誉、经济实力、权力等因素进行地位或身份划分的标准，表现出既涵盖韦伯等人的传统划分要素，又包括日常生活方式风格、身份意识，又附加了品味、象征符号的消费能力等因素共同作用的多维多层的复杂划分意识与划分标准，其中，个人的品位与所在的社会阶级位置呈现出一种正相关关系，与地位和能力相近的人进行交往、提升自己地位的互补性交往，以及社会地位越来越是一个因其所处社会情境的差异而各有不同的"地位丛"等特征。在这些地位丛中，通常有一种位置主要决定了个体的社会声望。② 我们看到，吉登斯在这里为我们描述了个体是如何在社会中被位置定位的，不论这种定位是先赋的，还是自致的；也不论主要是由经济、阶级等影响的，还是多元多维的复杂因素构成的，他突出强调了个体在特定社会中的地位的客观性。个体社会地位的客观复杂性使得每一个体的地位的确定成为一个极其困难但又非常重要的过程。

一旦我们把"位置定位"理解为"定位过程"，其丰富的意义就凸显出来了。吉登斯认为，按照结构化理论来思考这一问题，可以看到定位过程是围绕着时间性的三个方面或以三个方面为轴线建构起来的，即介入

---

① ［英］安东尼·吉登斯等：《社会学基本概念》，160 页，王修晓译，北京，北京大学出版社，2019。

② 同上书，160—163 页。

主体在日常接触中的移动、身体的不同运动和手势以及在跨社会系统中的定位，甚至与各社会系统的全球性地缘政治分布的融和与汇集。吉登斯认识到，在共同在场的情境下，行动者的定位过程是日常接触结构化过程的一个本质特征，也是社会整合的一个本质特征，其重要性非常明显地与社会总体时空伸延的程度密切相关。①

在吉登斯看来，社会定位是十分复杂的，在某些社会里，社会整合与系统整合几乎是重叠在一起的。而在当代社会里，个人定位非常宽泛和丰富多样，包括家庭、工作场所、邻里、城市、民族—国家以及整个世界系统，都展现出系统整合的特征，它们把日常生活与大规模的时空延展关联起来。对于个人来说，日常生活时空路径中的定位过程是延续的，是其"生命周期"或生活道路的定位过程。定位是"主我"的形塑，定位过程也就是"主我"的形塑过程，是人格发展的完善过程。从心理学的角度看，人格或主我发展通过"镜像""反思""成熟"等几个阶段，使其具有了反思性的行动能力，能够将自我、身份、场景、话语与行动连贯起来，使个人的行为符合社会性标准，遵从限制性因素的规约，并融入物质再生产和社会再生产的整合过程。个人自我的定位与各种有形无形的社会制度的交织关系，提供了社会定位过程的总体框架，使得在制度化实践活动中的社会定位成为可能，为很好地把握与结构二重性联系在一起的各种时空定位过程②提供了基础。

社会定位与确定社会身份关系密切，是身份的"先赋性"特征（如年

---

① ［英］安东尼·吉登斯：《社会的构成》，163 页，李康等译，北京，生活·读书·新知三联书店，1998。

② 同上书，164 页。

龄、性别、肤色等)与作为社会角色的社会身份在现实情景中互动的结果，它使我们既能够明确地看到规范性的权利与义务，又能够对自我"所期待"的行为方式做出规范性判断。我们认为，吉登斯这里实际上是看到了个体的客观地位与主体的身份认同之间的相互作用，是他结构二重性理论中社会与个体所具有的二者相互积极建构思想的又一次不经意表达。

吉登斯认为，"定位过程"涉及互动的情境性问题，并使我们可以直接阐发结构化理论的重要意义。"这种互动场景总是由特定的一处或一种场所提供的，共同在场条件下的常规化日常接触就发生于这种场所。这种场景所涉及的关系的区隔界限比起社会系统整体来，总是要明确一些。"①如果说所有社会互动都是情境定位的互动，那也就意味着"互动是发生在具体时空情境中的"。在时空上的常规性或例行性对于互动来说特别重要，因为例行常规以传统、习俗或习惯为基础，它体现出日常接触中的社会系统的制度化特征，对于在实践中维持某种本体性安全感，对于行动者的社会再生产的例行性，对于理解反映日常接触中的基本特征的信任和交往技巧，对于时空中的社会整合，对于身体的监控等都至关重要。

按照吉登斯的看法，任何个体在特定情境中的定位都与他在特定互动场景中所处的个人定位有关。个人定位决定了个体的生活习惯和行为方式，不同的定位赋予了不同个体不同的社会身份，也对个体提出了不

---

① ［英］安东尼·吉登斯：《社会的构成》，164 页，李康等译，北京，生活·读书·新知三联书店，1998。

同的要求。当个体对自己的社会定位具有比较强烈的认同的时候，会对自己的角色有更深刻的认识，对自己的权利和责任有更积极和更清晰的理解，进而更主动地实现自己的社会价值，从而推动社会更加协调有序的发展，而一个更有序的社会又会提供给社会中的个体更多的福利和馈赠，从而形成个体和社会之间的良性互动。但是，一旦个体对自己的定位无法产生认同，那么他就很难在这个社会身份中实现自己的人生意义，从而对他所在的社会产生异质感，这时，社会和个体之间的互动就会被打破，个体无法从社会得到良性的评价，也无法给予社会良性的诉求和互动，社会和个体之间的关系就陷入了僵化和停滞，个体甚至会成为社会的不安定因素。

　　社会定位离不开个体在空间中的互动，正是在场的互动情境即空间塑造了个性。在吉登斯看来，个体的生活从来就不是只与个体的私人情绪发生交互的，人生存在一定的空间里，与一定的空间发生关系，在这种交互过程中，个体间的空间流动所形成的公共空间，无疑是塑造个体身份认同的重要力量，是个体社会定位的重要形式。正如米德所说："传统社会中自我的确定性是主体在特定的社会运动广延性和历史发展持续性中的连接建构而成的。"①个体对自我身份的识别，通常与他自己所处的现实的交互场景是分不开的。这一现实的交互场景，既包含了具有广延的现实空间，也包含了具有历史属性的记忆空间，而个体对他自我的确定性，也是建基于他所处的现实空间和他曾经经历过的记忆空间

---

　　① ［美］乔治·米德：《心灵、自我与社会》，124 页，赵月瑟译，上海，上海译文出版社，2005。

获得并确证的。一般来讲，现实空间和记忆空间之间是要有一定的持续性的，主体一定要在现实和记忆空间之间构筑某种联系，以保证自我身份认同的同一性。吉登斯认为，个体的认同就是在特定叙事进程中被开拓出来的。一旦这种叙事进程被打破，个体无法在现实和记忆空间之间形成一定的联系，他的自我认同就会被割裂，从而面临重构。正如胡金生教授所言："深陷认同危机中的当代人，尽管仍然能够说出'我'，但是，对这个'我'的把握已经不是那么清晰和确定了，人们再次说我的时候也不那么理直气壮了。"①显然，空间对个人的社会定位的基础性意义是必须重视的。

个体在时间和空间中的定位与群体的行为也是密切关联的，换句话说，个体的生存和生活并不是孤立的，个体的自我身份认同不可能离开他所处的群体以及环境，正是群体和环境提供给个体生存的基本条件和生活资料，从而使个体的定位有了基础和客观条件。正如马克思所说："人们自己创造自己的历史，但是他们并不是随心所欲地创造，并不是在他们自己选定的条件下创造，而是在直接碰到的、既定的、从过去承继下来的条件下创造。"②马克思的话表明，个体的定位和自我塑造，从来就不是只关涉个体自身的，而是个体和群体不断互动的过程，个体组成群体，个体的发展决定群体的发展，但同时，个体只能在群体中实现社会定位、自我认同和自我发展。

马克思在探讨人的本质的时候曾说过，人的本质不是单个人所固有

① 胡金生：《自我认同确定性与心理和行为问题》，载《中国健康心理学杂志》，2009(12)。

② 《马克思恩格斯选集》第 1 卷，585 页，北京，人民出版社，1995。

的抽象物，在其现实性上，它是一切社会关系的总和。人在互动情境中的定位、自我理解、自我塑造等，绝不是抽象人格的理解和塑造，而是在社会整合系统中交互作用的结果。这就是说，个人在社会中的生产与生活，不可能离开现实的作为生存情境的社会关系，社会定位不能只从个体自身的维度出发来考虑。或许，这也是我们能够理解吉登斯为什么认为弗洛伊德人格理论三部分（本我、自我和超我）不能令人满意，从而用基本安全系统、实践意识和话语意识替换。吉登斯认为基本安全系统、实践意识和话语意识并不完全与本我、自我和超我一一对应，但个体行动者在他自己的行为构成中，往往植根于这三个人格维度的多个层面的交互作用，它们共同影响人的心理和认知。

社会整合的基础是有认知能力的行动者的反思性实践，是基于行动者的自觉意识和包含日常生活的社会规则与行动策略的实践意识形成的。社会生活的连续性使得行动者知道自己正在做的事情是什么，日常生活主体的实践活动、认知能力、知识和权力等构成性特征，使得人们对反复不断地组织起来的实践活动有共同的理解，赋予社会实践行为以"有效性"，使得介入主体不偏离自己行为的目的，并与他人相互协调，共同行动，起到社会整合的效果。"社会整合必定和共同在场情境中发生的互动有关。"①也就是说，社会整合与系统整合密切关联。吉登斯以社会定位的区域化方式来分析这个问题。在他看来，正是区域化方式引导着社区成员日常行为所遵循的时空路径，而这些时空路径也形塑了这

---

① ［英］安东尼·吉登斯：《社会的构成》，238 页，李康等译，北京，生活·读书·新知三联书店，1998。

些区域化方式，这是一种双向的互动过程，内在包含了社会系统基本制度参数和再生产出这些基本的制度参数二者之间的互动方式，体现出共同在场的性质和社会整合与系统整合的融合，表明广泛的"跨社会系统"之间存在的联系。吉登斯把那些影响行动者对系统再生产条件的"洞察"的情况大致归纳为四个方面：行动者凭借自己的社会定位所拥有的获得知识的方式；组织并表达知识的类型；与被视为"知识"的信念主张的有效性相关的情况；与可利用的知识的传递方式有关的因素。① 正是基于这些因素，人们能够很好理解行动者的"情境定位"、结构化理论构想的社会秩序、社会整合与系统整合之间的关系、互动场景中人的行为的复杂性、场所、身体及其流动与沟通媒介之间的关系、作为制度基础的"固定性"场所的丰富性等。

　　吉登斯总结了他的关于"社会生活与社会制度的情境性"的社会定位思想，十分感慨地说，随着时间的"逝去"，空间的"隐遁"，在场和不在场的交织，所有的这些因素，不仅把人们所有的社会生活都卷入其中，而且它们也以有形或无形的共有方式构成了人们的生活。身体和环境的物性赋予人的社会生活以一种序列性，但也限制了个人与"不在场"的他人的接触方式。时间地理学提供给我们一种可以标示日常活动中时空轨迹的交织现象的非常重要的方法，但我们还必须把时间地理学纳入更为充分恰当的理论之中，对行动者和互动场景的组织过程都进行说明。② 吉登斯认为，场所和区域化观念的提出，使得我们想要借助这些观念来

_____

①　［英］安东尼·吉登斯：《社会的构成》，171 页，李康等译，北京，生活·读书·新知三联书店，1998。

②　同上书，223 页。

阐述一套有助于我们将情境性理解为社会整合和系统整合关联的概念图式，社会身份以及与此相联系的定位实践关系，构成了结构的虚拟时空，使我们能够把各种规范性的权利、义务和约束与情境化的社会行为的规则联系在一起，运用各种标准化的标志是所有社会生活中基本的做法，但在不同的文化中却存在广泛的差异。

总体来看，吉登斯基于情境对复杂社会系统行为整合机制的微观研究，以结构化理论的观点，采取了两种方法论置括号的方式阐述了其基本思想。所谓两种方法论置括号包括了制度分析和策略行为分析，也就是说，吉登斯是把各种社会制度和介入主体的行为策略作为复杂社会系统中人的实践活动的背景性要素来看待的，是必然存在的和在场的要素，制度要素在于表明系统的结构性特征是社会系统周而复始再生产出来的特征，策略行为要素在于表明行动者对各种结构性特征的利用方式产生的结构性特征，这两种特征是密切关联的，构成了结构的二重性。策略行为分析表明吉登斯赋予了话语意识和实践意识在系统化中的优先地位，强调了行动者在明确的情境边界内所采取的各种控制策略的价值，互动场景的制度化特性则在方法论上被假定为"既定的"存在，从而一起构成了系统的结构化，在微观上展示出一定群体的行动者在特定情境中的生产和再生产的活动及其机制，具有重要的认识论和方法论意义。

位置定位体现日常接触结构化过程的本质特征的理论研究，也被吉登斯用来对信任的本质进行理性分析。吉登斯认为，信任在本质上是积极的社会行为，是在面对风险时做出的反思性的系统整合的结果。

在吉登斯看来，现代社会的运行是建立在抽象系统的基础之上的，抽象系统为人类社会生活的运转提供了秩序方面的安全保障，但也是一种高风险后果的社会。吉登斯指出："抽象系统大规模地侵入到日常生活中去便产生了使个体不知所措的风险；高风险后果就落在此范围之内。"①抽象系统充满大量的风险，也为日常生活中的信任带来了困难，人们对抽象系统的信任态度在很大程度上被日常生活自身的环境所强化，信任危机事件频发，因此，必须倡导或建立一种积极的或主动的信任关系。吉登斯所谓的积极的信任机制指对人或者系统的信任必须通过积极的方式去建立和维系，民主对话、开放等手段，在重构积极信任机制过程中十分重要，这就要求人们在日常接触中重新进行位置定位，在人际关系、婚姻和家庭等个人生活领域，发展出一种纯粹关系。纯粹关系是一种为了自己的利益而缔结和保持的关系——因为它可以产生与他人或其他组织发生联系的补偿。② 这种纯粹的信任关系是一种理想模式，通过互动情境中介入主体的积极的沟通与民主的对话，通过对社会地位、角色以及经济等因素的社会整合和系统整合，在位置定位中建立和维系人与人之间的亲密关系。

吉登斯认为，信任问题从根本上指涉的是社会关系，它与社会秩序密切相关，是在人与人的交互系统中各种因素结构化的产物。吉登斯强调了主动信任在小到人际交往大到全球秩序中对社会团结起的重要作用。积极或主动信任包含了一些重要的定位机制，如环境——积极信任

---

① ［英］安东尼·吉登斯：《现代性的后果》，157 页，田禾译，南京，译林出版社，2006。

② ［英］安东尼·吉登斯：《超越左与右——激进政治的未来》，121 页，李慧斌等译，社会科学文献出版社，2000。

领域；人际关系——以诚实和沟通为基础的相互信任；抽象制度——社会可见性和有条件的责任；国家——民间社团；全球秩序——世界性的交往。① 而这或许就是吉登斯为什么认为"社会系统不是由角色而是由实践（再生产）构成的"②原因所在，正是个体的实践连接了行动者的行动和结构，也促使个体完成了社会情境中的位置定位。因此，我们不难看出，正是在人的现实的实践活动情境中介入主体的位置定位、系统整合与社会整合等因素的共同作用，不仅使积极信任成为可能，而且也使之有规可循。

如上，我们就吉登斯关于在重构情境中复杂社会系统行为的整合机制的讨论表明，吉登斯在微观层面关于社会系统的结构化思想，以其社会整合是共同在场情境下的系统性、日常接触体现在场情境系统化的一般机制、位置定位体现日常接触结构化过程的本质特征等内容，展现出微观社会系统延展和结构化的一般机制，而以信任机制为例所做的具体分析，使我们对其运行机制的实际过程有了更清晰的把握和认识，它不仅显示出吉登斯结构化理论的认识论内涵，同时也蕴含了可加以拓展性运用的重要的方法论价值，为在社会实践中解决当代社会问题提供了有益的思考。

---

① ［英］安东尼·吉登斯：《超越左与右——激进政治的未来》，132 页，李惠斌等译，北京，社会科学文献出版社，2000。

② ［英］安东尼·吉登斯：《社会理论的核心概念——社会分析中的行动、结构与矛盾》，128 页，郭忠华译，上海，上海译文出版社，2015。

三、整体实践：实现超越的新结构化秩序

吉登斯结构化理论具有的丰富内涵，不仅是他关于人类现代性社会建设经验的总结，而且是使人类的实践经验系统化、理论化从而形成科学理论的有益尝试。吉登斯从宏观与微观不同层面和视角对社会结构化的研究，奠定了他理解社会的构成、运行机制和人类实践活动之间内在关联的思想基础。对于吉登斯来说，正确地从总体上理解社会的存在及其特征、准确地从微观上把握社会的运行机制以及人的社会行为，仅仅是理论建设的第一步，掌握人在社会结构化系统中的实践特征，深化人们对社会实践规律的科学认识，推进社会实践活动向着人类解放的方向发展，实现社会主义的美好理想，才是更基本的目的和任务。因此，吉登斯在对宏观社会与微观社会认识的基础上，进一步把研究的任务确定在揭示社会结构化过程中人类实践的规律性认识上，进而形成了他自己社会哲学的实践思想。在本节中，我们将围绕吉登斯实践思想的方法论基础、结构化理论的实践内涵与特质、实践与意识的关系以及实践的"超越理论"等问题，做出分析，较为详细地阐释吉登斯"新功能主义"解释学的实践观的基本思想。

（一）结构化理论的方法论基础是宏观与微观认识统一的辩证法

吉登斯的"新功能主义"解释学以社会的结构化解释为基本特点。他从宏观社会的结构化认识入手，从微观社会的结构化机制深入，逐步聚焦到对人的社会实践活动的分析和认识上来。他看到，人类实践是整体性的社会活动，实践系统的结构化是复杂的社会现象。人类的实践活

动，既存在于宏观的社会情境中，也存在于微观的社会化日常生活中，实践系统是这二者的统一。对于具体的人的实践行为来说，不可能区分出哪些是宏观的，哪些是微观的，传统社会认识所做的宏观与微观的区别，只是理想化的表象处理，是研究活动的抽象化的工作需要而已。只有把握宏观与微观的辩证统一，才能真正构成对结构化的社会实践认识的方法论基础。吉登斯的这种辩证分析，在我们看来与他对现代性社会的定位密切相关。

吉登斯认为，对社会的认识，不可能仅仅只存在一种研究程式，究竟采用什么方法研究问题是研究活动的关键问题之一，特定类型的研究方法如"定性"方法和"定量"方法哪个更重要，具体研究方式哪个更适合，如观察、问卷调查、逻辑建构等，会因研究问题的不同而异，它们只是研究者的一种选择。但对于研究人类实践的结构化这样复杂的问题来说，采用宏观与微观相统一的方法是必须的，其实，二者对问题研究的结果在事实上也是一致的。不仅如此，更为重要的是，"社会学关注的不是一个'预先给定的'（pre-given）客体世界，而是一个由主体的积极行为所构造或创造的世界"①。

我们知道，在社会领域研究中，根深蒂固地存在着宏观与微观、行动与结构的二元对立，一方是解释学以及各种形式的解释社会学，他们的主张属于主体主义或者说方法论个人主义，这种观点认为对于阐明人的社会行为来说，具有首要地位的是行动及其意义，很少论及结构性和

---

① ［英］安东尼·吉登斯：《社会学方法的新规则》，277 页，田佑中等译，北京，社会科学文献出版社，2003。

制约性等问题，因而具有唯意志论的色彩；另一方是结构主义和功能主义，属于客体主义或社会决定论的思想，强调社会事实独立于人之外，对人的行为具有强制性，社会整体相对于个体组成部分而言具有至高无上的地位，具有机械决定论的色彩。事实上，二者都有缺陷，这种缺陷首先在于严重的极端化，结果是主观主义没有正确地揭示行动者的主观能动性；客观主义也没能全面地把握结构；另外还缺乏对行动和结构之间关系的合理说明，没有建立二者间的联系，使之达到有机统一。对于吉登斯来说，他认为考察社会整合与系统整合之间的关系，没必要做"微观"研究和"宏观"研究的区别。一方面，这两个术语在社会理论中总是形成尖锐的对立，以至于人们似乎必须做出两个里面选择一个的决定，非得把其中一个看作更为根本的视角，这是不可取的。比如，我们有时只需通过微观社会研究，就完全可以发现社会生活的基本现实；而那种认为对日常社会活动的微观研究是琐碎无聊的宏观社会研究的倡导者，往往认为研究那些涉及范围较大的问题更有意义。微观与宏观的分野实际上是一种颇为不妥的劳动分工方式，那种认为微观社会研究主要关注的是应该交给符号互动论等来处理的"自由行动者"的各种活动，而宏观社会研究就是分析对自由活动施加限制的那些结构性制约因素的问题，这样的看法，在实践中显然是一种严重误导关于社会的研究①的主张。

　　吉登斯在行动与结构二元对立的理论背景下尝试一种综合性的研

---

　　① ［英］安东尼·吉登斯：《社会的构成》，233 页，李康等译，北京，生活·读书·新知三联书店，1998。

究，提出了从人类实践活动的角度来看待社会，用二重性思想代替了二元论，结构化的实践概念就产生于他力图对宏观结构与微观结构两大社会解释模式的超越的基础之上，这一思想集中体现在反映他社会结构化思想的《社会的构成》中。在吉登斯的这本集中讨论结构化理论的著作中，我们多处可见马克思思想对他的影响。吉登斯认为，实践是具有反思的行动者和权力的行动者，在一定时空之中，运用规则和资源持续不断地改造外部世界的主体性充分释放的过程。这一认识，充分体现了吉登斯对马克思关于实践是人们能动地认识世界、改造世界的社会性的物质活动思想的积极吸收。

吉登斯将时空视为社会实践的内在组成部分，认为每一具体的实践都发生在一定的时空情境中，没有脱离时空情境而存在的抽象的社会实践。同时，时空伸延（time-space distanciation）机制使得社会实践从微观的行动层面上升到宏观的制度层面。时空伸延机制包括时间上的例行化和空间上的区域化，前者使得实践活动超出了互动情境的时间限制，后者使得实践活动超出了互动情境的空间限制。无论是时间上的例行化还是空间上的区域化，可以看出实践意识都与之密切相关。[①] 这样，吉登斯就将结构化的社会体系、社会再生产过程中反复涉及的规则和资源的结构、根植在时空跨度中的实践等统一在了他分析现代性社会的视域中，进而他才能够建立起实践基础上的结构化体系，而这个以实践为基础的体系非常好地诠释了马克思主义关于实践才是一个人的真正的存在

---

① 郭馨天：《论实践意识在吉登斯结构化理论中的重要意涵》，载《西部学刊》，2016(1)。

方式和社会生活的本质的观点。

吉登斯认为，实践的结构化的综合性的研究，能够把微观个体与宏观社会、行动与结构这两对关系划归为个体能动与社会结构相统一的关系，从而创立了具有重要意义的结构化理论。他通过以人类实践活动的视角看待社会的方式实现了当代西方社会理论领域的重大转折。这种转折在国内学者的研究中，认为"吉登斯将其理论重心放在对实践的分析上，从而使他自己成为如西方某些学者所称的关于实践的理论家"①。

确实，如吉登斯所说，仅仅做微观与宏观的区别并没有多大意义，因为微观社会现象与宏观社会现象是密切联系在一起的。所谓"微观情景"只是一个空间和时间都相对有限的互动情景，由于各种接触在时间中都是"稍纵即逝"的，参与接触的行动者如何完成他们的交往，只是一个互动片断，如果只考虑情景本身，我们也无法理解这个片断。只有通过考虑这些互动例行化的重复性特征，我们才能够把握它们的意涵。而且，一旦我们着手对微观和宏观的空间分化这种观念进行考察，会立即发现它是不准确的。因为要想完成对接触的形塑乃至反复形塑的过程，就必定得跨越更大的空间范围，肯定要超出面对面的互动情境。② 这就是说，只有把时间和空间结合在一个统一的场景，同时结合例行化的长期特征，才可能对情境中的个人实践乃至人类实践有清晰的认识。因

①　李红专：《当代西方社会理论的实践论转向——吉登斯结构化理论的深度审视》，载《哲学动态》，2004(11)。

②　［英］安东尼·吉登斯：《社会的构成》，238 页，李康等译，北京，生活·读书·新知三联书店，1998。

此，微观与宏观的结合、时间与空间的结合，对于整体解决实践问题来说，不仅是必要的，而且是必须的，因此，吉登斯的行动者的实践活动是内在包含了时空的，或者说，时空属性是吉登斯实践主张的内在组成部分。

我们不难看出，在吉登斯的结构化理论中，行动者身体在时空中的定位、在共同在场的情境中发生的互动的性质，以及这些情况与那些对说明和解释社会行为有重要意义的各种"不在场"的影响因素之间的关系等，它们的密切关联与辩证统一才是吉登斯结构化理论所真正关心的基本问题。而对这些现象更好的处理办法，是把它们看作涉及社会整合和系统整合之间的关系，是人的社会实践活动在微观和宏观社会结构化过程中表现出来的具体形式和特征，因此，只有把微观与宏观之争放在一边，在微观与宏观的辩证统一系统中把握实践的丰富内涵和一般规律，才能深化对人的实践活动的合理认识，形成对人类实践规律的科学解释。

在吉登斯关于实践及实践系统的理解中，实践是具有能知和能动的行动者在一定时空之中运用规则和资源持续不断地改造外部世界的能动过程，"实践是一个展现结构的过程，结构只存在于实践行动的具体事例中，只存在于作为人类理解能力基础的记忆轨迹中，它是具体情景中行动者的'组成部分'，行动者使用它们来创造跨时空的社会关系模式"[1]。为此，吉登斯特别强调了作为实践主体的人的实践意识。因为在吉登斯用以取代弗洛伊德自我、本我、超我的三个概念——话语意

---

[1]　陆春萍、邓伟志：《社会实践：能动与结构的中介》，载《学习与实践》，2006(2)。

识、无意识和实践意识中，实践意识是最具根本意义的。实践意义表征着一个独特的主体在社会生活实践的具体情境中，行动者不需要话语表达，也难以用话语表达的一种与自我生命融为一体的行动意愿和行动方式，它是最具有主体能动性特征的行动组成部分。实践意识根植于社会化的日常生活中存在着的大量共同背景、文化底蕴，或者说存在着的共同知识之中。这些知识大多是为人们所熟知的且具有实践性的，也可以说实践意识类似于我们平时所言的风俗、习惯等文化背景或文化传统。①

当然，吉登斯的实践意识，不仅比风俗等内涵与外延都要大得多、宽泛得多，而且，它主要强调的是人的主体能动性的惯常化，正是由于实践意识的这种能动性，使得人们的具体实践"不仅仅指人们在做事情时具有的意图，而是首先指他们做这些事情的能力。能动作用涉及个人充当实施者的那些事件，即在行为既有顺序的任一阶段，个人都可以用不同的方式来行事"②，由于实践是行动主体持续不断的意识反思与监控过程，因而"社会实践总是不断地受到关于这些实践本身的新认识的检验和改造，从而在结构上不断改变着自己的特征"③。这就是吉登斯想强调的"社会实践不是表现社会行动者的意图，也不是反过来社会实践决定行动者的意图。意图只有在行动的反思性监控过程中才能形成，后者只有与行动未被认识到的条件和行动的后果结合在一起才能运转起来"①的缘由所在。他始终承认有意图的人类实践活动往往会带来意外的后果，但是实践的这些意外后果，并不会否认行动者的人的实践活动的理性属性，而是充分地说明了每一个具体的行动者所具有的认知能力是极其有限的，是实践的反思性和历史的超验性所在，这既是每一个个体行动者理性有限性的表征，亦是行动者凭借的"共有知识"的有限性的证明，而我们知道，这就是人类理性认知的时代局限性。

(二)人类实践是结构化的生产与再生产活动

在吉登斯的结构化理论中，人的社会行为和实践活动，是在社会整合和系统整合过程中以结构化的生产和再生产的形式得以表现的，实践特质就存在于人的生产和再生产活动之中，诚如吉登斯所说，"社会行动的生产和再生产为根基的规则和资源同时也是系统再生产的媒介"②。吉登斯在《社会学》一书中讲，我们的行动即在构建、塑造着我们周围的社会世界，同时，我们自己又在被社会世界所构建、所塑造。社会结构指的就是我们生活的社会情境。这一社会情境不但包括随机发生的各种事件或行为，而且包含结构化了的已经生成的事件与行动。③ 这种结构化了的社会情境和再生产是客观的、不以人的主观意志为转移的。吉登

---

① ［英］安东尼·吉登斯：《社会理论的核心概念——社会分析中的行动、结构与矛盾》，47页，郭忠华译，上海，上海译文出版社，2015。

② ［英］安东尼·吉登斯：《社会的构成》，81—82页，李康等译，北京，生活·读书·新知三联书店，1998。

③ ［英］安东尼·吉登斯：《社会学》，5页，赵旭东等译，北京，北京大学出版社，2003。

斯这里所说的被结构化了的存在，具有一种物质实在性的属性，类似于涂尔干所说的社会事实的概念。

涂尔干认为，社会事实是行动、思考和感觉的方式。它外在于个体，有自己的存在于作为个体的人的生活和感觉之外的现实，对个体施加强制性的影响力量。然而，人们经常意识不到社会事实的强迫力，甚至不会认同社会事实的强迫性，那是由于社会生活中的人们已经把这些社会事实内化为自己接受的模式，而且这种模式是一种社会普遍的存在于人们的社会生活中的模式，它们并非以一种有形的方式可以被人们直观感知，正因为如此，人们一般会认为是自己主动选择的结果。吉登斯赞同涂尔干的社会事实观念，认为它以多种多样的手段与方式实现了对人及其行动的制约，如直接的惩罚、社会拒绝、社会误解等。[①] 换句话说，在吉登斯的认识中，社会事实本身就是社会实践的表现，它包含了诸多社会实践行为，是在系统被结构化的过程中生产与再生产出来的。

吉登斯的结构化理论认为，人的实践活动与社会结构之间的关系是复杂的，社会结构不仅是具体实践活动展开的媒介，而且是它的制约条件；反之，社会结构是实践活动的结果，是行动的后果且构成了后续行动被认识到的条件。吉登斯结构化理论中的"结构"，指的是社会再生产过程中反复涉及的规则与资源，这些规则和资源都具有二重性，使得"结构"也具有了"二重性"，即以社会行动的生产和再生产为根基的结构，同时也是系统再生产的媒介。在结构这种特性的表达中，实践占据

---

① ［英］安东尼·吉登斯：《社会学》，11 页，赵旭东等译，北京，北京大学出版社，2003。

着极其重要的位置，因为社会结构的制约性与个人行为的自主性之间的互构关系，正是通过实践实现的。这就是说，实践也具有二重性，实践的二重性正是"结构二重性"赖以实现的基础和中介。因此，结构化理论所关注的，既不是作为个体的行动者的经验，也不是任何形式的社会总体的存在，而是在时空向度上得到有序安排的各种社会实践。吉登斯这种对社会实践的理解立场，如他自己所言，是一种马克思的关于社会实践的理解立场。

　　吉登斯的结构化理论的实践思想正是以"结构二重性"和"实践"概念为逻辑起点的，通过对微观的个人行动与宏观的社会结构之间的互动关系的研究，形成了丰富的关于实践内涵的认识。吉登斯在 2009 年接受访问时指出，结构化理论的核心主题应是"社会再生产"，这一主题包括"社会再生产如何进行和发生变化""权力如何产生以及如何与社会再生产交织在一起""文明如何转型"这三个基本问题。如果说"行动"和"结构"是他理解各种社会现象的两个维度的话，那么权力便是他借以沟通这两者的纽带。事实上，权力是吉登斯整个理论体系的一块重要奠基石。这些都是实践活动或社会再生产的基本内容。

　　我们可以以吉登斯的所谓权力实践活动为例，进一步理解吉登斯的再生产思想。吉登斯认为，权力是以支配结构的再生产为场所和渠道产生出来的，构成这种支配结构的资源主要有两种，即配置性资源和权威性资源。前者是指权力生成过程中所需要的物质资源，其来源于人对自然的支配；后者是指权力生成过程中所涉及的非物质资源，源于驾驭人的活动的能力，是某些行动者相对于其他行动者的支配地位的结果。对于这两种资源来说，它们都是在特殊的社会时空中不断发展，并以信息为载体在社会共同体中被储存起来，进而产生了社会构成过程中的各种类型的结构性原则，促成了不同类型的社会的产生。因此，从社会变迁的角度来看，资源储存能力的差异直接导致了权力时空伸延能力的差异，并相应地使社会整合的结构性原则呈现出差异性特征，继而导致了社会变迁。

对于吉登斯来说，在社会整合中理解人类的实践活动，不能陷入抽象的理论描述中，而是要注重人们的丰富的日常生活、实践活动的重要细节以及与对社会的复杂现实的理解的密切关联。这就是说，结构化理论必须研究常人的世界，研究人们日常生活世界中的实践接触、日常交往等活动，因为正是"由常人行动者构成的社会世界"才是最基础也是最根本的世界。结构化理论所把握的社会实践或社会行动，拥有一种理论的实践内涵，是对人的实践活动作为生产和再生产过程的理论化的理解和认识，因而具有广泛的实践影响力，它使社会科学的概念形式被吸纳到对世界的认识中，发挥出意想不到的作用。显然，吉登斯的结构化理论反对将社会科学像自然科学那样从外部把研究对象当成一个客观存在的整体的研究方式，反对"本质主义"的学术主张。

在吉登斯看来，在结构化系统中的人的社会实践是受意向性和目的性引导的。意向性对于实践活动是内在的构成要素，是行动者资格能力的主要标志。行动者是吉登斯社会哲学理论中的实践主体，是他的社会结构理论的主题要素。吉登斯认为，行动者是具有一定知识的、可以运用资源来实施行动的个体，在人类社会的生产和再生产中占主体地位。吉登斯坚持了马克思的"在实践活动中，人是活动的主动者，是实践活动的主体"的思想，强调行动者在整个人类社会实践中的主体地位。行动者在意识层面上有实践意识、话语意识与无意识三种。在很多时候，人们对条件反射式的意识反应往往是在无意识层面上产生的，它经常和动机激发过程联系在一起，动机是激发特定行动的某种需要，并非所有人都能给予精确的解释——而且普通行动者并不会追问日常行为的解释，毕竟人们通常是依照惯例来行事的，只有当行动偏离了惯例，动机才会起作用。相较于无意识，话语意识观念更体现着行动者的理性，即对所行之事以话语形式做出理论性解释，这也是他作为一名行动者资格能力的主要标志，它体现出行动者的"意向性"。

意向性为行动者能动作用的发挥提供了意识层面上的前提。首先，这种话语意识中所包含的语言符号在马克思看来可以被当作实践的一种中介；其次，这种意向性的观点可以追溯到马克思的"通过实践创造对象世界，改造无机界，人证明自己是有意识的类存在物"[①]，马克思主义哲学强调，正是在实践中人发展出了自己独特的意识能力，使人的生命活动与其他物种的生命活动有了本质的区别。这种区别就体现为在人的意识干预下，人的活动所具有的鲜明的主体创造力。吉登斯用更加精细的理论思考进一步延展了这一思想。此外，吉登斯还认为，正是由于个体行动者对自己的行为能够保持反思性监控，因此，人类日常生活的绵延才在依靠人的意识能动性即理性的反思与监控能力的前提下得以持续，在这个过程中，行动者对自己的行为始终保持着理性的理论理解。

吉登斯认为，在意识层面上，人们通常依照惯例行事，只有当行动者需要进行专门的"筹划"时，动机才直接作用于行动，而这种动机、意

---

① 《马克思恩格斯全集》第 3 卷，273 页，北京，人民出版社，2002。

图必然与"权力"相关联,只有这样,作为意识层面上的行动者资格能力的意向性才能得到载体,为作用于接下来的具体情境中的实践做好准备,因而在吉登斯的结构化理论中,实践意识具有非常重要的根本性的意义。吉登斯强调的能动中包含的权力逻辑实质上是指意识转化为行动的转换能力,其核心是人的一种主体性的创造能力。故此,主体具有的此种转化能力的行为后果不仅与行动者自身所掌握的知识能调动多少权力有关,也与其所处的环境基础即社会情境和系统位置密不可分。在很多情况下,由于环境的限制,行动者有意图的行动并非能达到他们想要的后果。因此,吉登斯认为能动作用突出的是一种主体的反思性的连续行动本身。这一观点表明在吉登斯的实践主张中,作为实践的主体的人具有超越自然物的精神能力,其中最首要的能力是知识性的因素,主体只有掌握了关于实践对象、手段及主体自身的有关知识,才能恰当地提出实践目的,并设计出实现这一目的的具体途径、方法和步骤。当然,吉登斯也看到了,行动的意外后果又会转化为未被认识的条件,行动者运用反思性认识它并将其纳入自己的认知体系,从而为今后更好地处理类似的情境打下了基础。

如同马克思在实践观中强调的,实践要凭借一定的生产工具等中介,才能与客体发生相互作用的关系一样,吉登斯认为,实践的中介,除了上面提到的语言符号之外,另外一种是物质工具。同样的,在吉登斯的结构化理论中,权力逻辑观中的权力所代表的行动的能力也必然要通过运用社会中的规则和资源等要素才能得以实现。

吉登斯认为,规则是在社会实践的实施及再生产活动中运用的技术或可加以一般化的程序。规则源于对人类行动者活动的协调,主要是由行动者在行动时所依赖的各种制度及各种有意义的符号构成的，所以可以抽象地把结构概念理解为规则的两种性质，即规范性要素与表意性符码，在一定意义上从这两者也可以看出规则可以分为管治性和构成性的。对社会规则的自觉意识（首先体现为实践意识）恰恰是"认知能力"的核心，而认知能力是人类行动者的显著特征，在一定程度上也可以理解为一种"认知权力"。资源出自对物质产品或物质世界各个方面的控制，分为配置性资源和权威性资源。配置性资源的存储和时空延伸、各个社会的时空连续性之间存在着紧密的联系，因而考察的是实践在多大程度上汇聚起来，从而直接参与系统的再生产；权威性资源指的是行动者所拥有的权威和各种社会资本等，因此，权威性资源和权力的生成问题密不可分。对这两者的考察有利于我们研究作为结构性关系的"转换关键"的各种实践，在日常惯例中是如何相互交织的，这一问题的理解也是寻找制度化实践为什么能够将社会整合与系统整合联系起来的方式。

意向性与权力在具体情境的实践中发挥了至关重要的作用。作为行动者资格能力的意向性经由权力的承载，最终在具体情境中得以发挥，值得强调的是，每一具体情境中的实践都发生在一定的时空情境中。在行动者对自身行动的反思性监控基础上形成的行动流中，蕴含着实践与具体的时空情境的关联。时间和空间是实践活动的内在构成因素，吉登斯认为时空伸延机制包括时间上的例行化和空间上的区域化：时间上的例行化体现出时间是双向的、可逆的，例行化的常规使得日常生活具有稳定性和可预期性，进而维持了行动者的本体性安全；社会实践同时是发生在一定的区域之中的，不同的区域之间相互交织体现为空间上的区域化。两者都与行动者在实践意识的支配下对自身能动的反思性监控联系在一起，可见，时空与实践有着密切关系。此外，构成社会系统中常规化的社会实践的行动者都被定了位，社会系统的一部分结构性特征可概括为"定位实践"的关系。在共同在场（以身体的空间性为基础，同时面向他人及经验中的自我）情境下，行动者的定位过程是日常接触结构化过程的一个本质特征。

行动者在一定的时空场域里，在实践意识的指导下，运用规则和资源反复进行活动，构成了制度性的实践（例行化的活动），形成了社会制度，社会制度是一种具有时空延伸性质的更大范围的普遍性社会实践活动，是区域化和例行化的日常生活实践的中介，也是时空伸延程度最大化的结果。制度化的实践活动具有持久性和稳定性，起到维护社会秩序的作用，个体与社会在制度中达到了统一，制度成为维持社会系统的根本途径。所以我们看到，吉登斯的社会系统其实是个体实践反复生产出来的、可以跨越时空的一种社会关系的模式化体系，核心是可再生产的实践活动。在稳定的社会制度下，一代一代的人类实践，不仅具有了循环往复的结构化特征，而且在此基础上的社会关系，逐渐被模式化成各项社会制度，它们在纵向上的组织形成了完整的社会系统。这种实践首先是在日常生活实践的基础上生成和发展的，是历史的变化着的人类意识实践。但是，这种社会再生产并不是整体的社会历史情境的简单复制，而是表现为一种结构化特有的在任何社会中的恒定作用。再生产过程中的实践，依然需要在时空延伸中进行，它反复涉及规则和资源，遵守着不断被制定、完善的社会制度，维持着例行化的活动，达到个人行动与社会结构的统一。

(三)结构化理论的实践特征展现出社会主体的能动性和创造力

吉登斯的结构化系统相对于行动者的能动作用来说，兼具使动性与制约性的特点，是人类创造力的表现。吉登斯认为，人们在现实的受制约的社会结构中，创造了进一步制约我们的社会结构，包括今天的世界秩序的结构。吉登斯的结构化理论与实践思想，告诉我们，人类在受制约的结构中创造了制约我们的世界。吉登斯在《社会理论的核心问题：社会分析中的行动、结构与矛盾》中认为，社会结构包含两个没有明显区分的要素，一是个体与群体间互动的关系模式，二是互动在时间中的延续性。他借用弗斯（Firth）的思想说，社会生活的要素正是通过社会结构这种有序的关系模式而被组织起来的，社会的结构性要素真正存于持续或重复的人类行为中。[①] 他告诉我们，虽然结构是对人类能动性的限制，但正是在这种结构所创造的条件中，我们的能动性得以很好地发挥，展现出人类自己的创造力。吉登斯把作为主体的行动者的能动性和社会的结构化过程及其制约性结合起来，意图努力克服主客体的二元对立，将行动、结构作为实践活动的两个侧面，使两者在人类实践活动中实现了动态统一。

吉登斯的这种结构的辩证法正是源于实践的辩证法的思维体现。在吉登斯整个的结构化体系中，他多次用到了这一方法。例如在谈及作为行动者行动的基础能力即权力时，他认为其中存在一种社会系统里的控

---

① ［英］安东尼·吉登斯：《社会理论的核心问题：社会分析中的行动、结构与矛盾》，69 页，郭忠华译，上海，上海译文出版社，2015。

制的辩证法，权力的前提是具体情境中例行化了的自主与依附关系，这些依附形式都提供了某些资源，臣属者甚至可以用它们来影响居于支配地位的人的活动，因此，在资源支配下的权力兼具使动性与制约性的特点。而在资源中，体现人对物的控制的配置性资源体现了资源的受动性，而权威性资源与权力密切相关，权力必然与行动者主体的能动作用相关联，因此，资源的两方面共同组成了使动性与制约性的结构二重化特征。同样的道理，作为集建构性规则与管制性规则于一体的规则也具有此特征。当我们同时讨论规则和资源时也不难发现，规则作为约束条件更多的是制约性方面的，资源作为工具性因素更多的是使动性的，二者作为结构理论的两大基础要素，彼此之间也是一种使动性与制约性的辩证统一关系。

从上面我们的分析可以看出，吉登斯结构化理论的二重性特质表明，整个社会系统的历史性绵延过程，无处不贯穿着结构化理论。因为有社会结构的使动性的存在，行动者才能积极地在实践中发挥能动作用，在运用自己的权力、维护自身利益、谋求更好发展的同时，促进社会历史的进程；而制约性也让每个人在确保自己利益最大化的同时令社会秩序得以维持，使社会的和谐、可持续发展成为可能。

当然，行动者是在利用规则和资源进行社会实践的过程中才发展出了结构的使动性与制约性的特质，在一定意义上可以说，结构的这种特质根源在于实践的特质。在马克思的理论中，实践的本质是人的自由自觉的类本质的活动，是社会的历史的具体活动。人的实践的自由创造性表明了人的实践活动不是像动物那样只是一种被动的适应性活动，凸显人的意识、理性力量的目的性，是个体的主体性彰显。实践的社会历史性说明，实践具有一定的社会关系的模式化，历史条件不同，实践活动的方式也就不同，即人类实践的对象、范围、规模和方式无不受到历史条件的制约。于是，马克思认为，实践本质上是人能动地改造世界的社会性的物质活动，是受自觉能动的驱动与社会历史制约相统一的现实实践行动。这种行动者的能动性活动，在吉登斯这里被阐述为在社会结构作用下发生的、个人的实践与社会历史情境的结合。

社会实践和社会行动是在时空中具体进行着的，而结构可以是脱离时空的虚拟秩序，二者相辅相成，在实践中达到统一。个体在实践过程中，再生产结构性特质的同时，也再生产出了促成这种行动的一切条件。因为个体实践始终是处于结构化的社会系统情境中才能展开具体实践活动的，而且，每一个个体的实践活动也并非机械地复制过往实践，而是凭借行动者所已经具备的知识去发挥能动作用，对可能发生的意外后果的解决进行可能性实践探索，于是，合目的的实践结果就会作为正确的实践经验被纳入结构性体系中，因而这一虚拟秩序虽然脱离时空，却是在实践过程中被时空里具体的行动不断完善的。这也就是我们通常为什么会说，社会是一种历史的连续的原因所在。对此马克思也曾经讲过，全部的社会生活，在最本质的意义上，都是由人类的实践活动创建的，人类历史不过是人类自由自觉的实践活动的展开而已。

在吉登斯这里，行动者的能动作用与结构之间的关系，已经不再被看作一种既有的僵化、二元对立的外在性的关系，而是被吉登斯描述为内在统合、共生互动的关系。这样，就在破除学界以往的二元对立的局面上，实现了一大进步。事实上，这种结构二重性中的实践思想，一定意义上，体现了吉登斯与马克思思想在这一问题上具有的一致性。马克思主义哲学认为，人类实践使世界二重化为客观世界与主观世界，客观世界里的社会存在形成于人的实践活动之中，并且不以人们的主观意识为转移。

当然，吉登斯理论结构化思想相较于马克思在实践意义上对世界的二重化理解而言，还存在很大的不足与模棱两可，他与马克思的实践思想的差异还是极其明显的。马克思主义哲学认为，主客观世界具有统一性。主观世界与客观世界，不仅在反映与被反映的意义上具有同构性，主体具有能够正确反映客观世界的思维属性与实践可能性。而且，主观世界与客观世界二者的运动规律具有同构性，且二者之间可以互相转化。人现实而具体的社会实践活动就是它们统一的基础，也就是说，实践是主客观世界相互关联和转化的基础与途径。而作为两个世界分化和统一的现实基础的实践活动是不断发展的，主客观世界的统一不是静态的统一，是不断地打破原有的统一，又在新的基础上实现新的统一的螺旋式发展过程。吉登斯在吸收马克思关于实践的这些相关理论的基础上，才有了他关于人的反思性实践与共有知识彼此影响、彼此互构的观点。在《社会理论的核心问题：社会分析中的行动、结构与矛盾》一书中，吉登斯就明确地说"马克思在《大纲》中写道，'具有固定形式的一切东西'，在这个运动中只是作为'转瞬即逝的要素'出现的，并继续说道：'生产过程的条件和物化本身也同样是它的要素，而作为它的主体出现的只是个人，不过是处于相互关系中的个人。'他们既再生产这种相互关系，又新生产这种相互关系。这些评论正好是我在本章中希望表达的立场"①。

故此，吉登斯认为，社会系统的结构化塑造了人类实践的规范性与稳定性。社会结构化在能动者行动的施展、变革等环节中起着先天框架、后天塑造的作用；结果，人类通过能动的实践活动为自己的行动建构了规范性的构造体系，确保了可依循的社会秩序。在这个过程中，反复涉及我们上面所谈的结构化理论中的要素，这个结构性的体系具有相对稳定性，因而能较为稳定地发挥其在社会实践过程中的中介作用，但因为有限的能动作用也会不必然地导致意外后果的发生，因此，结构性体系中相应的部分也要发生改变，从而为行动者提供新的行为导向，让每个行动者认清自己的权力范围，减少个人与社会间的矛盾，在"风险"与"希望"中继续自己的实践。

关于个人与社会之间的矛盾，吉登斯也在他的结构化理论中对此进行了论述。他认为矛盾不可仅仅限于逻辑性的问题思考，而且可以用于分析社会理论。矛盾可以分为生存性矛盾与结构性矛盾，前者是指人生存处境中依赖自然而又不从属于自然、与自然相互抵触的两者对抗的矛盾；后者是指结构性原则是在矛盾之中展开运作的，各种结构性原则的运作，既相互依赖，又相互抵触，它涉及对社会具体特征的界定。部落社会的人们面临的更多的是生存性的矛盾，而随着国家的兴起，国家必然与城市的形式联系在一起，而城市是权力的容器，于是结构性矛盾诞

---

① ［英］安东尼·吉登斯：《社会理论的核心问题：社会分析中的行动、结构与矛盾》，59 页，郭忠华等译，上海，上海译文出版社，2015。

生了，因此，除了部落社会以外的国家类型都可以看作结构性矛盾的中心。结构性矛盾的产生削弱了生存性矛盾，但不能完全消解它。结构性矛盾就是系统组织的结构性原则之间的分裂，它的出现激化了社会变迁的过程，在一定程度上促进了向现代社会的转型。因此，在一定意义上，矛盾概念因为被赋予了结构性特征，因而也具有了二重性的意涵：结构性矛盾正是作为社会实践延续、转型的中介存在的，而在一定意义上，社会实践在促进社会发展的过程中又导致了新的矛盾，因而又刺激社会发生新的转型。

吉登斯的这一观点同样可以追溯到马克思理论中实践的内在矛盾：实践是人为了解决自身需要与外部世界的矛盾而进行的活动，反映在实践活动中便是规律的客观性与活动的目的性、个别性与普遍性、有限性与无限性等方面的矛盾。其中，规律的客观性与活动的目的性的矛盾是指，在实践中，人作为有意识的存在物，把自身的需要以目的的形式贯注于对象物中，使对象物在观念上转变为适合于人的需要的存在。实践活动不断地解决着人们的目的性与世界自身的客观规律间的矛盾，最终促使二者走向了相对的统一。

吉登斯特别强调实践意识对于人类的结构化实践的重要性。实践意识是行动者行动过程中必不可少的要素之一，是一种具有实践性的行动意识，它基于共同知识之上。共同知识作为人们社会实践的基础具有十分重要的作用。吉登斯认为共同知识首先是行动者为弄清日常社会生活中自己及他人行动的含义而必须共同拥有的习俗知识。其次，共同知识是普通行动者在社会生活中为顺利完成社会生活实践而采取的方法，掌握了共同知识就意味着在社会生活惯例中拥有了一定的实践能力。再次，共同知识在一定程度上指的是那些被视为理所当然的知识，这种知识行动者会假定别人也拥有，目的是在共同的基础之上进行互动交往。也就是说，共同知识是一种共有、共识与共享的知识。最后，共同知识以解释框架的形式被行动者所运用，而交往的情境就在这种互动中被创造出来。因此，这种共同知识在很大程度上是社会大众约定俗成的，并不需要也不能用言语进行表达，所以在一般的社会行动过程中，行动者的意识是无法觉察到这种共同知识的。并且这种共同知识绝大多数是实践性的，主要在社会实践的层面上进行，人们要想能够在社会生活中持续完成各种例行活动，它们是必不可少的组成部分。①

实践意识是一种基于共同知识之上的反思性能力，反思性划分为两个范畴："行动的反思性监测"和"现代的反思性"。"行动的反思性监测"侧重于反思性一直存在于行动者的行动流中，它是对行动中未被发现的条件和行动的意外的后果的反思，也是对整个行动流的反思；"现代的反思性"则是社会科学知识要不断受到事实的检验来证明其是否有存在的价值，而现代社会社会实践的不断进步使得基于经验基础之上的社会科学知识又存在自我破坏的倾向。

行动的反思性监测与实践意识密切关联。一方面，在行动者的行动分层中，行动的反思性监测和行动的理性都是行动者日常行动的惯有特性，而动机的激发一般不与行动者的行动直接联系起来，除非是在违反常例的时候。那么在行动者按照日常惯例行动的时候，又是什么在主导

---

① ［英］安东尼·吉登斯：《社会理论与现代社会学》，69 页，文军等译，北京，社会科学文献出版社，2003。

着行动者的行动呢？毫无疑问，是行动者的实践意识。实践意识是一种习以为常的行动能力，因此，基于共同知识之上的行动会逐渐变成行动中的惯例。行动的理性和实践意识都具有一种无需用言语表述即可被他人所理解的特征。所以可以这样认为，实践意识本就包含在行动着的行动流中，并且主导着行动者的行动，行动者的实践意识，通常监控着行动者自身的行动，其中的共同知识为行动者的行动提供惯例范本。另一方面，实践意识对于反思性的影响也是必然的。现代的反思性造成的社会知识的改变，会影响基于共同知识之上的实践意识的改变。与此同时，实践意识的改变也会反过来影响反思性。实践意识的改变会影响行动者的行动，进而使整个社会实践改变，这样会使反思性行动者所面临的社会行动条件更加不确定，行动所产生的意外后果增多，因此，反思性在行动者的行动流中扮演着愈来愈重要的角色。

现代的反思性对于实践意识的改变是巨大的。现代的反思性总是表现为这样一种情形，社会实践总是被从其中诞生的新的知识和理念所检验和改造，从而在结构上不断地改变着社会实践的特征。现代的反思性不同于传统的反思性，不再局限于对传统的解释，而是把包括传统知识和新生知识在内的所有知识都投入社会实践中进行检验，然后进行取舍。在这一过程中，势必会对一些为大众所共同接纳的但与社会实践相比具有滞后性的共同知识进行排除，又会把一些新的知识变为共同知识，这些都会对基于共同知识之上的实践意识造成改变。

总之，结构二重性理论是理解吉登斯社会实践理论的关键，结构化理论并非简单的折衷主义，想要弄清楚这一点，认清它的前提非常重要。吉登斯的结构化理论体现了一种二重性，但它并不是一种简单的机械式融合，而是在具体的时空情境中，在反复运用规则和资源的实践基础上建立起来的，这种结构并不一定要在重大历史事件中才能体现，而是深深地含蕴在微观的社会生活中。而折衷主义是持随便调和论的二元论，是在唯心主义基础上建构起来的理论。二者是存在巨大差别的。因此，我们说吉登斯的结构二重性建立在马克思实践观基础上的实践双重性上。此外，在马克思的实践理论根基上，吉登斯还引入了时间、空间等历史学和地理学观点，如海德格尔（Heidegger）关于时间的论述，应用了伯格森（Bergson）的生命哲学思想中的绵延理念，在引入维特根斯坦（Wittgenstein）思想的基础上实现了语言学转向，等等。这些学术思想的借用性吸收和利用，共同为吉登斯建构反思性的现代性哲学提供了独特的分析视角，奠定了其理论基础。它们不仅促使吉登斯的理论具有了更为深厚的思想底蕴，而且使其具有了系统开放性和时代特色。

　　"吉登斯的结构化理论是其反思性现代性理论的方法论基础。"①现代性条件下的反思性是指定期把关于社会实践的新知识和新信息反过来应用于基于这些知识和信息而衍生的实践，从而在结构上不断改变社会实践的特征，并由此使得知识成为制度组成和转型中的一种建构要素。由此可见，吉登斯是从社会组织模式的角度来理解、使用"现代性"的概念的，现代性被他赋予了断裂性、双重性和反思性的特征，这里的断裂性与其在结构二重化理论中的矛盾概念是一脉相承的，发生在由实践组织起来的社会历史活动中，正是因为有了结构性的矛盾，才有了社会生活的变迁，从而确立了新的组织秩序和原则；双重性与结构二重性理论

---

　　①　陆春萍、邓伟志：《社会实践：能动与结构的中介》，载《学习与实践》，2006(2)。

间的联系不言而喻，都蕴含了深刻的辩证法体系思想，而这种结构性的二重性根源同样在于实践的二重性。

在《社会的构成》中，吉登斯就认为反思性指"持续发生的社会生活流受到监控"的特征，它可以被看作结构二重性原理的一种动态表述，展示了行动（实践）将能动者与结构、主体与客体联结起来的过程，现代性理论是在将行动者的反思性能力应用到社会整体变迁的实践过程中产生的。此外，在《现代性的后果》一书中，吉登斯反复提到了其结构化理论中的其他要素，比如时空要素、社会制度等，但这些无不是建立在最初的实践基础上的，在由实践中产生的结构性的社会中不断实践，产生新的认识，从而不断推动社会制度的更新，快速地推动着现代性的步伐。最终，反思性现代性的结果是现代社会的产生并快速扩散，但在吉登斯看来，这个结果是机遇与挑战并存的风险社会的到来。这里，我们又一次看到，吉登斯始终拒绝独断论的思想，无时无刻地将辩证法的方法运用到他社会理论与哲学体系的建构中，最终形成了他关于现代性批判的相对完整、独特的实践基础上的辩证结构化理论。

综上所述，吉登斯的新功能主义解释学，首先提出了如何抵抗社会断裂的问题。他从宏观社会的结构化问题入手，认为结构化的社会就是人的生存世界，社会系统的结构化是基于规则和制约条件的延展，结构化意味着社会秩序的再生产，并做了整体性的分析和阐释，揭示了社会本真的结构化存在的本质；进而，吉登斯从微观社会系统入手，认为社会的结构化就是在现实的社会系统情境中人们之间的交互作用和社会整合与系统整合的结果，表明社会整合是共同在场情境下的系统性，日常接触蕴含在场情境系统化的一般机制，并总结出四种一般的结构化机制，把在场情境中人们的位置定位，看作体现日常接触结构化过程的本质特征，由此阐明了复杂社会系统行为的整合机制，在认识论和方法论上对微观社会系统行为做出了清晰的分析。

吉登斯的结构化理论以科学认识结构化过程中人的社会实践为目标，主张只有在宏观认识与微观认识辩证统一的高度，才能建立起结构化理论的方法论基础，从而揭示整体实践的本质内涵就是通过实现超越的过程，形成新的结构化的系统秩序，体现出人类实践就是结构化的生产与再生产活动，以及结构化理论的实践特征展现出社会主体的能动性和创造力等结构化的实践思想，借此，把结构化理论的核心内容完整地呈现出来。不难看出，吉登斯的结构化理论，包含着很强的功能主义的思想意识和研究特色，换句话说，功能主义对于结构化理论具有特别重要的意义。在某种程度上讲，正是功能主义的问题、研究方法和思想理念使他认识到，在行动者有意为之的事情和他们所作所为实际导致的结果之间，存在着很大的差距，并推进人们去努力地研究这种差距，解决相关的问题。吉登斯不愿意承认自己是一个功能主义者，他也对功能主义的理论、学术主张有批判性分析，甚至在他 1979 年出版的《社会理论的核心问题：社会分析中的行动、结构与矛盾》一书中说，他的这本书"所阐述的结构化理论可以被看作一种非功能主义的宣言"[①]。然而，在对人的社会行为的解释方面，客观上却又表现出很强的功能主义解释思想色彩。因此，他的看法可以被恰当地认为是"新的功能主义"的解释学。

---

① ［英］安东尼·吉登斯：《社会理论的核心问题：社会分析中的行动、结构与矛盾》，导论 10 页，郭忠华等译，上海，上海译文出版社，2015。

第三章 | 现实主义的价值论

　　吉登斯对资本主义现实困境的揭示与批判，对人类社会发展过程及其机制的宏观和微观相结合的辩证理性分析和认识，凸显了他社会哲学的经验主义和功能主义的特色。业已指出，吉登斯社会哲学的目标不仅仅是对现实世界的批判与认识，更在于对它的科学改造。也就是说，不仅仅在于要"说什么"，更在于要"做什么"以及"如何做"。关于"做什么"以及"如何做"的问题，吉登斯以唯物史观为基础，坚持了马克思主义哲学对现实世界的基本看法，同时，他批判性地吸收结构主义、功能主义、社会角色理论以及保守主义等各种学术思想的积极成果，建立起了他自己的关于现代性社会发展的价值理论，亦即反思的现代性理论，在展现经验主义和功能主义的问题分析与解释特色的同时，突出了吉登斯关于此问题的现实主义的价值意义的思想，以及欲以此消弭现实的社会困境，重构社会秩序的目标。吉登斯反思的现代性理论是其现实主义价值论的集中表现，与功能主义的解释学一起构成其社会哲学思想的内在逻辑，现代性社会中人的社会实践的主体意识、实践导向和价值选择等内涵，反映出吉登斯现实主义价值论的主要思想。

一、主体意识与反思的现代性

吉登斯现实主义价值观的基本指向认为，建设一个美好的现代性社会是人类自文艺复兴和启蒙运动以来孜孜不倦的追求，尽管现实的现代性社会困难丛生，但这并不意味着人类在价值观上的选择是错误的，需要放弃现代性，而是要对现实的社会进行彻底改造，人类有能力重建符合自身生存和发展的现代性社会。那么，人类如何做才能彻底地改造这个世界呢？必须重建主体意识，这不仅是吉登斯的回答，也是吉登斯现实主义价值论思想的逻辑起点。

(一)反思性实践意识是现代性社会建设的行动指南

在经验主义的自识论和"新功能主义"的解释学中，吉登斯对人类现实的生存状况有一个基本的假定，即目前人类生活在现代性晚期的社会中，现实社会中的各种矛盾和问题以及许多灾难性的后果，现实社会结构化的状况和人的各种各样的社会行为，都是资本主义晚期现代性社会运行本身造就的，这样的社会可以被恰当地称作反思的现代化社会。①

在吉登斯看来，晚期的现代性社会的根本特征是它的反思性，"反思性有两种含义，一种是一般意义上的反思，另一种更直接地和现代生活相关。思考是行动的一部分，在这个意义上所有人都具有反思性，不管是有意识的还是在实践意识层面上的。社会的反思性指世事越来越多地由信息而不是既定的行为模式建构而成。这就是脱离传统和自然后人们的生活情形，因为人们必须做出大量面向将来的决定。在这个意义上我们以一种比前几代人更具反思性的方式生活着"②。以一种比前几代人更具反思性的方式生活，意味着吉登斯把"反思性"看作现代社会的一个根本特征，也是生活在现代社会中的人具有的普遍性特征，它包含了两个方面的内涵：其一是反思性既与我们的现代生活相关，又与我们的实践意识相关，反思构成我们行动或实践活动的一部分；其二是指人的现实的社会实践活动，越来越多地由信息构成，而不是由既定的行为模式建构。由于现代社会的信息丰富、复杂、多变，使得社会实践活动也越来越复杂，越来越多样化，并对人类既定的行为模式构成越来越大的挑战，因此，在反思的现代性社会中，作为人类社会实践方式的指南的主体实践意识也必须改变，使之不仅能够适应社会的发展，而且能够引领社会实践发展的方向。

作为晚期现代化社会的反思性的现代性社会，是自文艺复兴和启蒙运动以来，人类社会发展的一个自然结果。吉登斯把现代性看作 17 世

---

① ［英］安东尼·吉登斯：《第三条道路：社会民主主义的复兴》，173 页，郑戈等译，北京，北京大学出版社，2000。

② 同上书，172 页。

纪形成于欧洲，继而向全球扩散的新的社会生活或组织模式，是近代以来人类在特殊的时间和空间中，进行社会实践的一种重要组织化形式，他认为现代性的主要特征至今还没有完全显露出来。

现代性作为一种社会生活和组织模式是与传统截然不同的。在现代性条件下，人类文明形态的变迁更加迅速，变迁范围涉及全球各个角落，形成了现代社会特有的制度形式和能够同传统社会人的实践方式从根本上区别开来的主体意识。

吉登斯认为，反思性特征并不是现代社会所独有的，传统社会也有反思性。从根本意义上讲，反思性是行动者活动的一种特征，行动者总是与他们的行动保持着思维的联系，而反思性就是这种同思维联系的主要形式，尤其在晚期现代性社会中，信息的快速生产和传播，强化了人的反思性的思维和主体意识，表明现代社会生活的反思性与传统社会相比，有了全新的特征，从某种意义上说，"它被引入系统的再生产的每一基础之内，致使思想和行动总是处在连续不断的彼此相互反映的过程之中"①。

晚期现代性社会的复杂性，使得思想和行动总是处在连续不断的彼此相互反映的过程之中，反思性的主体意识也变得十分复杂，因此，反思性的主体意识不仅仅是基于人类的一般经验形成的，也是同人类现实的实践活动及其经验总结的社会科学知识和思想整合而成的。反思性作为主体意识的形成方式，既可以从社会生活中汲取营养来发展社会科学

---

① ［英］安东尼·吉登斯：《现代性的后果》，33页，田禾译，南京，译林出版社，2006。

知识，又可以把这些社会科学知识作用于社会生活领域，从而对二者进行重构的具有"双向阐释"性质的一种模式。深入地对反思性思想进行探讨，是理解吉登斯思想的一个重要的切入点，也是理解晚期现代性社会主体意识的关键点。

现代的反思性会促进社会科学知识的发展。现代性的反思性在根本上是与对现代性进程中的基础、后果及问题的相关知识的反思紧密相连的。也就是说，一个社会越是现代性，那么它所创造的关于社会现代性的基础、后果及问题的知识就越多；它所拥有的关于自身进程的知识越多，并且运用这种知识的社会实践就越多，那么，社会生活中传统的社会模式也就越会被反思，传统的社会模式发挥作用的时间就会缩短，传统的终止就越快，传统越来越被一种基于社会科学知识之上的、更具有现代性的社会模式和制度所取代。在现代性的条件下，人们对于知识乃至反思性自身都在进行着反思。所以在现代性的条件下，没有什么知识是完全可以确定的。

吉登斯认为在社会科学中，所有建立在经验之上的知识都具有不稳定的特征。由于工业革命等因素对于现代化所产生的巨大推动力，所以在人们的传统观念中，自然科学对于现代性的产生具有不可磨灭的贡献。但是，社会科学实际上比自然科学更深地蕴含在现代性之中。因为对于社会实践进行不断修正的依据，恰恰是关于这些实践的社会科学知识，而这正是现代社会制度的关键所在。但是为什么人们认为自然科学比社会科学对现代性的产生的贡献更大？这是因为在社会科学中，所有建立在经验之上的知识都具有某种"破坏性"的特征，而这种"破坏性"的根源就在于"社会科学的论断都要重新进入它所分析的情境中去。社会科学是对这种反思性的形式化，而这种反思对作为整体的现代性的反思性来说，又具有根本的意义"。①

正是由于社会科学知识具有自我检验乃至自我否定的性质，其会对现代性的建构起积极作用，但同时也是因社会科学知识所带有的这种自我批判的特征，使得社会科学不如自然科学那样颇具权威。正如吉登斯所说，"社会科学中的原创性思想和发现往往不同程度地'消失'在它们与实际活动常见内容的结合中。这就是为什么社会科学没有得到像自然科学那样的技术性应用的主要原因之一，这也是为什么在公众眼中社会科学的威望比自然科学小的原因之一。大多数有趣和有挑战性的思想正是那些最可能被应用于普通领域的思想，尽管伴随着许多不同的可能结果，我们也要再次强调这种观点。从表面上看，现代文明似乎完全受到自然科学的控制；社会科学与之没有什么关系，几乎得不到人们的关注。实际上，社会科学的影响力，在可能更为广泛的意义上理解的，作为对社会活动的条件进行系统的、有知识的反思，对现代制度具有非常重要的意义，没有社会科学简直不可想象"②。

我们看到，相对于吉登斯的结构化理论，他所说的反思性，主要"体现在对行动者知识性的强调上，这是人们对自身行为具有清醒认识的表现。至于现代性的反思性，突出体现在人们的生活不是为过去所构

---

① ［英］安东尼·吉登斯：《现代性的后果》，35页，田禾译，南京，译林出版社，2011。

② ［英］安东尼·吉登斯：《社会学方法的新规则》，68页，田佑中等译，北京，社会科学文献出版社，2003。

造，而是为未来所构造上"①。这里，人的理性认知力和知识储备与知识转化能力被凸显了，尤其对于生活在高度现代化社会中的人们来讲，人的这些能力与资源存储对于开放而非常不确定的未来，更是具有非常珍贵的价值，因为现代性社会的高风险性、风险的全域性等，使得人必须能够首先对风险有预先的判断；其次，需要有在此基础上的应对风险的合力有效措施；最后，这些措施的有效性并不完全取决于个体行动的科学性，而是取决于个体所在的社区、乃至全球的共同合作，如全球气候问题的解决就是如此。

　　"反思性"思想和实践意识都是吉登斯思想的重要组成部分。"反思性"思想主要表现为"行动的反思性监测"，适用于当代社会发展的能够使社会实践导向正确轨道的主体意识也是在行动的反思性监测中丰富和完善的。对于"行动的反思性监测"这一概念，吉登斯认为，"从根本的意义上说，反思性，是对所有人类活动特征的界定。人类总是与他们所做事情的基础惯常地'保持着联系'，这本身就构成了他们所做事情的一种内在要素。在其他地方我把这称之为'行动的反思性监测'，我之所以使用这个短语是为了让人们注意到相关行动过程中始终存在着的这个特征。人类的行动并没有融入互动和理性聚集的链条，而是一个连续不断的、从不松懈的对行为及其情境的监测过程，如霍夫曼最初向我们说明的那样。这并不是特意与现代性联系在一起的反思性含义，尽管它构成

---

　　① 郭忠华：《变动社会中的公民身份——与吉登斯、基恩等人的对话》，28页，广州，广东人民出版社，2011。

了(现代性的)反思性的必要基础"①。这就是说，人们在行动的过程中，一直会伴有一种对自身行动的反思性监测，这种监测不仅是连续不断的，而且是创造性的。

吉登斯利用现代控制理论的一般思想建立了有关行动者的分层模式，也就是实践的主体意识形成的一般机制。可以用图 3.1 表示②。

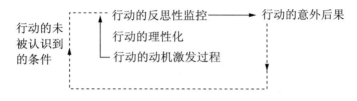

图 3.1

不难看出，在这个一般模式中，行动的反思性监测具有连续不断的特征，是日常活动的惯性之一。并且行动的反思性监测不仅涉及行动者自身，还涉及其他的人。也就是说，行动者不仅始终监控着自己的活动流，而且还有一定的意图，希望他人也对自身进行监控。除了行动的反思性监测，行动的理性化也是例行的，但是这里所说的理性并不是像通常的哲学家那样经常追问意图和理由方面的问题，它并不意味着一种以话语形式来阐明理由的能力，也就是说，即使行动者拥有行动的理性，但他们也不一定能够对行动的具体部分以一种话语形式进行表述。而在日常生活中，需要进行表述的一般是一些难以理解，没有遵循惯例的行动，这些行动就是由动机直接激发所造成的。行动的动机按照吉登斯的

---

① ［英］安东尼·吉登斯：《现代性的后果》，32 页，田禾译，南京，译林出版社，2011。

② ［英］安东尼·吉登斯：《社会的构成》，65 页，李康等译，北京，生活·读书·新知三联书店，1998。

表述，是行动的需求，行动的潜在可能，涉及行动的惯用样式。只有当行动偏离固有的行动样式时，动机才能直接作用于行动，为行动提供全盘计划。而在我们的日常生活中，因为大部分人的行动都遵循惯例，所以一般不需要动机的直接激发。

至于行动的未被认识到的条件和行动的意外后果，则是行动者在行动时很难完全认识到的条件，总会有一些意料之外的条件对行动者的行动产生干扰性影响，在确定性愈加不稳定的今天，这种未被认识的条件会更多。而行动的意外后果则是不符合行动者预期的行为后果，当意外后果产生时，就需要行动者通过自我的反思性，来对整个行动过程进行理性的反思梳理，对于行动过程的潜功能与显功能、正功能与负功能进行综合分析，从而最终形成具有引导实践活动能力的主体意识，并在具体的实践活动中加以运用。

(二)主体意识需与现代性社会生活或组织秩序相切合

我们知道，吉登斯所指的现代性是一种关涉社会生活或组织的模式，因此，指导现代性社会良性发展的主体意识，首先必须切合现实的社会发展状况，才能避免现代性的不良影响与消极后果，克服社会发展的断裂。吉登斯认为，关于现代性社会的一般特征和存在形式，目前有各种各样的解释，如"后现代主义社会""后工业社会"等等，仅仅依靠创造一些新名词是不能真正理解现代性的，它们不可能形成正确的主体意识，因为这些新名词并不能真正揭示现代性社会制度所具有的独特性，而事实上现代性在形式上不同于所有类型的传统秩序，只有揭示了现代性社会生活或组织秩序与以往传统秩序的断裂原因、形式表现、动力机制才能理解现代性。

吉登斯认为，"现代性以前所未有的方式，把我们抛离了所有类型的社会秩序的轨道，从而形成了其生活形态。……在外延方面，它们确立了跨越全球的社会联系方式；在内涵方面，它们正在改变我们日常生活中最熟悉和最带个人色彩的领域"①。

现代性社会意味着一种社会秩序，它是现代社会制度从传统社会秩序中分离、断裂的结果。它的发生主要是由于现代性时代变迁的程度更加迅速，变迁的领域、层面更加广泛以及现代制度组织形式的独特性。现代性制度内在蕴含着极权主义，极权主义以更为集中的形式把政治、经济、军事、意识形态和人的生活密切而广泛地连接在了一起，这种权力形式在现代民族国家产生以前是没有的。也就是说，吉登斯讲的现代性是与资本主义、工业主义、民族国家融合在一起的社会生活与组织的一种秩序或者说模式。

为了更好地说明现代性社会秩序的特质，从而凝练出切合现代性社会的主体意识，吉登斯在分析马克思、韦伯、涂尔干、齐美尔（Simmel）等经典社会理论中的相关现代性思想的基础上，着重从时空延展性、脱域机制及其知识的反思性运用三个方面，进行了较为详细的论述，指出它们各自在现代性社会秩序生成中的影响、贡献和相互间的整体性关联，在此基础上，形成了他所说的"切合的"主体意识。

吉登斯认为，"现代性的动力机制派生于时间和空间的分离和它们

① ［英］安东尼·吉登斯：《现代性的后果》，4 页，田禾译，南京，译林出版社，2011。

在形式上的重新组合，正是这种重新组合使得社会生活出现了精确的时间—空间的'分区制'，导致了社会体系（一种包含在时—空分离中的要素密切联系的现象）的脱域（disembedding）；并且通过影响个体和团体行动知识的不断输入，来对社会关系进行反思性定序与再定序"①。

现代性首先源于时间和空间的分离及其时空的抽离性。吉登斯认为，在前现代社会中，时间及时间计算虽然已经是社会生活的计算基础，但时间总是和特定的空间联系在一起，但随着机械钟的出现，时间有了一种"虚化"的可能性。时间计算在全世界范围内的标准化，促进了时间测定的一致性与时间在社会组织中的统一，这对时间从空间中分离出来具有决定性的意义。因为"时间的虚化"意味着"空间的虚化"可能，"统一时间是控制空间的基础"。之所以空间可以被虚化与控制，是因为空间总是表征着特定的社会活动的物质环境，或者说特定的社会活动的地理经纬，这就意味着社会活动是一种在场的活动，一种地域性活动。而时空的分离，使得满足社会活动的物质环境能够穿透它原有的地域情境而再现，即社会活动的空间有了变化不定的属性，由时间和空间构成的社会活动所蕴含的社会关系也变得有距离感，甚至隐退了。只要按照时间的统一标准就可以在任何适当的场所重新组织再现一种社会体系。当然，吉登斯的社会体系是一种现代民族国家特有的时间—空间的组织与延伸的体系。

吉登斯认为时间—空间的分离极其重要。因为时间和空间的分离首

---

① ［英］安东尼·吉登斯：《现代性的后果》，14 页，田禾译，南京，译林出版社，2011。

先构成了脱域过程的初始条件。正如他所说，"时—空分离及其标准化了的、'虚化'的尺度的形成，凿通了社会活动与其'嵌入'到在场情境的特殊性之间的关节点。被脱域了的制度极大地扩展了时—空伸延的范围，并且，为了做到这一点，这些制度还依赖于时间和空间的相互协调。这种现象，通过突破地方习俗与实践的限制，开启了变迁的多种可能性"①。

社会体系是社会系统的秩序化。社会是以一系列系统性关系为背景而呈现的社会系统。社会系统是以确定的结构性原则推动产生的跨越时空并可以明确限定的全部制度聚合。因此，社会体系的脱域又为时空的进一步延伸与抽离性结合提供了多种可能性，从而把地方性的社会体系与非地方性的因素甚至全球性的因素相结合，通过这种结合影响、改变着人们的生活，使现代社会生活的独特性与合理化组织具有了与此相应的运行机制。现代性的脱域就是现代性制度跨越它固有地点的空间移植，或者说空间嵌入，这是现代性制度的一种空间游走机制。它以时间标准化的普遍认同为前提，建构了一种跨空间组织的合理化运行机制，具有指向未来的无限可能性。这正是吉登斯讲的脱域问题。"脱域，我指的是社会关系从彼此互动的地域性关联中，从通过对不确定的时间的无限穿越而被重构的关联中'脱离出来'"②之后，在信任与现代性部分，吉登斯又用再嵌入概念对脱域概念做了补充说明。他说，"所谓再嵌入，我指的是重新转移或重新构造已脱域的社会关系，以便使这些关系（不

---

① ［英］安东尼·吉登斯：《现代性的后果》，17 页，田禾译，南京，译林出版社，2011。

② 同上书，18 页。

论是局部性的还是暂时性的)与地域性的时—空条件相契合。……所有的脱域机制都与再嵌入之行动的情境发生互动，它要么维护、要么损害这些情境"①。

吉登斯认为社会体系之所以能够脱域，并不仅仅是因为社会系统内在的多样化进步功能，而是由于内在蕴含在现代社会制度中的两种机制，一是象征标志的产生，一是专家系统的建立。

象征标志是社会性相互交流的媒介。它可以置信息接收者的差异于不顾，将信息广泛的传播开来。为了论证这一点，吉登斯着重论述了货币具有的象征标志功能。

吉登斯在分析批判齐美尔、帕森斯等人观点的基础上，借鉴马克思、凯恩斯的观点，认为货币以一种延缓的方式在不能直接交换的情况下将债权与债务连接起来，这样，以货币为媒介就将产品交易从具体的交易空间或交易情境中抽离出来了，货币成了时空延展的一种手段，实现了一种时空抽离意义上的人与人的现实联系。货币具有不同于一般流通手段的社会形式，即便是权利和语言，在吉登斯看来，它们也仍然是一般意义上的社会活动的流通手段，而货币通过连接此时与未来、在场与缺场，完成了所有权的转移。货币成为现代社会生活的内在组成部分，在总体上，对现代经济及其社会制度的脱域起着至关重要的作用。货币之所以能够具有这样一种普遍性脱域能力，完全依赖于现代性社会的信任机制。

_____

① ［英］安东尼·吉登斯：《现代性的后果》，69页，田禾译，南京，译林出版社，2011。

现代性社会体系的另一个脱域机制是专家系统。专家系统把社会关系从具体的地方性的社会情境中直接分离出来。社会系统的延伸是大众通过应用专家系统提供的专门知识进行技术化估算来实现的。这里，大众对专家系统拥有并提供的专门知识及其服务有一种基本的社会信任。信任在本质上与现代性相关。信任在这里被赋予了一种抽象的、看不见的社会黏合能力。

在吉登斯看来，"专家系统，指的是由技术成就和专业队伍所组成的体系，正是这些体系编织着我们生活于其中的物质与社会环境的博大范围……融专业知识于其中的这些体系却以连续不断的方式影响着我们的方方面面"[①]。专家系统提供的专业化知识，一方面，以理性的考量作为选择前提，帮助我们获得物质财富，组织社会生活秩序；另一方面，此种活动的结果又会进一步通过专家系统修正专门知识，进而对社会生活进行再影响。这种人类知识与社会活动之间的辩证关系，虽然是人类历史的一种惯常现象，但在现代性社会中，人的反思性对于社会生活的影响已经成了社会活动的固有部分，反思性是人类社会实践的根本意义上的内在要素与行为特征。

吉登斯认为"对现代社会生活的反思存在于这样的事实之中，即社会实践总是不断地受到关于这些实践本身的新认识的检验和改造，从而在结构上不断改变着自己的特征。……所有的社会生活形式，部分正是

---

① ［英］安东尼·吉登斯：《现代性的后果》，24 页，田禾译，南京，译林出版社，2011。

由它的行为者们对社会生活的知识构成的。①"。"现代性的特征并不是为新事物而接受新事物，而是对整个反思性的认定，这当然也包括对反思性自身的反思。"②

现代性就是这样在人们反思性地运用知识的基础上被建构出来的。知识在被运用到社会行动时，受到权力分化、经验知识与价值估算以及结果的不可预期性的影响。因为知识尤其是社会科学知识是一种反思性的实践知识，使得社会科学知识本身具有一种不确定性，因而以专家系统为社会系统中心的现代社会的不确定性成为现代性制度与生俱来的特质。加之，以技术变革为支撑的现代经济体系，使得现代性社会成为一个与从前所有社会都不同的社会形态，因而在历史的连续性中呈现出由于人的反思性活动而创造出来的一种非常独特的新形态，吉登斯称之为一种"断裂"。当然也许正是由于存在此种断裂，才为现代性的超越留下未来可能。这就是说，现代性的断裂不仅是内置于现代性社会的动力机制中的原生性断裂，而且，现代性的制度在四个维度上的共同作用又加剧了这种断裂。

吉登斯反对把现代性看成单一制度形式。他认为现代性有四个制度维度：资本主义、工业主义、监督机器和暴力工具（军事力量）。吉登斯说资本主义是以对资本的私人占有和与无产者的雇佣劳动之间的关系为中心建构的商品生产体系。这种关系构成了资本主义阶级体系的主轴线。这里，我们看到吉登斯是完全同意马克思的观点的。吉登斯重点关

---

① ［英］安东尼·吉登斯：《现代性的后果》，34 页，田禾译，南京，译林出版社，2011。

② 同上书，34 页。

注的是商品生产过程中"对物质世界的非生命资源的利用"，体现在这种利用中的机械化不仅将生产规范化、社会化地组织起来，而且促进了人、机器和生产资料的投入、产出间的协调，因而，机械化是工业主义的关键。资本主义与工业主义的结合，不仅使资本主义扩张性本质推动了持续性和普遍性的技术创新，而且消解了经济和政治的隔离，使得资本主义在它产生之际就酝酿着世界性扩张的本质。而资本主义的监督机器和对暴力工具的控制则加剧了资本主义现代性断裂。

资本主义的监督不仅在政治领域，而且在社会生活的各个层面，监督的手段不仅有直接监督，还有间接监督，其重要的特征在于对信息控制的间接监督。如此一来就使得人们的行动选择、可行性等置于资本主义监督控制提供的备选之中，人真正成为韦伯所言的现代性的"囚徒"。暴力工具或者说军事力量与政治垄断使得监督成为没有缝隙的"牢笼"。现代性制度的四个维度，以抽象劳动力为原点相互影响，互为条件，共同推动了资本主义现代性制度的发展。这里，我们可以清晰地看到吉登斯现代性制度维度的分析与现代性动力机制分析间的辩证关系。动力机制蕴含着制度维度，制度维度又制约着动力机制，它们彼此依赖，互为条件不能割裂，共同铸就断裂的现代性——这一独特的社会形态。

吉登斯正是从对现代性社会的反思中揭示了其最基本的运行机制和动力基础，从而提出了能够适合于现代生活和组织秩序的主体意识。这一主体意识可以恰当地表述为：通过对现代社会生活和组织秩序的反思，准确理解现代性社会的时空延展性、脱域机制及其知识的反思性的一般特征，在排除从单一制度形式理解资本主义、工业主义、监督机器和暴力工具(军事力量)的机械论思维方式的同时，强化从四个制度维度的整体来认识现代性社会发展的特征和规律，形成能够经得起社会实践不断检验的新认识，在实践中推进现代性社会秩序的生成和发展。这样的主体意识才是能够切合于现代生活和组织秩序的主体意识。

(三)自觉的现代社会主体意识是突破思维和实践困境的钥匙

吉登斯的反思的现代性社会是基于现代社会的现实背景做出的，因此，摆脱现实的思维和实践困境，必须树立自觉的主体意识，才能实现人类发展的根本性突破。

在吉登斯看来，现代社会是一个范围广阔的进程，它受到政治与经济两种影响的合力推动。现代社会的现实背景是现代人类实践活动的整体场景，它在建立国际新秩序和力量对比的过程中，起到难以抗拒的作用，同时，也在改变着人们的日常生活。现代性社会，是做出现实的可行政策的背景，也使我们生活的社会组织、民族和国家发生着巨变。[①]这里，我们看到，吉登斯把现代社会看作影响人们现实生活的直接力量。尽管吉登斯在解释社会历史的结构二重化理论的视域下，也看到了个人行动，包括个人日常生活行为对现代社会的可能性影响，但就现代社会与个人的两种力量形式来看，毫无疑问，现代社会对个人的影响更大，甚至可以说是一种裹挟式的影响。正因如此，吉登斯非常希望在区分国家、集体的责任与个人责任的基础上，在现代社会的时代，找到一种集体责任与个人责任之间的平衡。

---

① ［英］安东尼·吉登斯：《第三条道路：社会民主主义的复兴》，36页，郑戈等译，北京，北京大学出版社，2000。

现代社会极易引起人们的误解。吉登斯指出，"……内容无论如何也不仅仅是、甚至不主要是关于经济上的相互依赖，而是我们生活中时—空的巨变。发生在遥远地区的种种事件，无论其是否是经济方面的，都比过去任何时候更为直接、更为迅速地对我们产生影响。"①。确实，在通信与信息技术革命的时代，作为影响主体意识的根本力量的信息，它的生产与广泛传播，同现代社会进程有着深刻的联系。一个瞬时电子通信的世界，即使是生活在最偏远地区的人们也能参与到这个世界之中。现代社会正在瓦解各地的地方习俗和日常生活模式。现代社会在对民族国家、日常生活的影响、渗透中，创造了新的需求，也创造了重建地方认同的新的可能性。现代社会在创建那些不时打破民族　国家边界的、新的经济和文化区域的同时，也从各个侧面渗透到社会主体的观念之中。

现代社会影响的直接后果集中从两个方面表现出来。一方面是民族—国家的统领社会的基本方式发生了根本性改变，另一方面是作为个人的劳动方式和工作方式的改变。从民族—国家统领社会的基本方式来看，国家边界与过去相比，正在变得模糊。但民族国家并未消亡，而且，随着现代社会的不断推进，政府的活动范围变得更加宽泛，政府的统领作用也愈益成为富有意义的概念，它意味着某些类型的行政能力或规治能力的进一步增强。② 比之于传统社会，现代性社会的政府的作用和功能必须相应改变，换句话说，政府的主体意识一定要适应现代社会

---

① ［英］安东尼·吉登斯：《第三条道路：社会民主主义的复兴》，33 页，郑戈等译，北京，北京大学出版社，2000。

② 同上书，34—35 页。

的要求。吉登斯非常详细的列举了政府主体意识应该改变的十一个方面。这一清单，深刻反映了吉登斯所说的政府的自觉的主体意识的改变对于突破思维和实践困境的重要性。这十一个方面是：一、为各种不同利益的体现提供途径；二、提供一个对这些利益的竞争性要求进行协商的场所；三、创设和保护一个开放的公共领域：在这一领域中，关于政策问题的争论能够不受限制地持续开展下去；四、提供包括集体安全和福利的各种形式在内的多种多样的公共产品；五、为公共利益而对市场进行规治，并在存在垄断威胁的情况下培育市场竞争；六、通过对暴力手段和警察机构的控制和使用，来培育社会安定；七、通过其在教育制度中所发挥的核心作用，来促进人力资源的积极开发；八、维持有效的法律制度；九、作为主要的用人方，在干预宏观和微观经济以及提供基础设施方面发挥直接的经济作用；十、比较富有争议的是，政府具有教化的目的；政府虽然体现着那些得到普遍支持的规范与价值，但是它也可以在教育制度和其他方面对这些规范与价值的塑造起到帮助作用；十一、培育区域性和国际间的联合，并寻求实现全球性目标。① 不难看出，作为社会主体的政府，其主体意识改变的方略是极其广泛的，也是急迫的。

那么，作为社会主体的个人的实践意识应该如何改变呢？吉登斯主要倡导了一种以集体意识为基础的个人意识，在此基础上，他提出了应该树立所谓"新个人主义"的主体意识的思想。吉登斯认为，所说的新个

---

① ［英］安东尼·吉登斯：《第三条道路：社会民主主义的复兴》，51页，郑戈等译，北京，北京大学出版社，2000。

人主义，"并不是撒切尔主义，也不是市场个人主义或原子论。恰恰相反，它意味着'制度化的个人主义'。例如，福利国家中的许多权利和对权利的授予都是为个人、而不是为家庭设置的。在很多情况下，它们预示着就业权。而就业权相应地意味着受教育权，而这两种权利又预示着社会流动。具备了所有的这些必要条件之后，人们就可以将他们自己建构成个人，即作为个人来规划、理解和设计自身"①。显然，吉登斯的新个人主义的主体意识，是与现代社会密切关联的新个人主义。在他看来，现代社会使得传统和习惯从人们的日常生活的组织中撤离出去了，因此，必须建立一种新的个人意识，这种意识应该体现或创造出一种新的社会团结的手段。由于传统已经在现代社会的洪流中撤离，社会生活越来越具有超国界性，国家和已有的传统已经不能充分保障社会的凝聚力，因此，当代人需要更加积极地承担我们的责任、履行我们的义务，认同在此基础上的结果并承担责任，更加自觉主动地规划和塑造自我的生活，尤其应该把它贯穿于我们的劳动和工作中。

吉登斯非常重视工作在人的生命世界中的价值和在现代性社会发展中的作用。吉登斯把工作看成劳动，看成人的社会实践和社会生活的主要形式，其目的是满足人类的需要，包括人类的物质需要和精神需要。在《社会学》一书中，吉登斯对此作了较为详细的论述，他将工作分为有酬工作与无酬工作。有酬工作仍然是个人获得维持一个多样性生活所必须的资源的主要方式。工作及其变化会影响个人和家庭生活。

---

① [英]安东尼·吉登斯：《第三条道路：社会民主主义的复兴》，39 页，郑戈等译，北京，北京大学出版社，2000。

吉登斯指出，"进入整个劳动力行列，而不仅仅是狭义的工作（job），对于消除非自愿性排斥来说，显然是非常重要的。劳动（work）可以带来多方面的好处：它为个人创造了收入，赋予个人一种稳定感和生活中的方向感，并为整个社会创造了财富。但是，包容性这一概念的涉及面必须超越于劳动之外。这不仅是因为：许多人在自己的一生中的某段时间不能进入劳动力行列，而且还因为，一个完全受劳动伦理支配的社会必定是缺乏生活吸引力的。一个包容的社会必须为那些不能工作的人提供基本的生活所需，同时还必须为人们提供多样性的生活目标"①。这里吉登斯是把社会的包容力与人的生活机会、生活选择的可能性进行了关联思考。这种社会包容，不仅是一种文化的，而且是一种社会的结构性机制固有的特征，应该说，吉登斯的这一认识有着积极的未来指向性。

在现代社会，工作是保持一个人的自尊的重要的手段，因为工作是形塑人们心理，以及日常活动周期的一个结构性因素。工作具有如下的特征：金钱，人们用来满足自身需要的主要资源，是抵抗日常焦虑感的一种手段。活动水平，工作提供了一个人可以发挥潜力的组织化环境，可以为获得技能和经验奠定基础。多样性，工作提供了与家庭不一样的环境。时间结构，工作是日常生活节奏的规定者，为日常生活提供了方向感，避免了生活的无聊。社会接触，工作环境提供了获得友谊、参与共同生活的机会。离开工作，个体会因此而缩小或减少熟人圈子。个人

---

① ［英］安东尼·吉登斯：《第三条道路：社会民主主义的复兴》，114 页，郑戈等译，北京，北京大学出版社，2000。

认同，重视工作是因为它提供了稳定的社会认同感。①

总之，吉登斯认为，作为一种为了满足需要而付出体力和脑力劳动的活动或工作，无论是有酬工作还是无酬工作，其目标是提供满足人类需要的商品和服务，② 是社会实践主体同外部世界、同自然与社会发生有效关联的手段，是人获得价值意义和生命尊严实现的途径。因为具有思想力和创造力的人只有通过社会性的劳动才能体现出他的主体性。

吉登斯把民族—国家和个人都看成社会发展的主体，并深入讨论了作为主体的思想意识的重塑，进而，对国家和个人都提出了重建主体意识的要求。

对于个人来说，吉登斯把主体性的人看作具有思想力与创造力的人。人来源于自然且存在于自然中，人不仅是自然的一部分，而且人的存在始终依赖于自然的供给以解决我们作为生物体的基本需求。尽管，今天人类理性的力量改变了我们从自然中获取能量的方式，但自然及其生态系统依然是人类能量的供给者。因此，我们必须清醒地认识到保护、维护好我们的生存，就必须保护维护好我们存在的能量系统：生态系统。这是人类理性存在的前提性认识，离开这种认识，人类就会忽略或漠视自然资源的有限性、人类理性力量的局限性和条件性，也就必然会助长自我价值的膨胀，从而把人的发展片面地理解为物质文明意义上的物质繁荣，而不是人的生活世界的繁荣，人成了欲求化的存在，人的

---

① ［英］安东尼·吉登斯：《社会学》，474 页，赵旭东等译，北京，北京大学出版社，2003。

② 同上书，475 页。

人格也随之被降低为物格。人的整体性与现实性统一，满足人的现实性存在，但又超越了人的现实性存在。既满足人的基本存在需求，又着眼于人的高级存在的需求满足。

对于民族—国家来说，必须树立可持续发展的意识。我们知道，过程是实现可持续发展的关键。因此，面对相对有限的生态系统，人类必须节制自己的欲求，以求其他空间和未来时间的人类需求的满足；从人的社会性存在来讲，其最高的存在形式并不仅仅是物质的极大丰富，而是在此之上有尊严的存在，即作为社会主体人的价值被认同，与此同时能够实现自我的最大解放，如能力的释放、价值的体现、存在感的充分获得等，因此，可持续发展的主体意识方可充分体现民族—国家本应该有的真正内涵。

事实上，无论是政府还是个人，其实践活动都应该以实践效度为检验标准。选择怎样的劳动以及如何展开具体的劳动，或者说劳动的态度与效果是一个涉及每一个人存在状况的理性话题，是一种被激活的思考力的体现，应该肯定，而且应该坚持思考，只有通过思考，才能得出事物的合理与否，才会完成自我的反思和群体的反思，也才有可能回头看自己发展的脚印，才有可能看清自己的脚印，并做出修正，让接下来的步子走得更稳更好一些。所以，吉登斯认为，现代性应由解放政治走向生活政治，从社会提供机会，进一步走向主体人的主体性成熟与主体价值选择能力的成熟，为人类自我的幸福找到一种他认为的可行之路。

众所周知，人是不同于其他动物群体的，此种不同就在于人是一种基于生理性存在基础上的社会性存在、精神性存在，人追求自我价值与意义的实现，对于人的生理性存在而言，豪车别墅的物质性占有和享受是好的，因为你可能因此让自己的物质性存在时间更久，甚至对于你的社会性存在也是有一些意义的，因为可以由此证明或表达你的社会性价值，但这些都是表面的。如果不能看到拥有财富并不仅仅是一种物质占有与享受，也不仅仅是一种社会意义的符号，而是一种自我的创造性活动，并因这个创造性活动实现一种自我的超越，那么幸福就会消失，幸福的追求也就会停止。这就是为什么有许多人不幸福的真实原因，也是为什么幸福没有终点的原因所在。

所以，幸福感的获得，是一种超越了生理与社会性满足之后的精神的充分满足，此种体验的前提是自我的创造性活动，是一种在创造性活动中完成的自我的超越。总之，创造性的活动，没有对自我的超越体验，自我的幸福体验就会失去土壤。因此一切活动及其活动体验是我们实现自我超越、获得幸福体验的前提。被喂养必是痛苦的，工作着、创造着才可能是幸福的！现代化是宏大的社会变迁工程，站在今天回看传统，无论其有怎样的局限、不足，它都是人类走向更高文明建设的途径，是作为主体的人摆脱物的奴役、文化的压力，走出蒙昧，走向自知、自觉、自主的必要场域。就像黑格尔所说的，意识的发展过程是意识的异化和克服异化回复到自身的过程。而意识主体的异化就是意识主体的对象化、外在化，又称为意识主体分裂为二或对立的两方面。意识发展到一定的高度时，就会产生同主体相异化的客体思想，而文化交流过程中也会产生吞并主体的"统一标准"。在现当代，这种异化的原因并不全在于固化的社会分工与阶级属性，而是越来越多地取决于人自身的主体性。如何保存自身的价值观，如何在交流中避免异化现象的发生，最终还要依靠一种主体性的复归，依靠适应现代性社会发展要求的主体意识的创造性的自我培育。如果不能改变人类主体进行自我反思的价值系统，至少是价值系统中的某些核心理念，人类对于现代性的自我理解、自我确证以及对未来社会的建构设计等，就不可能走出高度现代性试验场的风险，进入一个新的超越现代性的后传统秩序的社会中，因此，人类的自我革命就是拯救自我的必要而首要的前提。

如上关于吉登斯主体意识与反思的现代性思想的讨论，集中展示了吉登斯社会哲学中关于主体意识的现实主义的价值思想，回答了为什么说反思性实践意识是现代性社会建设的行动指南、主体意识需与现代性社会生活或组织秩序相切合，以及自觉的主体意识是突破思维和实践困境的钥匙等问题。故此，形成了对吉登斯现实主义价值论思想的逻辑起点的系统化理解和阐释。

二、实践导向与利好的现代性

无论吉登斯反思的现代性理论，还是结构化理论，都内含一个最基本的论断，即现代性是不安全的"失控的世界"①，现实世界是一个充满风险的世界。其中，"制度化的风险"既是最大的风险，也是各种风险之源。制度化风险是指在资本主义和工业化发展过程中，资源消失、社会

---

① 《失控的世界》是吉登斯于 2000 年出版的一本著作。书中吉登斯从政治、经济、文化等多个角度，探讨了高度现代性是如何现实地影响并重塑着每一个人的存在、生活，乃至生命的。吉登斯认为高度现代性是一个高风险的社会，其具有的时空抽离性、反思性、断裂性等使得风险成为现代性的伴生物。

理解出现困境、集体信念枯竭等问题，正在威胁着社会结构的稳定，根本原因在于"有组织的不负责任"。换句话说，现代性社会中人类面临的最大威胁来自资本主义以及民族—国家及其社会制度，因此，要在社会实践中最大程度地消除风险，建设一个"利好的"现代化社会，就必须为了人民"再造政府"，变革社会制度，使国家权力得到有效控制，抛弃精英政治和精英决策，赋予决策开放性，最终实现公民政治和公民的决策参与，达到社会决策的制定、决策的参与和实施的一致，以为人民负责的实践导向，把一个日益失控的社会转变为利好于人民的现代性社会。这构成了吉登斯现实主义价值观的实践导向的核心思想。在本节中，我们将围绕社会实践的风险是现代民族—国家权力失控的直接后果、民族—国家权力是主导现代人类实践的根本性力量以及社会实践的优化有赖于健全社会制度的约束机制等问题，进一步对吉登斯现实主义价值论的实践导向思想做出分析。

(一)社会风险是现代民族—国家权力失控的直接后果

吉登斯反思的现代化理论亟待解决的一个关键问题是社会风险的消除问题。在吉登斯看来，我们所处的现实社会是民族—国家权力最大化的社会，同时也是风险最大化的社会。社会风险的产生在实践上具有其现实的基础和原因，而资本主义制度下的民族—国家权力的失控是最重要的根源。因此，要想从人类现实的实践导向上趋向于社会风险的降低乃至消除，必须准确理解现代社会风险与资本主义制度下的民族—国家的关系(尤其是国家权力的关系)，揭示产生社会风险的主要原因，才能形成正确的实践导向的价值观。

吉登斯认为,"风险"是一个含有概率性的词,是对未来可能发生的危险的评估,如果人们提前加以筹划就有规避的可能,这与我们作为实践主体所具有的主观能动性不可分割。"风险"一词在不同时期的含义不同。吉登斯在《失控的世界》这部著作中追溯了该词的起源,它最早是由西方的航海探险家们发明的,意思是航行到了未知的水域。所以,"风险"最开始主要包含空间方面的含义,后来,它的含义转向了时间方面。① 可见,风险这个概念是与未知和不稳定性高度关联在一起的。

在现代社会,日常实践和理性思维反复证明,风险这个概念,既包含危险,需要人们积极回避,同时也包含着积极的改造因素。它内在地推动着社会的一种变化,体现着人促进这种变化的方向性、目的性,具有现在与未来、主体与客体(自然或社会)关系处理的开放可能,通过风险的有效管理,人们可以控制和规范未来的走向。现代性社会具有很强的冒险性,风险自然也就不可避免,显然,现代性意义上的风险必然与人的社会实践行为密切关联。

吉登斯认为,通常风险可以划分为外部风险和被制造出来的风险,前者如自然给予人类的威胁,后者多是人类实践活动引发的,如全球气候问题。人类在现代性社会发展中,一直致力于降低风险,推动人类幸福的事业。随着人类实践能力的提高、科技的进步,人类预测和控制外部风险的能力也得到了很大提升,但由于现代性社会的复杂性,由于当代民族—国家越来越强势,借助权力获取资本和利润的欲望越来越强,

---

① [英]安东尼·吉登斯:《失控的世界》,18页,周红云译,南昌,江西人民出版社,2001。

引发的外部社会风险也就越来越大，被制造出来的社会风险越来越成为风险的主要方面，乃至发展到超出了独立主体（个人）的可控范围，甚至超出了单个民族—国家的可控范围，对人类的生存构成了巨大的威胁，因此，对风险的控制需要一种全世界的联合。

资本主义制度下现代民族—国家与传统的断裂直接导致了各种严重后果，极权主义的增长、本体性安全的缺失、经济增长机制的崩溃、生态环境的破坏、核冲突与大规模战争等风险的高发。吉登斯认为，为了更好地讨论、理解现代性，需要先理解安全与危险、信任与风险。他说经典社会理论更多地关注现代性对于人类文明的积极作用，但现代性的负面影响在 20 世纪表现的尤为明显，使得我们今天生活的世界是一个极其可怕而危险的世界，因此我们需要对现代性的风险有细致具体的分析和认识。现代性的风险景象具有如下特征：高强度的风险越来越普遍；突发事件频发带来的风险成为普遍风险；人类反思性地将知识运用到自然世界而引发的来自人化环境或社会化自然的风险；影响人们生活机会的制度化风险越来越大；对风险的态度与识别、控制能力越来越影响风险的发生和危害；对专业知识局限性的认知越来越成为社会信任的重要干预因素等。

现代性的这些风险越来越说明它是一种人为制造的风险，因而它与传统的风险有着本质的不同。风险景象一词就是吉登斯用来描述以现代社会生活为特质的威胁和危险的专有词汇。比如当前人类正在遭遇的生态威胁就是社会化地运用知识导致的结果，它是以技术为支撑的机械化工业主义对物质环境的影响而人为地建构起来的一种全球风险。再如暴力工具的工业化控制等也越来越司空见惯，一个由人造风险构筑的世界中，一切神灵、迷信都失去了存在空间，它们转而成为生活中的人体认现代性、感知风险的一种内在的文化部分。承认风险的客观存在，意味着接受当风险发生时，事情会失败或者会有伤害发生，而且这种伤害、损失如命运一般不能摆脱。风险的发生使得风险能够被预判却又无力控制。因此，我们急需改变风险的客观分配和人们关于风险的经验或者说人们对于风险的认知。在吉登斯看来，风险虽然是全球所有人都必须面对的，无论你是穷人还是富人。

吉登斯不仅看到了现代性风险对人类的普遍性影响及控制它的难度，因为现代性风险是由于人的需求推动、由脱域机制引发的超越个人与国家控制的危险，而且吉登斯还强调了不同社会阶层的人面对的风险性质、风险强度等方面的差异，也就是风险体现出的社会不平等性，这是由于"机制作为一个整体动摇了，因而影响着每一个使用它的人"[①]。这里的机制就是资本主义现代性的运行机制。所以吉登斯以事实或经验化的现象描述，揭示了资本主义的现实困境，为吉登斯的现代性超越的必要性埋下了伏笔。

现代性风险以一种事实性的经验力量影响着人们的本体性安全，同时，它还以一种"严重反事实性"[②]的方式影响着现代性的运行机制，使得组织它的抽象系统失去信任基础，而这又加速并强化了整个社会的信任危机，带来进一步的不确定性的风险，引发整个社会的焦虑。

---

① ［英］安东尼·吉登斯：《现代性的后果》，111 页，田禾译，南京，译林出版社，2011。

② 同上书，17 页。

现代性社会的普遍性焦虑，一方面产生于上面分析的风险的普遍化及控制难度，另一方面是由于人的本体性安全的信赖基础被动摇了，传统被瓦解了。传统是历史的抽象积淀，它具有更多地指向过去的特质，但历史和历史性是有差异的，传统的现代性价值往往借助于历史性的解释。历史性可以被定义为"利用过去以帮助构筑现在，但是它并不依赖于对过去的尊重。相反，历史性意味着运用过去的知识作为与过去决裂的手段，或者仅仅保留那些在原则上被证明是合理的东西。历史性事实上主要是要引导我们走向未来。未来被看成在本质上是开放的，并且未来有赖于在这样一种基础上的反事实性条件，即未来受制于人们依据心目中未来的种种可能性所采取的行动的过程。这是时—空'延伸'的一个重要方面。现代性的种种条件使得这种时—空延伸既有可能，也有必要。'未来学'，即对未来是如何可能的、可信的和可能得到的说明，变得比对过去的说明更加重要"①。这里，吉登斯强调的是现代性脱域机制具有的对于开创未来的合理性、可能性说明，也是对现代性为什么是一种开放的、指向未来世界的社会的说明，在这一点上似乎也正好印证了哈贝马斯讲的现代性是一项未竟的事业的观点。正是由于现代性是一种开放的指向未来的不确定进程，现代性行动的不确定性后果就越普遍，也就越令人不安。因此，获得本体性的安全就越成为现代性社会的普遍而迫切的需求。

然而，现代性以一种快速、全面的普遍性力量，在脱域机制与反思

---

① ［英］安东尼·吉登斯：《现代性的后果》，44 页，田禾译，南京，译林出版社，2011。

性实践的作用下，破坏了外部对象与事件构成的原有既定，使得任何外部世界始终处于瞬间变化中，被打破的过去的规范不能依赖，基于现有知识预期的未来规范由于反事实性的特征遮蔽而不可完全依赖，此刻主体的矛盾、焦虑产生。现代性社会从传统中断裂出来，抽象系统逐渐成为社会组织的基础与核心，传统社会中的信任模式、经验统统不再适用，对非个人化原则的信任替代了由地域性信任建构起来的亲密关系、熟人关系、传统惯例等经验信任。

令人遗憾的是现代性的动力机制，将前现代社会或者说传统社会信任关系的基本形式从地域化中解脱出来了，地域性社区不再是一个由熟人关系组成的意义世界，它在现代性的条件下已经演变成对远距离关系的地域性情境的呈现。因而地域性是一种时—空延伸基础上的脱域关系与特殊地域的统一，生活于其中或者在此环境中行动的人，客观地处于对地点的依赖和对抽象系统的依赖中，虽然抽象系统提供了一套抽象的信任模式，但抽象系统的组织化运行使得大众的生活领域被制度过度侵入，本体性安全的惯常性参照系统和经验失去了价值，处于信任关系的矛盾、对立模式中的人，只有求助于主体自身内部来获得存在的意义确认和关于自我的同一性维护。个体的信任"既是现代社会形势的一部分，也是时—空延伸的整套制度的一部分"①。个体"必须通过对自我挖掘的过程来建立个人信任：发现自我，成了直接与现代性的反思性相关联的'项目'"②。

现代性从四个方面加速了人类生活世界的失控状态。它们分别使得

———————————

① ［英］安东尼·吉登斯：《现代性的后果》，105 页，田禾译，南京，译林出版社，2011。

② 同上书，107 页。

世界经济组织受资本主义经济机制的支配；民族国家体系作为一个整体的现代性反思体系，它不仅仅是单一的经济运行机制。它在维护自己的领土主权的同时获得权力，培育自我的民族文化，积极通过国家联盟的战略，建构一种反思性的国际关系秩序。"一方面是由诸国家体系的反思性自身所固有的权力集中化倾向，另一方面却是各特定国家所具有的维护其主权的倾向"①；超级大国是世界军事秩序的主要操纵者；以技术变革为基础的工业主义，不仅创造了一个世界，而且决定性地影响着生活于其中的人们的感受。

总之，现代性所具有的未来性、全球性和反思性、脱域性，把人类拖向了极其危险的人造风险中。不可避免的全面风险与失去传统的本体性安全的危机是现代性的风险景象。正如吉登斯所说："现在我们大家正在经历的全球性风险的巨大后果，是现代性脱离控制、难以驾驭的关键，而且，没有哪个具体的个人或团体能够对它们负责，或能够被要求'正确地安排'它们。"②事实上，正是资本主义制度下民族—国家的权力失控和强大的制度机制，以这样那样的实践形式，催生了现代性社会的巨大风险。

（二）民族—国家权力是主导现代人类实践的根本性力量

我们知道，吉登斯把现代性看作社会生活或组织模式③，现代性社

---

① ［英］安东尼·吉登斯：《现代性的后果》，64 页，田禾译，南京，译林出版社，2011。

② 同上书，115 页。

③ 同上书，1 页。

会可以大略等同于工业化的世界，只要我们认识到工业主义并非仅仅是在其制度维度上。吉登斯说，在其最简单的形式中，现代性是现代社会或文明的缩略语，包括对世界的一系列态度；复杂的经济制度，特别是工业生产和市场经济；一系列政治制度、包括国家和民主。[①] 从吉登斯对现代性内涵的表述中可以看到，吉登斯首先把现代性限定在一定的时间范围内，是一种特有的生活模式。现代性的实质是一系列复杂的完全不同于传统社会的工业体系和运作制度，它有复杂的经济制度、政治制度和民主制度等诸多因素。现代性发端于欧洲，又不限于欧洲，伴随着社会化的发展，现代性早已遍布全球。从吉登斯对现代性的诸多看法中，我们不难看出，现代性实际上是基于特殊社会制度的现代人的实践方式和现代国家的实践方式，具有十分鲜明的实践导向。

现代性社会之所以不同于以往任何社会，主要在于它的制度模式具有独有的特征，如断裂性特征（"指现代的社会制度在某些方面是独一无二的，其在形式上异于所有类型的传统秩序"[②]）和双重性特征（"现代性是一种双重现象。同任何一种前现代体系相比较，现代社会制度的发展以及它们在全球范围的扩张，为人类创造了数不胜数的享受安全的和有成就的生活的机会。但是现代性也有其阴暗面，这在 21 世纪变得尤为

---

① ［英］克里斯托弗·皮尔森、安东尼·吉登斯：《现代性：吉登斯访谈录》，69页，郭忠华译，北京，新华出版社，2001。
② ［英］安东尼·吉登斯：《现代性的后果》，3页，田禾译，南京，译林出版社，2011。

明显"①)等，正是现代性的这些基本特征，带来了严重的不确定性和不可预测性，成了一种风险文化和风险的生活方式，带来了先前年代所知甚少或者全然不知的新的风险参量。② 在现代性制度下，可怕而危险的参量集中体现在经济崩溃、极权主义、生态危机和核战争风险等方面，显然，这些都是制度性缺陷及其实践引发的问题。

从制度性角度来认识现代性，吉登斯看到，在现代性发展的民族—国家阶段，社会制度及其发展越来越复杂，包括了资本主义、工业主义、监控和军事暴力等制度形式，这些制度形式之间不能相互代替，但相互之间影响甚大，都集中反映在社会实践中，成为影响当代人类社会实践的主要因子。

从资本主义对人类实践的影响来看，资本主义指的是一个商品生产的体系，它以对资本的私人占有和无产者的雇佣劳动之间的关系为中心，这种关系构成了阶级体系的主轴线。可以看到，吉登斯借鉴了马克思的观点，在资本主义社会，最本质的劳动力已经成了商品，对劳动者的控制已经从直接的暴力控制过渡到了间接的经济控制以及对自由的控制，你可以自由地选择把自己的劳动力出卖给谁，但是出卖是必须的，从而这种阶级的对抗得以形成。资本主义企业依赖于面向市场竞争的生产，在这里，价格成了对投资者、生产者和消费者来说都颇有意义的信号。

---

① ［英］安东尼·吉登斯：《现代性的后果》，6 页，田禾译，南京，译林出版社，2011。

② ［英］安东尼·吉登斯：《现代性与自我认同》，4 页，赵旭东译，北京，生活·读书·新知三联书店，1998。

从工业主义对人类实践的影响来看，工业主义是指在商品生产过程中对物质世界的非生命资源的利用，这种利用体现了生产过程中机械化的关键作用。工业革命开启了现代世界工业化前进的阀门，正如马克思曾经所说的，工业是一把打开近代史的钥匙。正是机器的大规模运用，分工的专业化，极大地推动了现代社会的前进。

从监控制度对人类实践的影响来看，监控制度指的是在政治领域中，对被管辖人口的行为指导，尽管是以行政权力为基础的，但监督的重要性绝不仅仅限于政治领域。监督可以是直接的，但更重要的特征是，监督是间接的，并且建立在对信息控制的基础之上。

从军事暴力制度对人类实践的影响来看，军事暴力制度作为现代性的第四个维度，主要是指国家对暴力工具的垄断与控制。与传统国家相比，现代性国家或者民族—国家获得了明确的领土界限和主权，并且绝对控制着领土范围内的军事权力，从而把军事暴力作为社会统治和人类实践的一种工具。

吉登斯认为，资本主义在全球的发展是一个逐渐膨胀的过程，伴随着资本的扩张，工业化的程度不断加深，范围不断扩大，直接推动着现代社会的发展。资本主义制度和工业主义制度构成现代性社会的政治和经济制度的基础，"工业主义界定为具有如下一些特点的制度：1. 在生产或影响商品流通的流程中运用无生命的物质能源；2. 生产和其他经济过程的机械化；3. 虽然工业主义意味着制造业的普遍推广，但我们必须对如何理解'制造业'这一问题持谨慎的态度；4. 正是在生产流程的这一正规化制度部件中，我们发现了它同人们从事生产活动的集中化工作地点之间的关系"①。资本主义作为在特定社会中居支配地位的生产体制，其基础是"经济"和"政治"的结合，这种结合是通过私有财产和工资劳动的商品化得以实现的。②

监控制度是随着国家主权的确立和明确边界的划定得以扩展和强化的，这主要体现在对知识和信息的控制方面，由直接的政治监督变为间接的对知识和信息的控制。当军事和工业化生产结合起来的时候，战争的危险就已经临近了，因为没有一个传统国家，即使是欧洲或东方在鼎盛时期的大帝国，拥有像现代国家这样的军事实力。对暴力工具的控制和掌握，影响着统治者对主权国家的控制。很显然，监控和军事在一定程度上已经分工，一个主要负责对内的统治，而另一个则转向了国家之间的制衡。

吉登斯认为，在现代性的四种制度后面，存在着三种动力来源，即时间和空间的分离、脱域机制和知识的反思性运用等，它们共同对现实的社会关系进行定序与再定序，③ 并直接影响了现代性社会的结构化与反思机制，影响了社会的生产与再生产的实践活动。需要强调指出的是，在这四种主要的直接影响现代性社会发展的制度中，包含了多种影响因子，其中，最主要的影响因子就是权力，甚至可以说，权力的膨胀性作用和滥用是最为根本性的。

---

① ［英］安东尼·吉登斯：《民族—国家与暴力》，172 页，胡宗泽等译，北京，生活·读书·新知三联书店，1998。

② 同上书，175 页。

③ ［英］安东尼·吉登斯：《现代性的后果》，14 页，田禾译，南京，译林出版社，2011。

　　权力是现代国家的核心构成要素。在西方哲学发展的历史上，人们赋予其多种多样的内涵，自文艺复兴以来，其内涵越来越丰富了，如罗素的权力是某些人对他人产生预期或预见效果的能力①，马基雅维利（Machiavelli）的权力是利害关系，韦伯的权力意味着在一种社会关系里哪怕是遇到反对也能贯彻自己意志的任何机会②，舒茨（Schutz）的权力是指在某种社会制度内促使他人执行其个人指示和命令的能力③，帕森斯的权力是一种系统资源，是一种保证集体组织系统中各单位履行有约束力的义务的普遍化能力④，达尔（Dahl）的权力就是影响力，权力关系可以被认为是双方参与的一种交换关系和协商关系⑤，福柯的权力是通过社会规范、政治措施来规划和改造人的一种手段，伯恩斯的权力＝动机＋资源的思想⑥，等等。这些理解表明权力是某一主体凭借和利用某种资源能够对客体实行价值控制，致使客体改变行为服从自己，以实现主体意志、目标或利益的一种社会力量和特殊的影响力。⑦ 马克思主义对权力的认识建立在阶级分析的基础之上，认为"权力标志着一个社会

　　① ［英］伯特兰·罗素：《权力论》，23—24页，吴友三译，北京，商务印书馆，1998。

　　② ［德］马克斯·韦伯：《经济与社会》，81页，林荣远译，北京，商务印书馆，1998。

　　③ 卢少华等：《权力社会学》，17页，哈尔滨，黑龙江人民出版社，1989。

　　④ ［英］罗德里克·马丁：《权力社会学》，97页，丰子义等译，北京，生活·读书·新知三联书店，1992。

　　⑤ 李友梅：《组织社会学及其决策分析》，146页，上海，上海大学出版社，2003。

　　⑥ 陆德山：《认识权力》，10页，北京，中国经济出版社，2000。

　　⑦ 卢少华等：《权力社会学》，20页，哈尔滨，黑龙江人民出版社，1989。

阶级实现其特殊的客观利益的能力"①。

总体来看，权力首先是一种社会关系，不仅存在于社会关系之中，更多地体现在组织中；不仅表现为依赖关系，最主要的体现为利益关系；权力还包括有意性和强迫性，无论是显性的还是隐性的，这种强迫表现为积极的压迫和消极的制裁；权力不同于权力资源，但和资源有着密切的关系，这种资源是广义上的，资源是产生权力的根源。

对于吉登斯来说，由于他把权力看作国家构成的最根本的存在要素，因而对权力做了更深入的分析，阐述了很独特的观点。在他看来，尽管并非所有的能动者都是人，但要成为人就意味着成为能动者，而要成为能动者也就要掌握权力。因而，"权力"即指改造能力，这种能力是指能对一系列既定的事情进行干预以至于通过某种方式来改变他们②，吉登斯对能动者和人的区分中，体现了马克思所强调的贯穿于人类活动始终的社会实践。正是社会实践把自然意义上的人转变为社会性的人，实践是社会活动的本质，而改造能力则体现为人在实践活动中的权力。在《社会的构成》中，吉登斯指出能动作用和权力的逻辑关系，他说最广义的"权力"在逻辑上先于主体性及行为的反思性监控的构成。他说权力具有两张面孔，一张是行动者实施合乎自己心意的决策的能力，另一张则是融塑在制度中的"偏向的动员"(mobilization of bias)③。吉登斯还把

---

① [意]尼克斯·普兰查斯：《政治权力与社会阶级》，108 页，叶林等译，北京，中国社会科学出版社，1982。

② [英]安东尼·吉登斯：《民族—国家与暴力》，7 页，胡宗泽等译，北京，生活·读书·新知三联书店，1998。

③ [英]安东尼·吉登斯：《社会的构成》，77 页，李康等译，北京，生活·读书·新知三联书店，1998。

权力与资源结合了起来，他说资源是能动者为完成其所做的一切事务而在活动过程中予以运用的，它们内嵌于社会体系的再生产过程中。吉登斯将资源区分为配置型资源和权威性资源，所谓配置性资源，是指对物质工具的支配，这包括物质产品以及在其生产过程中可予以利用的自然力；而权威性资源则是指对人类自身的活动行使支配的能力。

马克思曾认为在社会发展的动力方面，生产力的发展，或者说经济起到了根本的作用，经济决定了社会结构的演进和上层建筑的变革。吉登斯则认为，资源不会自主地纳入社会关系的再生产过程中，只有当居于情境中的行动者将它纳入日常的生活行为中时，它们才得以运作。正是这种对人类自身活动的支配手段的运用，在社会体系中形成了总的"权力体系"，进而支配着资源的调配。在《费尔巴哈提纲》中，马克思指出，过往的哲学家们仅仅只是在解释世界，而问题的根本在于如何改变世界。这里，马克思不仅把实践活动当作认识世界的根本方式，而且突出了人的主体能动性。自然不会主动纳入人的视野，把人类和自然结合起来的枢纽正是人类有意识的创造活动。权力是那种能有效地决定事件发展过程，甚至能决定他人在何处争夺这种决策的力量，它具有不可否认的能力。吉登斯把权力区分为显性的权力和隐性的权力，他用"决策"和"经过争论的政策"表达了权力的显性方面，隐性的权力则是贯穿于制度中持久存在的力量，隐性的权力虽然表面上温和，但通常是最强烈和最持久的力量形式。①

---

① ［英］安东尼·吉登斯：《民族—国家与暴力》，9页，胡宗泽等译，北京，生活·读书·新知三联书店，1998。

权力作为国家的核心构成要素，是国家制度的表现形式。在汉语中，"国家"一词有三种不同的含义，这三种含义基本上也对应了西方社会对国家的理解。一是领土意义上的"国家"，相当于英语中的 country；二是民族意义上的国家，相当于英语中的 nation；三是政权意义上的国家，相当于英语中的 state。应当指出的是，通过对众多国家理论的研究发现，从第三种意义上，即政权角度来理解国家具有一种较为普遍的意义。

吉登斯延续了马克思主义的国家思想来深化对权力的理解。我们知道，国家是马克思主义哲学的一个重要范畴，早在《德意志意识形态》中，马克思就指出，"实际上国家不外是资产者为了在国内外相互保障各自的财产和利益所必然要采取的一种组织形式"[①]，统治阶级凭借国家这一权力化的组织形式来实现他们的共同利益。马克思从阶级的角度出发，认为国家是一个阶级压迫另一个阶级的暴力机器，是使一切被支配的阶级受另一个阶级控制的机器。这里的意旨有三层含义：国家是有阶级社会的组织，国家是一种历史现象，它的产生、发展和消亡有一定的历史性规律；国家是一种阶级统治，国家的本质是一个阶级对另一个阶级的统治，这种统治的基础是经济，即对生产资料的占有；国家是一种机器，国家是由许多部件组成的相互联系的有机整体，国家组织区别于其他社会组织的地方在于，它强迫被统治阶级服从国家意志的能力。恩格斯考察国家的起源后指出："国家决不是从外部强加于社会的一种力量。……国家是社会在一定发展阶段上的产物；国家是承认：这个社

---

① 《马克思恩格斯选集》第 1 卷，132 页，北京，人民出版社，1995。

会陷入了不可解决的自我矛盾，分裂为不可调和的对立面而又无力摆脱这些对立面，……这些经济利益相互冲突的阶级，不致在无谓的斗争中把自己和社会消灭，就需要有一种表面上凌驾于社会之上的力量，这种力量应当缓和冲突，把冲突保持在'秩序'的范围以内；这种从社会中产生但又自居于社会之上并且日益同社会相异化的力量，就是国家。"①

吉登斯沿着马克思主义这一基本的思路理解国家，并把国家与权力结合在一起思考，认为"国家"有时指政府机构或权力机器，有时又指本质上归这种政府或权力所支配的所谓整个社会体系。凡是国家都会牵涉到归其统辖的社会体系的再生产的各个方面实施反思性的监控。② 很明显，吉登斯对国家概念或特征的解说是从国家机器或行政力量这一角度进行的，而且具有了相当的现代性意蕴。吉登斯认为，现代国家区别于传统国家的一个很明显的标志是国界取代边陲，这不仅意味着其有效反思性监控范围的扩大，而且表明了行政影响力的强化。

吉登斯认为，在阶级分化的社会，统治阶级左右着国家机器。他们在国家机器中任职，而国家拥有无限的权力，它经常"专横"地操纵着民众的命运。③ 但是，他认为"阶级冲突"并非是传统社会权力冲突的核心和社会变迁的根源，"我以'阶级分化'来指称传统国家，这是因为，尽管统治阶级和民众在财富和特权方面都有着巨大的差异，但阶级冲突却并非集团格局的主轴，而且，也并非是造成社会变迁的重大转型力量之

---

① 《马克思恩格斯选集》第 4 卷，170 页，北京，人民出版社，1995。
② ［英］安东尼·吉登斯：《民族—国家与暴力》，19 页，胡宗泽等译，北京，生活·读书·新知三联书店，1998。
③ 同上书，82 页。

根源。"①阶级形成并非由国家权力来决定，国家权力同样也并非统治阶级的表现。权力形成中的基础和核心应当是监控。事实上，这一概念在吉登斯的社会理论中始终处于核心位置。在传统社会中，最初的监控形式就是书写文本的产生。吉登斯从语言学的角度入手分析了书写的最初目的，"书写在诞生初期，并不是作为言语的同型表征，而是作为行政记法，被用于保存记载或记录的"②，尽管是最简单意义上的，但书写文本有助于对行政目标需要的信息进行核对和整理，从而使权威性资源得以集中起来，监控为组织的形成和初步发展提供了基础，使组织的行政力量得以建立起来。行政力量得到集中和扩张，新的法律机构得到发展，财政管理模式得到交替运用，同时也推进了民族—国家的发展。

民族—国家与资本主义和工业技术的结合，充分体现出现代性国家权力的表现形式，使权力更加集中化和暴力化，从而从根本上左右了当代社会的实践方式。工业主义制度与军事化制度的结合构成对现代社会的主宰力量，成为政治体系、暴力统治和资源配置的基础，公民权利的消解、集中特定类型的监控活动以及基于国家对暴力工具的垄断来全面运用武力，这三方面都暗示出现代民族国家在极权主义方面的威胁。有赖于科学技术大力支撑的行政力量的全面扩张成为国家统治的必要手段，民族国家本身变成一个权力集装器，体现出马克思所说的"统治阶级的思想在每一时代都是占统治地位的思想"③，行政力量的特性，已

---

① ［英］安东尼·吉登斯：《民族—国家与暴力》，83页，胡宗泽等译，北京，生活·读书·新知三联书店，1998。

② 同上书，51页。

③ 《马克思恩格斯选集》第1卷，98页，北京，人民出版社，1995。

经从整体上改变了人类的生活方式和行为模式，也改变了统治阶级维护统治的模式。

监控的集中化日愈凸显，滋生了极权主义，"在现代的、和平的国家里，信息控制连同极其迅速的通信、交通体系以及复杂的隔离技术，能够直接用于监视人的一举一动，因而产生出高度集中的国家权力"①。在吉登斯看来，现代性国家权力的监控特征，无论是作为暴力工具职能的转化，还是行政力量的扩张，乃至于对商品经济的垄断，都在很大程度上借助了监控的发展，监控、暴力工具、资本和商品垄断以及行政力量之间的合流，使现代国家权力更加异化，成为人的社会实践异化的最基本的力量。

(三)社会实践的优化有赖于健全社会制度的约束机制

马克思主义认为，实践是人类普遍的存在方式和社会生活的根本性本质，实践既构成了人类历史与社会生活的基础，也是改造世界、解决一切问题的基本手段。基于马克思主义的这一基本观点，我们认为，在吉登斯所说的高度风险的晚期现代性社会，实践也必然是克服风险社会问题的基本而必然的途径。当现代性社会发展到把监控、暴力工具、资本、商品垄断以及高度扩大化的行政力量形成合流的时候，人类在实践上似乎有了强大的物化能力。现代社会中人类所具有的规避风险的能力大大强化了，如旱涝灾害的防治、地震海啸的预测与灾后治理，等等，将自然人化的社会生产实践活动的能力和规模史无前例，换句话说，人

---

① [英]安东尼·吉登斯：《民族—国家与暴力》，360 页，胡宗泽等译，北京，生活·读书·新知三联书店，1998。

类规避外部风险的能力达到全新的高度，但人类承受内部风险的压力也达到空前的高度。

面对外部风险的巨大压力和灾难性的后果，尤其是国家权力滥用所带来的恶果，吉登斯尝试用历史经验的总结、现实社会状况的描述与现代科学认识相结合的三位一体的方法，来理解制度性风险的实质，为他的反思的现代性理论，建立起一套具有整体性特征的反馈机制模型，科学分析制度性风险与在实践中解决风险的策略，发挥制度性实践的优势，形成能够对权力进行约束的一般机制，改善社会运行方式，把社会风险降低到最低限度。

如上所述，在吉登斯的反思性的现代性理论中，反思性被认为是贯穿于人类的生产与再生产的所有活动过程中的社会行为，它是一种行动的惯常性联系的体现，即行动与思想互相反映，进而促成了人的实践活动及其合理性。在他的结构化理论中，吉登斯强调，人作为实践主体受主观的实践意识的支配，同时也受着客观环境等社会结构要素的影响，表明人的实践行为与社会结构是相辅相成的关系。不难看出，关于人的实践活动的本性与内涵，在反思的现代性理论和结构化理论中，吉登斯赋予其内在一致的表述，即行动与思想互相反映和实践行为与社会结构相辅相成，这就清晰地表明了主体意识与实践行为之间的深层关联。如果说在现代性社会中，人类总体的社会实践是由基于制度的权力的根本性作用表现的，那么，根据行动与思想互相反映和实践行为与社会结构相辅相成的认识，作为结构性存在的制度与作为受思想指导的实践之间关联，其实质就是思想、制度与实践三者之间相辅相成，这种关系可以恰当地被看成人的实践的行为投射，其中，反思性形成了思想，实践受制度和思想的制约与指导，制度又在实践中不断更新和发展，构成新思想产生的源泉和基础，三者之间形成了一个反馈性的系统存在和发展的内在机制，由此发展出人类实践的主导性方向。实践活动、社会制度与人类思想之间关系的反馈性机制的形成，有着重要的认识论和价值论意义，正是在这样的反馈性机制的作用下，吉登斯深入讨论并建构了现代性社会四种制度整体构成以及与人类实践和思想之间关联的机制模型，阐述了如何在社会存在的二重性与社会实践的二重性之间寻求利好的现代性社会发展形式，尝试在整体的反馈性的系统机制中，探寻指导人类实践的最好方式。

理解现代性社会的四种制度、人类思想与实践导向的关系，吉登斯建立起了一个整体性的反馈机制模型，仔细讨论了它们之间的内在关联性。

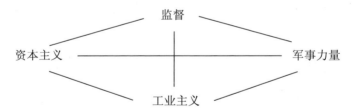

资料来源：转引自吉登斯《现代性的后果》，译林出版社，2000年版，第52页。

图 3.2

图 3.2 清晰地表明，在现代性的社会，资本主义、工业主义、军事力量、监督四种制度构成了一种整体的现代性的制度形式。吉登斯对这幅图的解释，我们在前面已经做了初步讨论，在此，我们想结合人类实践过程，从双向互动的机制方面，深化对其内涵的进一步认识。

我们看到，资本主义制度已经成为现代性社会的主要制度形式，它的首要内涵是经济制度，或者说是人们在经济领域的实践，包含着竞争性劳动和产品市场下的资本积累，中心是对资本的私人占有和无产者的雇佣劳动两者之间的关系，这个关系也构成了阶级领域的主要内容①。无论资本主义社会多么复杂，经济实践是其强劲的内驱力，它一次又一次的打破了社会平衡，创造出现代性的新经济秩序，无论采用什么样的竞争和扩张方式，其基础是普遍持续的技术创新②，这正是工业主义之所以能够兴起和存在的理由，工业活动的社会实践的必要性和不可替代性从资本主义自身中得到说明。经济实践与工业实践的结合，构成资本主义社会中资本积累的基本手段。在现代环境下，生产逐渐规模化、协调化、效率化，工业主义的重要后果之一就是通信技术上的变革，它让现代性制度的全球扩张有了可能性。资本主义懂得要用法律来规范人的社会行为，监督作为人类社会的一种基本的实践活动形式，是对权力的规范。这样，工业和监督就构成了对资本主义制度的强化，进而，资本主义需要一个稳定的、安全的社会环境，于是，建立了强大的军事力量和缜密的军事制度，以暴力手段汇集到了国家权威之中，逐渐成为军事现代化的强大国家，保证了资本主义制度的顺利发展，保障了工业和社会监督的正常进行并使之得到不断地强化。显然，这里的解释属于一种正反馈的社会运行机制，这种机制使其内在包含的四种制度都得到加强，而且越来越强势。

　　然而，从人类实践的二重性来看，这四种制度在正反馈的放大机制

---

　　①　山小琪：《现代性的制度之维》，载《江淮论坛》，2005(3)。

　　②　[英]安东尼·吉登斯：《现代性的后果》，50页，田禾译，南京，译林出版社，2006。

中，其负面的效应也被放大了。在资本主义制度中，由于资本积累的欲望是无穷的，而可获得的资源是有限的，因此，全球性的扩展就是必然的，这就带来了社会风险。同时，对工业技术的要求也越来越大，创新和改进的速度越来越快，从而带来了意想不到的后果，这种不管后果的经济权力中心和工业至上主义，破坏性的后果是严重的，这就需要进一步强化监督和监控，乃至于使监督和监控达到无孔不入的地步，并借助强大的军事力量来保证内部的稳定和对外的扩展，区域的纷争和矛盾带来战争，甚至引发全球性的战争。军事力量会带来具有严重后果的风险，单独使用一般武器的大范围的军事战争也会带来毁灭性的破坏，且因为科学和武器技术在持续革新，新的武器装备不断出现，而它们的可怕威力并不亚于核武器。① 这种风险一旦爆发的话，就会带来诸多直接、致命的后果。于是，强势的国家政治和意识形态制度、经济制度、工业制度、监督制度以及军事制度合为一体，促使现代性社会的负面效应被放大，风险的强度也就越来越大。

上面的分析使我们看到，现代性社会的由四种制度构造而成的正反馈机制，带来两方面的后果，一方面是所谓强势发展的状况，另一方面是同样强势发展的负面效应，二者的尖锐对立，构成现实社会实践的矛盾和对抗的现实，并成为社会实践主要导向的两个极端方向。

从现实社会一般发展的状况来看，实践机制所带来的问题还远不止于此，情况更加复杂，风险更加凸显，实践导向的这两个方面被推到极

---

① ［英］安东尼·吉登斯：《现代性的后果》，151 页，田禾译，南京，译林出版社，2006。

点。吉登斯基于他的整体性的反馈机制模型，建立了一个反馈机制模型。

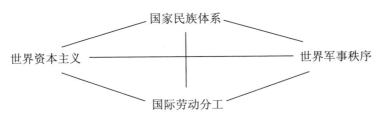

资料来源：转引自吉登斯《现代性的后果》，译林出版社，2000年版，第62页。

图 3.3

从图 3.3 可以清晰地看到，资本主义已经转变为世界资本主义，工业主义转化为国际劳动分工，监督转变为国家民族体系，军事力量转变为世界军事秩序。进一步的分析可以看出，这仍然是两个正反馈的世界秩序运行过程，现实的国际矛盾和对立，能够从这一幅图得到清晰的说明，也就是说，现代性社会的实践导向仍然是所谓强势"发展"的和具有巨大负面效应的，这是挥之不去的时代特征。限于篇幅，我们在此就不详细分析了。

基于如上两对正反馈的现代性社会运行机制，吉登斯建构了一个现实实践活动中风险存在的反馈机制。

图 3.4 同样由四部分组成，也就是有四个一般性构成要素，包括经济增长机制的崩溃、极权的增长、生态破坏和灾难以及核冲突和大规模战争。我们看到，吉登斯在这里是以现代性社会中人类实践活动的结果作为构成要素来分析的，核心的问题或者说作为起点的问题，仍然是经济问题。在现代社会中，经济中心的价值理念带来的后果之一就是追求经济的无限制的增长，然而，增长是有极限的，无限制必然带来增长机

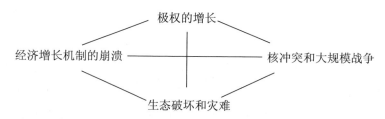

资料来源：转引自吉登斯《现代性的后果》，译林出版社，2000年版，第150页。

图 3.4

制的崩溃，与此同时，对经济无限增长的追求，会带来两个方面的重大问题：一方面是极权的增长，把权力推向人类实践的最高点，走向极权主义的境地，这是极其危险的，因为，极权主义的极端表现形式就是法西斯主义和独断主义，对人类社会来说，任何极权主义、法西斯主义和独断主义都是巨大的灾难，都难免陷入泯灭人性的地步；另一方面是生态破坏和灾难，这方面的恶劣后果在此无需多言。仅仅是极权主义和生态危机，人类就已经很难承受了，但更有甚者出现，那就是核冲突和战争。争夺资源，在有限的时间和空间中追求无限的增长，各种冲突就会愈演愈烈，直至核冲突和无情的战争。在吉登斯的这个关于社会风险的反馈图式中，仍然是正反馈机制起了根本性的作用，也就是说，经济增长机制的崩溃必然催生极权的增长与生态破坏的灾难，就会引发战争甚至核冲突，而战争反过来又强化了极权和生态破坏，结果是对经济增长提出更高的要求。风险社会的这种正反馈的强化机制是十分可怕的，这样的实践导向不仅不利于现代性社会，而且最后会把人类推向毁灭的境地。因此，人类必须做出价值选择，优化人类的实践导向，引领社会向着利好的方向发展，对此，我们将在下一节做出分析和讨论。

综上所述，吉登斯关于实践导向与利好的现代性社会的思想，在深入揭示了主体意识与反思的现代性关系的认识的基础上，聚焦现代社会风险与民族—国家的关系，以现实主义的思想方法，首先深入分析和回答了为什么说社会实践的风险是现代民族—国家权力失控的直接后果的问题，为正确把握社会实践中实践活动与权力的关系，奠定了思想基础，进而提出民族—国家权力是主导现代人类实践的根本性力量的主张，结合权力、国家的内涵和特质以及国家和权力之间的关系，系统地阐述了他的思想。在此基础上，吉登斯借助于图式化的方式，结合历史以及现代科学的系统认识，建立了现代性社会的一般实践活动及其导向的反馈机制模型、人类活动和实践导向的反馈机制模型和现代性社会人类风险的反馈机制模型，从而深入细致地阐述了优化社会实践有赖于健全社会制度的约束机制等问题。这些认识构成了吉登斯现实主义价值论思想的关于人类实践及其导向的核心内容，对于我们正确把握现实的人类实践活动的一般状况和特征，不无启示作用。

三、价值选择与超越的现代性

　　吉登斯关于现代性社会的三个正反馈的运行机制模型，为我们描绘了一幅社会哲学的透视画。它展现出现代民族—国家、整体的现实世界以及个人现实实践活动的状况与方式、亢奋与无奈、欣喜与焦虑、进步与多舛。如何应对这种局面，作为理性的人类而言，毫无疑问必然需要依赖体现理性能力的人类的价值选择，是实用主义地接受现实还是保持茫然的乐观主义，是陷入犬儒式的悲观主义还是在理性认识的基础上选择对世界的改造，对于吉登斯来说，作为一个深受马克思主义影响的社会理论研究者，他发出必须从根本上改变现实的现代性社会的呼唤，针对已察觉到的危险之根源，在社会运动中进行实践性搏击，选择改造世界的有效价值观，为此，他建构了一种乌托邦式的现实主义解决方案，提出了超越的现代性理论、整体变革的社会治理和激进的生活政治等主张，从而形成了他在现实实践活动中改变世界的价值选择思想。吉登斯的这一思想，对于人类从理论和实践两方面摆脱现实困境，颇有教益。

（一）现代性社会的内在生命力在于超越性"再生"

在吉登斯的社会哲学理念中，现代性社会之所以走到与文艺复兴和启蒙思想相背离的境地，主要在于价值选择的背离、理论认识上的偏差和社会实践上的极端化，现代性与资本主义的结合是人类现实悲剧的根本原因，然而，这并不意味着现代性社会已经走向死亡，而是必须重新选择社会发展的道路，改变现实的社会制度，使现代性社会焕发出新的光彩。显然，重新选择人类的价值理念和发展道路是艰难的，必须以认清现存的社会制度不合理为基础。

在吉登斯看来，资本主义不仅不可能是新现代性社会的价值选项，而且还是必须放弃的选择。对于资本主义来说，它逃不脱最终被废止的命运。因为在资本主义社会，起初保守主义是为封建主义辩护的，反对启蒙运动，但随着资本主义的发展，老保守主义被毁灭了，然而它又以多种形式的新保守主义的面貌出现。新保守主义承认资本主义和自由民主制度在我们今天的生活中具有普遍的影响，但他们认为资产阶级秩序毁灭了有意义的社会存在赖以生存的传统符号和实践①，因此，具有反资本主义的情结。资本主义真正依靠的是一种世俗的清教主义，或者说是自由主义，尤其是新自由主义。新自由主义者不再把资本主义企业看作现代文明的问题来源。与之完全相反：它是所有一切善事的核心。市场竞争制度不仅使经济效益最大化，它也是个人自由和社会稳定的主要保证者，把功能齐全的市场看作自发社会秩序的主要实例和主要的制度依据，相信自由社会的利益可以扩展到整个人类。然而，新自由主义和资本主义在今天都遇到了巨大的挑战，诸如全球变暖，臭氧层被破坏，大规模污染或沙漠化，大规模的战争，全球经济崩溃，人口过剩，空气、水或食物污染，等等，带来一系列严重的政治和道德问题。资本主义经济的扩张，富裕国家福利制度的困难、阶级关系的实质性变化，两极分化社会的加剧以及法西斯主义和对民主的破坏，这些都无法在资本主义制度中得到解决，甚至其"解决问题的方法只能使问题更糟"②，从而使人类进入一个反思性的社会。正如我们所看到的，吉登斯在《社会学批判的导论》等其他多部著作和论文中都对当代工业主义和资本主义的问题做出过分析③，这些分析使我们对资本主义的现实有了更全面的了解与思考。

那么，社会主义是不是应该被选择呢？在吉登斯阐释他的思想的时

① ［英］安东尼·吉登斯：《超越左与右——激进政治的未来》，31 页，李慧斌等译，北京，社会科学文献出版社，2000。

② 同上书，164 页。

③ ［英］安东尼·吉登斯：《社会学批判的导论》，18—25 页，郭忠华译，上海，上海译文出版社，2013。

代，社会主义的代表是苏联式的社会主义，但它已经陷入困境。对于苏联式的社会主义，吉登斯认为，根据现实的变化，我们应该可以解释社会主义（指苏联式的社会主义——作者注）确实是难以自保了，当我们遇到的大部分风险不是人为的时候，并且社会反省性的程度还相对低的情况下，苏联式的社会主义还可以良好地运行。当这些情况不再存在的时候，苏联的社会主义或者崩溃或者被迫处于守势。① 换句话说，苏联式的社会主义也不是正确的价值选择。人类必须重新选择道路，那就是第三条道路。

吉登斯认为，苏联式的社会主义的基础是所谓的社会生活的"控制论模式"，按照控制论模式，一个体系（对社会主义来说，指的是经济）可以通过服从于一个指导性的智者（国家）来实现最优的组织。但是，虽然这种建构对于更和谐的体系——指的是一个低反思性、有非常固定的生活习惯和方式的社会——来说可以合理有效地运行，但是对于高度复杂的体系就失去了效力。这些体系依靠大量的低层次的输入来实现它们的和谐（在市场条件下，这种输入是由多种地方定价、生产以及消费决定提供的），人类的大脑可能也是以这样的方式工作的。有人曾认为，大脑是一个控制体系，在大脑中脑皮层负责把中枢神经系统整合为一个整体。但是，目前的理论更强调低层次的输入在产生有效的神经整合的过程中的重要性。因此，苏联式的社会主义是垂死的，这是一个更为合理的判断，它已经在很大程度上被消解了。

---

① ［英］安东尼·吉登斯：《超越左与右——激进政治的未来》，7—8 页，李慧斌等译，北京，社会科学文献出版社，2000。

基于这样的看法，吉登斯认为，甚至市场社会主义也是行不通的。瑞典模式的成功不可能说明市场社会主义可以普及所有的或大部分经济秩序，因为(1)资本不可能被废除；(2)中央计划经济所造成的困难有可能重新出现；(3)经理的正常选举有可能产生不利的结果；(4)公司资本会因为倾向于躲避风险而造成企业停滞；(5)由于个人股份的降低而使企业不积极吸纳新工人；(6)由于个人不能带走股份而影响企业间的人员流动；(7)社会主义将出现大量的结构性失业，技术停滞，对资本的无序政治拍卖以及中央政府为了防止或纠正工人合作社的弊端而采取的频繁的行政干预。①

吉登斯对苏联式的社会主义给予了彻底的否定，对资本主义社会不仅给予全方位的批判，而且断言必须放弃，这一点，是英国新马克思主义的共同立场。长期以来，英国的马克思主义以苏联的社会主义为楷模，然而，自1956年以来，英国的马克思主义，尤其是年轻一代的马克思主义者，开始彻底否定苏联式的社会主义。对于资本主义的批判，新马克思主义者认为，"西方福利资本主义具有极端的虚假性和迷惑性，人民真正的权利被国家垄断，在福利制度的外衣下，公民的人格被蹂躏，权利被剥夺，人更被异化。所以，他们试图寻找第三条路，寻求英国式的马克思主义道路，要使马克思主义英国化"②。《超越左与右》就是吉登斯探寻第三条路的代表作。不难看出，英国人的这些工作，其实是马克思主义社会批判精神传统的现实表现，是一种社会批判行为，它

---

① ［英］安东尼·吉登斯：《超越左与右——激进政治的未来》，4页，李慧斌等译，北京，社会科学文献出版社，2000。

② 乔瑞金等：《英国的新马克思主义》，583页，北京，人民出版社，2013。

对于人们理清思路、准确认识现实，有不可替代的作用。吉登斯本人特别推崇马克思的社会批判精神，认为正是马克思开创了批判主义的理论传统①。同时，我们必须指出的是，吉登斯许多时候把苏联式的社会主义等同于马克思主义的社会主义思想，这是我们不能接受的，事实上也不是一回事。另一方面，他在否定苏联式社会主义时，完全看不到其可取之处，也是一种历史虚无主义的表现。

吉登斯自认他所说的第三条道路，也就是他的超越的现代性理论，已经得到了正当性证明。我们知道，吉登斯的社会理论的鲜明特色就是其研究的对象集中于对资本主义的高度现代性社会的分析，此种分析主要是两种途径。一种是基于对传统经典社会理论的超越而提出的他的结构二重化理论，并用此理论作为他解释社会历史的基本解释框架；一种是在经验事实的基础上，吸收当代其他社会理论学者的观点，如贝克等人的思想，结合他自己的解释框架，给出现实层面的决策性意见，也就是他所说的第三条路。他对现代性社会分析批判的这两种基本的路径，在他出版的三部曲的第一部中，就交代的很清楚。

在《历史唯物主义的当代批判：权力、财产与国家》的第二版序言中，吉登斯说，总体来看，他的学术思想"代表了对晚期现代性批判理论的勾画和证明。这种批判理论必然具有以下三个组成部分。首先，从行动、结构和历史解释等基本问题的角度来看，它必须做到'方法论上的得当'。……其次，这种批判理论还必须与对现代性的制度性分析相

① ［英］安东尼·吉登斯：《社会学方法的新规则》，3页，田佑中等译，北京，社会科学文献出版社，2003。

契合。……现代性不是某种单一的制度性建构：现代社会是沿着一系列迥然相异而又彼此联系的制度性维度发展而来的。……最后，在一个'历史'不再存在其目的或者总体演进图式的世界里，一种重构的批判理论还必须把握批判的含义，及其如何证明其正当性"①。

那么，这第三条道路的价值选择内涵是什么呢？吉登斯把它称作"激进政治方案"。吉登斯说，"我提出的观点可以归纳为重构激进政治的六点框架，它虽然从哲学保守主义那里汲取了营养，但是仍然保留了一些社会主义思想的核心价值"②。并认为他给出了一个关于人类在现阶段乃至未来应该发展的基本方向。

在《超越左与右》的导论中，吉登斯十分明确地阐述了激进政治方案作为新现代性社会价值选择的基本要点。在他看来，第一是团结，认为我们一定要关注修复被破坏的团结，要有选择地保留传统，甚至重塑传统。我们应该更多地关注个人生活和集体生活被重新组合的条件，因为这些条件不仅提供了确定的社会解体形式，而且为启发性团结提供了新的基础。第二是加强生活政治的实现，摆脱解放政治的核心地位。解放政治是一种生活机会的政治，因此是创造行动自主性的核心。生活政治则不同，因为它不是生活机会的政治，而是生活方式的政治。它关注某些争论和斗争，后者与我们（作为个人和集体性的人）应该怎样生活在一个过去被自然或传统固定，现在服从于人类决定的世界有关。第三，强

---

① ［英］安东尼·吉登斯：《历史唯物主义的当代批判：权力、财产与国家》，4 页，郭忠华译，上海，上海译文出版社，2010。

② ［英］安东尼·吉登斯：《超越左与右——激进政治的未来》，12 页，李慧斌等译，北京，社会科学文献出版社，2000。

化积极信任。积极信任意味着能动性政治（generative politics）的理念，它与社会反思性的普遍化相关，如此一来，积极信任便于把国家与社会中自由的反思性动员联系在一起，在社会整体关怀和目标的环境下，寻求使个人和团体完成任务，而不是凭借国家为他们完成任务。第四，在反思的社会秩序中，进行更彻底的民主化，强化对话民主，扩大政府的透明度以及全方位的沟通。第五，改革福利国家，把福利依赖转变成积极福利。第六，消除各种各样的暴力。① 吉登斯的这一理论概括，再一次显示出自己对各种理论的归纳包容能力，以及对当代西方社会变迁的更合理的解释②。

在吉登斯的激进政治方案的价值选择中，他自认为保留了社会主义的核心价值，这是符合实际的。事实上，吉登斯一再强调马克思的思想对于他的社会批判和形成新的社会发展思想的重要性和价值意义，他批判了各种反马克思主义、改良的马克思主义和西方马克思主义对马克思的错误认识，认为马克思主义并不像一些人所说的那样，已经失去了根本的意义，而是对于解决现实的社会困境和问题，仍然是中肯的思想，正如吉登斯在《历史唯物主义的当代批判：权力、财产与国家》中所说，"如我在本书的初版序言中所说的那样，马克思主义以前也被宣判过死刑。但却不止一次从骨灰中爬起，而且经常是那些试图挑战它的思想流派使它重获新生。因此在过去的岁月里，出现了如黑格尔主义的马克思主义……结构主义的马克思主义，等等。……当世界上所有国家出现前

---

① ［英］安东尼·吉登斯：《超越左与右——激进政治的未来》，12—19 页，李慧斌等译，北京，社会科学文献出版社，2000。

② 同上书，40 页。

所未有的危机时，当财富和权力的不平等鸿沟足够宽阔之日，在这些情况下，可以肯定，马克思主义仍将存在中肯的地方"①。

　　在充分吸收和坚持马克思主义基本思想和社会主义核心价值的基础上，吉登斯认为他所提出的激进政治方案，并不是要把什么外在的价值理念强加于这个社会，而是从现代性社会的发展中总结和概括出适合于现代性社会发展的一般价值理念，现代性社会之所以具有生命力，是因为它自己具有再生的秉性，是因为它自己具有反思和再结构化的能力。正如他所说，"对知识的反思性运用，本身既充满活力，又必然变幻不定，它渗入了连接时间—空间的巨大跨距之中。脱域机制，通过将社会关系从它们所处的特殊地域'情境'中提取出来，使得这种时—空延伸成为可能"②。

　　知识的反思性运用和脱域机制，在时空延伸的可能性中不断扩展，以及社会实践系统的再结构化，提示了新的价值选择的主要理念、核心思想和行动方向。基于激进政治方案的价值选择的一般理念和核心思想，吉登斯主张实现超越的现代性社会必须立即行动起来，在"革命实践"中使现代性社会的生命力再生出来，那就是：要从外部世界退却转而聚焦日常问题和目标的实用主义的现实接受③；要坚信自由理性和科技进步的乐观主义；要通过社会运动动员起来，降低现代性的风险，从

---

　　①　［英］安东尼·吉登斯：《历史唯物主义的当代批判：权力、财产与国家》，8 页，郭忠华译，上海，上海译文出版社，2010。

　　②　［英］安东尼·吉登斯：《现代性的后果》，47 页，田禾译，南京，译林出版社，2011。

　　③　雷蒙·威廉斯称之为"X 计划"。"X 计划"是一种新的关于战略优势的政治。他确信现代性世界中很多事超出人的控制能力，而凡是能预测或计划的都不是短期可见的实际利益。此计划体现的是一种悲观、焦虑的生存心态。

而战胜它们。吉登斯说:"只要现代性的制度持续下去,我们就永远不可能完全控制驾驭的路径或速度。相应地,我们也不可能完全感到安全,因为它所穿越的这些领域都充满了具有严重后果的风险。本体性安全和存在性焦虑这双重感情将彼此爱恨交加地共存下来。"①也就是说,坚决改变现代性的资本主义特征,人类就能够找到安身立命之所,只有打破资本主义的非理性方式,破除市场的疯狂,使人类需要得到有节制的满足②,使现代性的生命力获得再生。

吉登斯强调,为了使激进政治的价值选择能够在实践中得以践行,"必须恪守马克思主义的原则,即如果没有同制度的内在可能性结合起来的话,寻求社会变迁在实践上就没有什么作用"③。换句话说,正是基于对现代性制度的内在可能性的结合,才形成了吉登斯激进政治价值选择的基本思想,并在实践中寻求社会改造的方式方法,从而达到社会改造的目的。

(二)贯彻超越的现代性价值理念重在社会治理实践

吉登斯的社会哲学思想始终是围绕着我们当下的社会及其构成的特征、方式、影响等社会事实性问题展开的,对于吉登斯来说,一旦形成超越现代性的激进政治的价值思想,重要的就是要在实践中贯彻,要在社会治理中实施。吉登斯希望他的激进政治的价值选择能够对社会治理

---

① [英]安东尼·吉登斯:《现代性的后果》,122页,田禾译,南京,译林出版社,2006。

② 同上书,122页。

③ 同上书,136页。

中的问题分析提供有意义的方法，能够给出一种出路，希望他的"第三条道路"能够走得通。

结合社会治理问题，如何使激进政治六方面的价值选择在实践中得到落实，吉登斯尝试从整体上来考虑问题，给出了一种整体主义的治理方案。他认为，问题的关键在于要认识到目前的治理方式必须适应时代的新情况，而不在于是要更大的政府还是更小的政府，国家权威，包括国家的合法性，必须在一种积极的基础上得到重构。在一个后传统社会中，权威无法再通过传统的象征性符号或者通过声称情况向来如此而获得合法性。① 我们知道，吉登斯把现实的现代性社会看作晚期现代性社会，一个后传统的社会。由于各个国家发展的先后和程度不同，因此很难做到整齐划一，激进政治的价值选择也不可能千篇一律。然而，既然在现代社会的时代，整个人类都卷了进来，即所有国家都在追求，甚至是急切地追求现代性社会，因此，无论各个民族—国家的具体情况多么不同，但总体性的重点应该具有一致性，也正因为如此，激进政治的价值纲领就可以转化为对所有国家都适用的具体的治理方式，使整个世界逐步推进到超越的现代性社会中去。

吉登斯的具有普遍适用性的具体治理方案包括了两方面的内容：一方面是对所有国家治理的要求；另一方面是对所有现实社会自身治理的要求。也就是说，吉登斯把社会治理区分为两个部分，一部分是国家层面的治理，另一部分是社会层面的治理，以此把他的现实主义的价值选

---

① ［英］安东尼·吉登斯：《第三条道路：社会民主主义的复兴》，76 页，郑戈等译，北京，北京大学出版社，2000。

择理念贯彻到所有国家和社会中，从而实现超越的现代性社会治理的整体效果。

对于国家层面的治理来说，吉登斯指出：第一，国家必须做出结构性的回应，任何国家都不可避免地要从国家结构方面做出适应性的应对；第二，国家应当扩展公共领域的作用，而不仅仅是作为统治或监督的工具，这意味着国家要迈向更大的透明度和开放性的宪政改革，并建立防治腐败的新的举措；第三，为了保持或者重新获得合法性，国家必须提高其行政管理效率，而不仅仅是扩大它的功能；第四，国家必须采用新的民主形式；第五，国家的合法性越来越取决于他们管理风险的能力。对风险的管控不能仅仅依靠专家系统，而是从一开始就需要公民的全程参与，也就是说，国家在产生风险决策的每一个步骤上，都需要有一定的协商程序，这一程序通常必须有专家、政府和外行人士参加，协商的范围必须扩大；第六，国家必须建立有效的民主制度，民主化不能仅仅被当成一个地区或者一个国家的事情，国家应当具有全球性的眼光。① 我们看到，在吉登斯给出的变革社会治理的新模式中，他特别强调了国家功能的转变、公民的共同作用以及民主制度的合法性和有效性等方面，以此来遏制权力的滥用。

对于一般社会层面的治理来说，吉登斯从能动性政治和福利方面来考虑问题，他结合贫穷治理问题做了十个方面的思考，实际上给出了一个完整的社会治理的具体方案，把他的激进政治的价值选择贯穿于其

---

① ［英］安东尼·吉登斯：《第三条道路：社会民主主义的复兴》，76—82 页，郑戈等译，北京，北京大学出版社，2000。

中。吉登斯认为，一种"可供替代的发展"会是一种能动性的政治方案，具体包括：第一，强化"反思性参与"的作用，汲取营养，进一步推动社会的发展；第二，必须把破坏的限度放在社会发展基本的考虑范围之内，包括本土文化保护和环境保护。发挥现代化的利好方面的功能，避免有害的结果；第三，要把生活政治问题看作解放政治的核心，不要简单地用其他方法达到解放的目的，尤其需要解决生活方式问题和伦理问题。在本土文化和环境资源被肆意浪费的环境下，"如何生活"的问题实际上对于穷人特别重要。要为人的自主、自立而进行斗争；第四，把属于发展的真正含义的"自立"和"诚实"充分展现出来，不仅仅是发展市场，而是要在发展中重建本土的团结和社会支撑体系；第五，把生态危机与浪费型的生产和消费方式造成的环境灾难降到最低，加强环境的损害和保护，尽可能为了后代使用可再生资源和存在基础进行治理，避免采用短期的和破坏性的做法；第六，提高妇女相对于男人的地位，建立平等的社会；第七，要把强调自主保健放到发展的首要地位，树立保健不仅是每一个人的权利，而且是每一个人的责任的观念，把自我保健作为任何健康计划或活动的主要目标，给普通人提供清晰明确的信息以预防并在他们的家中解决大多数的保健问题，提供更及时、更便宜而且效果更好的诊病与治疗，加强医疗知识的普及、基本的保健制度和普遍的社会信任；第八，充分发挥家庭的纽带作用，为家庭的所有人，尤其是妇女和儿童提供任何制度都无法提供的、充满深情的、实实在在的资源和社会保障；第九，在家庭和其他领域，建立一种不仅强调权利而且强调责任和义务的发展模式；第十，克服完全从本土角度组织发展的短视行为，也要依靠来自像国家、商业组织和国际组织这样的"大部队"的干预。这种干预在本质上是启发性的，随时满足地方的要求，保护地方的利益，推进全球平等的实现。①

吉登斯通过对贫穷这一社会治理的重要方面的思考，把他的激进政治的价值选择理念在指导人类实践方面的意义充分展示出来，从如上所说的十点具体方案性的建议，我们可以看出他突出了六个方面的重要社会实践对解决贫困问题的价值意义。第一，他把加强发展过程中的"反思性参与"摆在首位，这既是他一贯坚持的反思的现代性思想的核心理念，也是对激进政治中把社会团结作为第一价值思想的有效贯彻；第二，他强调了利好现代性的重要方面，即充分发挥现代性社会有利于人的一面，在发展的同时把破坏降到最低程度；第三，把解决人的生活问题(如家庭、保健、诊治)放到最重要的位置加以考虑；第四，突出自主、自立等主体意识培养的重要性；第五，把社会的可持续发展、生态文明建设看作最基本的发展理念；第六，社会平等、正义、民主等方面的建设。这些具体实践的内涵，与他的价值选择是完全一致的，也是社会治理的一般举措。

无论国家层面的社会治理还是一般社会层面的社会治理，都需要通过斗争来实现。由于现代性社会是一系列特定的对待世界的态度，一种世界观，因此，需要通过斗争来改变人们的态度，改变国家的认识，使国家和人民从保守转变到持开放的态度。现代性社会包含了错综复杂的经济组织、工业生产和市场经济，因此，只为获取资本和利润的观念必

---

① ［英］安东尼·吉登斯：《超越左与右——激进政治的未来》，164—168页，李慧斌等译，北京，社会科学文献出版社，2000

须改变，树立超越现代性社会的价值选择，才能推进国家和社会治理的
进步，使国家层面和社会层面的治理达到所要求的高度。现代性社会特
定领域内的政治组织，包括民族—国家和一般社会，都需要实行广泛的
民主，而民主的实现并不是一句空话，只有斗争才能实现。现代性社会
作为一种复杂性的组织，它与先前的文化形态根本不同，是面向未来
的，而不是面向过去，因此，树立可持续发展的价值理念尤为重要。

吉登斯认为，超越性的现代性社会的价值理念是一种可持续发展的
理念，从某种意义上来说，国家和社会治理的实质，就是建立一个可持
续的生态文明的社会，正如吉登斯所说："对我来说，目标是在生态可
持续原则的基础上，向着一个世界主义的全球社会发展，这个社会的财
富积聚与对不平等的控制是彼此协调的。我并不把这看作完全的乌托
邦。"①确实，可持续发展作为一项指导性原则，而不是一种公式化表
达，非常适合生态现代化这一更为宽泛的概念，用可持续发展替代确定
性的增长，侧重点在于预防而不是补救，将污染等同于无效率，将环境
规治与经济增长视为互有裨益。吉登斯认为，"生态现代化意味着这样
的一种合作关系：处于这种合作关系中的政府、工商企业、温和派环境
保护主义者以及科学家们，在沿着更具有环境保护说服力的思路对资本
主义政治经济进行重建的过程中进行相互协作"②。

吉登斯在国家和社会治理的思想内涵中，突出知识、科学技术合理
运用的价值意义，认为"在一定程度上，……科学与技术变革日益加速，

---

①　[英]安东尼·吉登斯：《第三条道路：社会民主主义的复兴》，177 页，郑戈等
译，北京，北京大学出版社，2000。

②　同上书，61 页。

并且它对我们的生活所发生的影响逐渐变得更加直接，意义也更加深远。我们可能曾认为'环境'即为自然世界，但是它现在当然已经不再只是这样了。许多过去属于自然界的事物，现在既可能是人类活动的产物，也可能受到人类活动的影响。这不仅包括地球气候的外部世界，而且还有人体的'内部环境'。不论好坏，科学技术已经浸入人体之中，并且已经重新划定了那些通过人工制作才能获得的东西与那些完全需要从自然界中获得的物质之间的界限"①。

国家和社会治理的基本目标就是消除社会风险，通过充分发挥个人自主性与科学技术变革带来的广泛影响，把由我们自己制造出来的最大的社会风险降到最低，同时又使我们能够把注意力转向这些风险所伴生的各种机会，去发展现代化的事业。吉登斯认为："风险不只是某种需要进行避免、或者最大限度地减少的负面现象；它同时也是从传统和自然中脱离出来的、一个社会中充满动力的规则。"②由于风险涉及那些主动寻求与之面对，以及对其进行估量的危险，因此，在一个面向未来并充满信息的社会中，需要把关于风险的主题和政治的其他各个不同领域联结起来共同加以考虑，诸如福利国家改革，参与世界金融市场，对技术变革的反应，生态问题，地缘政治的变化，等等。通过国家和社会治理，建立起抵御风险的保障机制，同时培育出一种积极的方式来对待和解决风险。由于现代化不是直线型发展的，它不等同于经济增长，因此，建设一个促进社会包容性的国家显得尤为重要，并应使这样的国家

---

① ［英］安东尼·吉登斯：《第三条道路：社会民主主义的复兴》，61—62页，郑戈等译，北京，北京大学出版社，2000。

② 同上书，66页。

在培育跨国治理体系的过程中发挥重要的作用。

　　基于激进政治的价值选择和整体性的社会治理，吉登斯特别主张国家和公民社会的合作，强调每一方都应当同时充当另一方的协作者和监督者，把建设美好的共同体（或社区）看作新型政治的根本所在，是共同体与公民共同发挥作用的结果。正如吉登斯所说，美好共同体的建设，"不仅意味着重新找回已经失去的地方团结形式，它还是一种促进街道、城镇和更大范围的地方区域的社会和物质复苏的可行办法"①。因为反思性的现代性社会必定以高度自治的组织为标志，同时也是公民素质不断提升的社会。尽管吉登斯并没有对公民素质的具体表现、规范原则等展开思考，而是强调了公民素质的功能意义，这和吉登斯正在讨论的晚期现代性社会的不确定性、高风险性的认识密切相关，也就是说，吉登斯认为能够为公共生活的安全做出贡献、履行义务、承担责任就是这个时代社会公民必须要有的整体素质。它是一个关于公民素质的总的纲领性要求，同他提出的生活政治的主张内在契合。因为不是一个高度理性自主的个体就没有可能在不确定的风险环境中进行自主选择和有效的风险管理，因而作为公共生活的自己也就会处在不安全状态中，所以，自治能力是公民素质的当然要求。

　　我们也看到，吉登斯突出了国家和社会治理的包容性，并确定它为平等的基本内涵，而把不平等看作排斥性。包容性意味着公民资格，意味着对社会所有成员所拥有的民事权利、政治权利以及相应的义务的确

――――――――――

　　① ［英］安东尼・吉登斯：《第三条道路：社会民主主义的复兴》，83页，郑戈等译，北京，北京大学出版社，2000。

认，意味着机会以及在公共空间中的参与的合法性。排斥则意味着把属于某些群体的人排除在社会主流之外的机制，强调社会结构具有的排斥功能，而不是个体之间的相互拒斥。这就是说，要从社会结构上保证公民权利，突出人与人之间平等的重要性，给予共同体成员，也就是国家或社会成员平等的生活机会，幸福生活的机会，维护人的尊严。

在国家和社会治理实践的问题上，如果说吉登斯突出强调了价值选择和一般社会实践机制的重要性，那么，人作为实践主体，在社会治理中所具有的作用同样也是吉登斯特别关注和强调的内容。现代化社会治理既是现代化社会建设的题中之义，也是现代化社会建设的理性推动，社会主体的自治能力，在一定意义上起着"轴心"作用，吉登斯在他的论述中也特别突出了这一点。在他看来，主体自治是人精神力量的"裂变"。主体自治既是现代化社会治理的目标，又是现代化社会治理的依靠力量。现代化社会治理是社会走向理想的自组织运行，主体自治的能力及其可行性，为社会治理提供方向选择、过程监督与实践保障，因为主体是社会的基本原子，主体的自治能力具有"原子核裂变"的效应。

吉登斯强调主体自治是人的现实的"解放"。主体自治不是抽象的话语表达，而是非常现实的具在的实践，它指称的是主体的社会情境自识、目标行动的自觉和过程自主，体现着人的价值诉求和实践意识，体现着主体与外部世界相融合的客观程度，因而，具有现实意义上人的存在方式与状态的基本属性，是指向人的自由的解放。

主体自治是人日常的文化实践。任何主体都是时空的存在者，在生命展开的每一个时空结构中，人都是按照自我认同了的文化的核心价值理念，自觉不自觉地安排、组织自己的生活生命实践的，而生活方式在本质上就是作为整体的文化。因此，主体自治的充分实现与主体的文化自觉密切关联，通过在社会生活中进行自觉的自我话语变革、行为规约和审美拯救，提升主体自治的能力、高度及其强度，以极好的修为参与社会治理，促进社会治理的积极实践。

总之，吉登斯的现代性社会治理的目标、依靠力量、过程保障都离不开主体人，主体自治在其实践生成的意义上，甚至起着决定性的关键作用。而主体自治无论其内容还是文化培育，又都是极其复杂的细致工程，需要每一个主体人的自觉。这也就是吉登斯强调的为什么要从传统左派倡导的"解放政治"走向他所倡导并主张的"生活政治"的原因所在。吉登斯认为解放政治关心的是生活机会，而他的"'生活政治'关心的是生活决定。这是一种如何选择身份及相互关系的政治"①。正是在人的解放的意义上，吉登斯突出强调了把激进政治的价值选择理念运用于社会治理的必要性和重要性。

(三)人类理智与实践能够实现乌托邦的现实主义价值理想

在吉登斯的现实主义的价值思想中，他不仅基于人类现代性社会的实践经验和现实发展，提出了超越的现代性思想，归纳出一组框架式的价值理念作为人类社会实践的价值选择，他的价值选择思想运用于国家和社会治理领域，不仅提出了两组可供人类实践参考的国家治理方案和一般社会治理方案，多方面地分析了这些具体方案的价值内涵和实施的

---

① ［英］安东尼·吉登斯：《第三条道路：社会民主主义的复兴》，47 页，郑戈等译，北京，北京大学出版社，2000。

可能性，而且还进一步提出了超越的现代性的理想预设，从而使他的现
实主义的价值论思想趋于完满。吉登斯把他的超越的现代性的理想预设
看作一种乌托邦构想，一种未来社会发展的整体策略，从而使之与他的
结构化理论与反思的现代性理论一致起来，为人类理智和实践做出了长
久的规划。

吉登斯的现实主义的乌托邦构想是针对他自己建立的现代性社会发
展图式、现代性社会发展图式和社会风险图式提出来的，因而，他也用
图式的方式来表达他的想法。

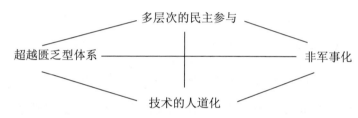

资料来源：转引自吉登斯《现代性的后果》，译林出版社，2000年版，第143页。

图 3.5

我们如果把图 3.5 与我们在本章第一节所讨论的现代性社会发展
图式相比较，可以清晰地看出，吉登斯针对资本主义制度下的经济中
心主义提出了超越匮乏型体系的说法，也就是以满足需要型经济来超
越匮乏型体系；以技术的人道化代替工业主义条件下"人化自然"环境
的恶化，也就是用人道主义的技术观代替工业主义；以多层次的民主
参与代替监督体制，恢复真正的民主机制，避免权力的滥用和极权主
义；用非军事化代替军事力量中的暴力工具的滥用。吉登斯提出的这
些思想，能够系统地结合为一个整体的超越的现代性社会的四个基本
要素。

我们看到，超越匮乏型体系是指随着人们对重新分配财富的呼声日渐高涨，首先是这种体系会先在富裕地区发展起来，然后世界规模的经济化组织逐渐增多、力量逐渐放大，形成社会化的经济组织；其次，技术的人道化表明，近代以来，人们逐渐察觉到了，工业生产中科学技术的发展给我们生存的自然环境带来了许多破坏，而且科学技术的发展是有惯性的，道德这一命题被技术的人道化引到了人与人化环境之间，尤其是"工具性"关系中，于是，越来越多的个人和组织开始关注生态问题，在重新审视科学技术的基础上对其进行更合理地使用以维护生态健康、实现长足发展；再次，非军事化，当今，在技术创新背景下的军事工业化日益加剧，但随着地区间的相同利益和相互依赖逐渐增多，因此，从一定意义上的现实主义角度来看，人们会控制暴力工具，实现对战争的超越；最后，多层次的民主参与，它将有效地减少极权的出现，小到个人民主权利的实现，大到力求实现一个协调化的全球秩序，虽然目前多元政治只集中在民族国家，但民主参与的新形式将崭露头角。

那么，为什么超越的现代性社会发展机制可以最大程度地避免风险，从而实现人类的美好理想呢？因为这是一个负反馈的社会发展模型。我们看到，这个模型的运行机制不仅以激进政治的价值选择为基础，把它贯彻到所涉的四种一般制度中，而且是一种负反馈机制。吉登斯仍然从主要包含经济制度的社会制度入手来分析问题。超越匮乏型体系不仅意味着经济的重要性，更意味着人作为社会主体的价值意义的首要性，因此，在这里是把人作为中心的，而不是把利润、资本或所谓财富作为中心，这就是新的超越的现代性的价值选择的核心作用，以这样的价值理念作指导，对于技术或工业的要求就是技术的人道化，对于监督体系的要求就是决策的民主化和科学化，对于军事力量的要求就是和平，一旦系统中出现与基本价值观不一致的因素，就会把这种作为输出的信号反馈到输入端，通过输入端的信号的重新定位，以制度的形式来遏制那些不一致的因素，从而使系统保持价值思想的一致性，也就是保持它的稳定性和平衡，这与现代性社会发展机制的正反馈正好形成相反的运行机制，以此使社会发展能够一直保持在正确的价值观的指导之下，从而实现吉登斯的乌托邦的理想预设。可以预见，这样的理想化模型在实践中是难以实现的，吉登斯自己称其为一种理想化的现实主义的乌托邦构想是恰如其分的。然而，吉登斯强调这样的乌托邦是有意义的，它是社会发展的正确的原则和理想目标，人类在长久的实践践行过程中是能够趋向实现的。在我们看来，吉登斯社会哲学的现实主义的价值论思想的意义正在于这种革命的乐观主义和实践意识。

对于吉登斯现实主义乌托邦思想的合理性的澄明，吉登斯从马克思那里为自己找到了辩护词。吉登斯认为，"马克思正确地指出了其他形式的经济系统没有资本主义这种不断扩张的本性。显然，这不仅是空间的扩张，还是不断的技术创新以及提高生产率的动力。……马克思是一位对资本主义经济有深刻洞察力的分析家"①。马克思正是借助于该原则（即共产主义是可以实现的——作者注），"才使自己与乌托邦主义鲜

---

① ［英］安东尼·吉登斯：《第三条道路：社会民主主义的复兴》，167页，郑戈等译，北京，北京大学出版社，2000。

明地区别开来；但是这些内在的可能性本身要受到现代性的反事实性的影响，因此，在'现实的'和空想的理论之间，并不需要一种刻意的分割。我们必须用一种比马克思所处的时代更有说服力的方式，使乌托邦的理想与现实保持平衡"①。

或许，仅仅从马克思那里找到一种辩护是远远不够的，吉登斯深知这一点，因此，问题的解决还是要回到人的现实的实践中来。从现实的人类实践来看，吉登斯把他的乌托邦构想的实现寄托于社会运动，也就是革命斗争上来，认为通过长久的各种形式的社会运动和实践，人类会逐步接近于他的乌托邦的构想。

吉登斯认为，"社会运动为我们显露了可能的未来曙光，而且在某些方面，它们成了通向未来的车轮"②，社会运动是社会生活中最广泛最重要的斗争模式。

它的具体内容主要包括：劳工运动、言论自由运动、和平运动和生态运动，也对应包含四种维度，即劳工运动主要依靠工会制度对工作场所实行防卫性控制，或通过社会主义的政治团体去影响国家权力，是争取言论自由以及民主权利的主要斗争工具；言论自由运动或者说民主运动起源于现代国家的监督，它内含了民族主义运动和争夺参政权力的运动，能防止极权主义的产生；和平运动倡导停止使用核武器等暴力工具，避免战争对人类社会的危害；生态运动反对现代性工业对传统生活模式和社会图景的威胁，尤其关注知识的反思性的运用结果：人化环境

---

① ［英］安东尼·吉登斯：《现代性的后果》，136 页，田禾译，南京，译林出版社，2011。

② 同上书，141—142 页。

与人的安全性、质量性存在的辩证关系。吉登斯也把他的社会运动思想图式化了。

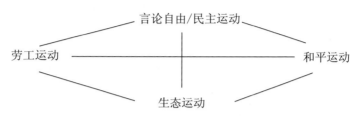

资料来源：转引自吉登斯《现代性的后果》，译林出版社，2000年版，第139页。

图3.6

从图3.6可以看出，吉登斯把劳工运动作为社会运动的首发处，我们认为，这一认识切中了资本主义制度中工人阶级与资产阶级矛盾和对立的本质，劳工运动是超越国家权力困境的一种基本的斗争方式，目的在于向资产阶级争取平等、自由和权利。众所周知，马克思主义者所提倡的阶级斗争以无产阶级运动为核心，工人阶级又是无产阶级的先锋队。工人在资本家的工厂工作，靠出卖自己的劳动力维持生计，因为工人没有生产资料，只能承受资本家的剥削。所以马克思认为，工人阶级在反抗资本主义的斗争中最坚决、最彻底。一些学者认为，现代劳工的历史地位已不同于马克思所描述的，因而赋予劳工运动以改变历史的使命已没有意义。这是有一定道理的，一方面，由于资本主义企业进行了局部的调整，同时也有赖于经济和技术的发展，在工人阶级内部已形成了不同的阶层，这从一定程度上影响了工人的凝聚力；另一方面是资本主义企业和政府沆瀣一气，他们共同压制工会及其工人运动，这也使现代工人运动处于历史发展的低潮。

当然，我们还应当看到，资本主义经济结构的调整，只是改变了剥削的形式，资本主义经济体系却没有根本的变化，劳工受剥削的地位也没有得到根本改变。所以，劳工运动仍然是劳工争取权利、自由，对抗国家资本主义剥削的主要形式。劳工运动是斗争性的联盟，它直接起源于企业的剥削和扩张。劳工运动已深深地根植于资本主义经济体系之中，它通过工会制度对工作场所进行防卫性控制，或通过社会政治组织去影响或左右国家权力。劳工运动作为劳工争取言论自由和民主权利的主要斗争形式，在影响国家经济权力方面的作用不容忽视。① 正是基于这样的认识，吉登斯把劳工运动看作在同资本主义的斗争中仍处于中心地位的力量。

言论自由和民主运动的目的不同于劳工运动，虽然劳工为了维护其工作场所而进行的斗争含有争取民主权利的含义，但言论自由和民主运动却直接根源于现代国家所实施的监督。由于监督同行政权力之间有着密切的关联，它们二者共同维系了国家对组织和个人的控制，并深入影响了个人的自我认同和公民权利的发展。言论自由和民主运动正是针对这种威胁的努力，这又必须回到监控这一权力中介的核心范畴。人民在争取言论自由及相关权利方面，能够在极大程度上影响到现代政府的决策和权力运用。民主运动并不是一个追求权力的过程，而是能积极促进国家权力在运用中趋于合理化并增加透明度，从而尽量避免走向极权主义的深渊。这实际上是强调了民主化的实质和斗争方式，是建立社会民主化的良好机制。

---

① ［英］安东尼·吉登斯：《现代性的后果》，140 页，田禾译，南京，译林出版社，2006。

吉登斯赋予生态运动丰富的内涵，他把生态运动看作重塑人工环境的运动，认为环境保护比自然保护拥有更加丰富的内容，他除了关心人类对自然环境的影响外，还关心城市环境以及环境问题对健康、生活质量和社会体系的影响，并且开始和人权运动、学生运动、劳工运动等联系起来。环境运动为生态运动的形成和兴起奠定了重要的基础，生态运动重新思考人与自然的关系，并且改变了"以人类为中心"的价值观。生态运动不仅从宏观上关心从地方到国家再到全球的生态问题，而且进一步深入到关心物种的生存状态和生态系统的演化，体现出以实现人与自然环境及其他的和谐为目的的可持续发展观。

和平运动旨在宣扬祥和有序的社会活动应该摒弃有组织地使用暴力的理念，其实质在于消解暴力、冲突与不和平状态的根本原因，以及消除引发这些冲突的利益纷争。和平运动的兴起不仅以反对战争为目的，更应该从平衡利益和预防战争冲突方面着手。从削减核武器、常规武器和裁军方面，进一步避免战争的发生和冲突的升级。现代和平运动的意义还在于反对战争对环境的破坏等等。

社会运动也是一个有机的整体，也符合一种负反馈的机制，通过这种负反馈的斗争过程，人类能够逐步实现超越的现代性社会理想。限于篇幅，对其内在关联机制就不展开论述了。

作为一种乌托邦构想、一种未来社会发展的整体策略，吉登斯的超越的现代性社会的理想预设，实际上是一种政治纲领。作为一名具有世界眼光的哲学家、社会学家、社会活动家以及马克思主义者，吉登斯深谙政治的价值所涉、内在意义以及对指导人类实践和生活的重要性，正是在一种政治纲领和政治诉求的意义上，吉登斯把他的超越的现代性的价值理念称作激进政治纲领，由此可见政治对于吉登斯的首要性。这就是说，吉登斯把他的乌托邦的现实主义的理想预设政治化了，因此，实现他所说的乌托邦的理想就是践行一种政治纲领，它的落实需要从各不相同的地方开始，需要从人的现实生活和理想追求切入。这是一个必须和必要的逻辑展开过程，是在人类实践中缓慢实施的过程。地方的政治、生活的政治、理想的政治是内在关联的。

吉登斯的乌托邦政治纲领认为，"一方面是由诸国家体系的反思性自身所固有的权力集中化倾向，另一方面却是各特定国家所具有的维护其主权的倾向"①。随着国家间的合作不断加强，国家联盟等世界性组织越来越多；另一方面是地方主义的兴起，地方要求自治和获得更多权力的倾向性突出。地方政治并不是现代性的产物，只是到了现代性阶段，地方政治的表现日趋活跃。吉登斯认为，在一种时空分延的现代性社会关系体系中，一极的事件（或现象）会在另一极上产生不同甚至完全相反的结果。在这里，我们必须提到一个连接地方和全球的纽带——现代性的风险，运用吉登斯的解释就是现代国家权力运用中所形成的一种高风险的世界性危险。因为事实已经证明，当民族—国家把全球每一个角落都划归所有的时候，任何决定及其后果都不能同其脱离干系，而这一切又都与国家权力有直接或间接的正相关关系。

吉登斯指出，"至少就某些抽离化机制的后果而言，……意味着没有人能'逃避'由现代性所导致的转型：如核战争或生态灾难所造成的全

① ［英］安东尼·吉登斯：《现代性的后果》，64 页，田禾译，南京，译林出版社，2006。

球性风险。现代制度的许多其他方面，包括在小范围内起作用的方面，也会影响到生活在高度'发达'地区之外的那些较为传统情境下的人们。而在那些发达地区，在日常生活的本质中，地方和全球之间的联结已被束缚在一组更深刻的演变中了"①。

地方的政治化的另一种突出表现是原教旨主义的兴起。地方的政治和全球的政治是现代性下直接延伸的两种倾向。全球的政治在某些地方激起了相应的对抗，或表现为文明的冲突，在这种意义上，地方政治问题凸显，这是一个相互的过程，也是当今世界政治演化的主要倾向之一。从吉登斯的这些思想不难看出，在地方政治与全球政治密切关联的现代，要使他的乌托邦的政治纲领得以实现，需要从改变地方的政治诉求起步，进而改变全球的政治意识，当然，这种改变的思想基础就是他所说的超越的现代性社会的价值选择。

解放政治同生活政治构成了理解吉登斯乌托邦现实主义政治纲领的另一条线索。先来看解放政治，在我们的观念中，解放首先是要从传统与宗教的教条专制中解放出来。人们认为，通过把理性理解运用到科学和技术领域以及人的社会生活中，人的活动就会从先前存在的束缚中解脱出来。吉登斯认为，解放政治就是一种力图将个体和群体从其对生活机遇有不良影响的束缚中解放出来的一种观点。他说："解放政治包含了两个主要的因素，一个是力图打破过去的枷锁，因而也是一种面向未

① ［英］安东尼·吉登斯：《现代性与自我认同》，24 页，赵旭东译，北京，生活·读书·新知三联书店，1998。

来的改造态度；另一个是力图克服某些个人或群体……的非合法性统治。"①依据这种观点，马克思主义者把阶级作为解放的代理人和推动力，人性的普遍解放要通过一种无产阶级秩序的实现来获得。而对于非马克思主义的学者来说，受到解放政治影响的方面还很多，像民族和性别的区分，统治与服从群体的区分，富国与穷国的区分，现在的一代与未来的一代的区分。但有一点他们是相同的，即解放政治的目标，都是把无特权群体从他们不幸的状况中解脱出来，或者是消除他们之间相对的差别。

从吉登斯对解放政治的分析中可以看出，解放政治包含着三个方面的内涵。一、把社会生活从传统和习俗的僵化中解脱出来；二、减轻或消灭剥削、不平等和压迫，解放政治所关心的是权力与资源的差异性分配；三、服从于由正义、平等与参与的伦理所具有的独断。② 解放政治是启蒙精神的现实追求，解放意味着通过让个体能够在某种意义上拥有在其社会生活的环境中自由和独立行动的能力，来把集体生活组织起来。

那么，解放政治将如何过渡到生活政治呢？吉登斯得益于马克思的启发。马克思主张，那些为把犹太人从宗教压迫与残害中解放出来而作的斗争，都纯粹是为争取获得局部的利益而作的斗争。因为在把犹太人从这种压迫中解放出来的过程中，他们也将会使全人类获得解放。吉登斯认为，马克思已经含蓄地指出了解放政治与生活政治之间的连接模

---

① ［英］安东尼·吉登斯：《现代性与自我认同》，248 页，赵旭东译，北京，生活·读书·新知三联书店，1998。

② 同上书，252 页。

式。"从马克思的讨论来看，这是一种从宗教的束缚中摆脱出来的普遍性自由。但还可以进一步概括这一原则，凭借倡导相互容忍的态度最终使每一个人受益的做法，使得这种解放受压迫群体的斗争也能够有助于使他人获得自由。"①

事实上，在吉登斯对未来社会的勾画中，生活政治是其总的构想。在晚期现代性到来之际，人类需要面对的是启蒙与现代性共同作用的社会现实。他们共同取得了丰硕的成果，也带来了前所未有的灾难。晚期现代性的特征之一是高度的反思性。随着现代社会发展的深入，这种影响已经深入到个体的反思性生活之中，个体及其组织在做出选择时不得不深刻地反思自己的过去及其未来，生活政治的提出正是这种自我选择的尝试，它是一种生活方式。"解放政治是一种生活机遇的政治，而生活政治便是一种生活方式的政治。生活政治是一种由反思而调动起来的秩序，这就是晚期现代性的系统，它在个体和集体的层面上都已极端地改变了社会活动的存在性参量。"②吉登斯给生活政治的定义是：它关涉的是来自于后传统背景下，在自我实现过程中所引发的政治问题。在那里全球的影响深深地侵入到自我的反思性投射中。③ 据此，我们看到，吉登斯的生活政治也包含三个方面的内涵。一、从选择性的自由和产生式权力（作为转化能力的权力）中得来的政治决策；二、创造能够促进自我实现的道德上无可厚非的生活方式；三、在一种后传统秩序中提出有

---

① ［英］安东尼·吉登斯：《现代性与自我认同》，270 页，赵旭东译，北京，生活·读书·新知三联书店，1998。

② 同上书，251 页。

③ 同上书，252 页。

关"我们应该怎样生活?"这样的问题伦理,并抗拒存在性问题的背景。我们理解解放政治是凭借权力的等级概念来运作的,而生活政治则是一种生活决策的政治。生活政治关心的是从自我认同的反思性投射中产生出来的争论和角逐。他们想要表明的,就是靠日常生活方式的转变,来反抗和影响国家权力的行为。

在吉登斯的超越的现代性社会的政治纲领中,解放政治并不仅仅是为生活政治做铺垫的,因为解放政治并不能代表全部。同时,解放政治也没有完全失去效用,甚至还很重要。在这方面,吉登斯提出了女权主义和第一、第三世界之间的区分。有不平等的地方,就有斗争和反抗,因此,解放政治仍然是一个重要的话题。前面已经说过,生活政治是一种选择政治、认同政治。这种对生活的选择受到传统意识的影响。正是这种影响深刻地侵入个人和集体的生活当中,才使作为一种选择来应对世界的变化成了必然。生活政治包含了相当多的领域,它并非完全是针对解放政治的后果而提出的解决策略。在晚期现代性中,征服未来的反思性企图几乎是普遍存在的,许多类型的个体和组织都卷入了重塑生活政治的问题。生活政治的兴起,来自于晚期现代性中核心的自我反思性投射,并与现代性的内在参照系统扩展的矛盾性相伴随。[①] 吉登斯在选择生活政治作为应对未来的方案中,加入了更多的现实成分。当现代性风险让人类产生了存在性危机之后,我们面对现实生活和未来都必须进行深刻的反思。在反思中认识和重塑生活,这对于每个人来说不仅

---

　　① ［英］安东尼·吉登斯:《现代性与自我认同》,270页,赵旭东译,北京,生活·读书·新知三联书店,1998。

是一种挑战，而且是应对危机的方式。启蒙精神和马克思主义都在追求人类存在意义上的自由平等，尤其是马克思主义，把这种追求寄托于变革资本主义现实的革命之上，通过彻底的制度解放而实现人类社会的变革。

从如上的讨论中可以看到，吉登斯赋予他的乌托邦的价值选择以强烈的政治使命，并以现实主义和乐观主义的态度，深信通过人类长期的实践过程，乌托邦会变为现实。吉登斯说："我们必须正视另外可供选择的未来，传播它们实际上会有助于实现它们。我们需要做的，只是创造出乌托邦现实主义的模式来。"①乌托邦并不是幻想意义上的乌有之乡，它是生命的过程，因而能够成为客观想象的关联物，并拥有一种前景。② 我们必须把它作为一种机遇及时抓住，以便充分地进行乌托邦的想象。③

在吉登斯看来，现实主义乌托邦蓝图的实现，必须做到对内在的制度性转变保持警惕；需要意识到在风险环境中的道德承诺和良好信念的潜在危险；必须是政治的、富于策略的；必须创造出良好社会的模式；需要将解放的政治与生活的政治结合起来。通过这样一种赋予实践的激进卷入，吉登斯在聚焦现代性的资本主义的解释与批判的哲学基础上，运用他的结构二重性解释模式，在个人与社会、地方与全球的辩证联系

---

① ［英］安东尼·吉登斯：《现代性的后果》，135 页，田禾译，南京，译林出版社，2006。

② E. Bloch, *The Principle of Hope* (vol. 3), Oxford：Basil Black Well Press, 1986, p. 223.

③ ［美］弗雷德里克·詹姆逊：《乌托邦作为方法或未来的用途》，载《马克思主义与现实》，2007(5)。

中，建构了给人类以善的帮助的"一种重新焕发生命力的批判理论"，它的导向其实是一种对现实和理想进行有机结合的有益尝试，是在乌托邦与现实之间寻找新的平衡。

按照吉登斯的看法，人类为了不自我毁灭就必须走出一条能够自我拯救的道路，这条道路是乌托邦主义与现实主义结合的道路，这条道路"从解放政治的角度来思考，超越资本主义将意味着超越资本主义市场带来的阶级划分。生活政治还会使我们看到更深层的东西，它将进一步超越用经济标准决定人类的整个生活状况这样的环境。"①这样一个人类社会生活的新标准也就是他提的超越匮乏型体系。它依赖于世界规模的社会化经济组织推动财富的全球平等分配、创建新的生活方式。

总之，吉登斯给出了人类的出行道路：乌托邦现实主义，告知了这条道路的行走方法：社会运动，并且进一步告诉我们在行走的过程中要用超越匮乏型体系标准，建构一种世界政府的方式超越高度现代性的资本主义。吉登斯是积极乐观的，也是现实的行动者，他的乌托邦现实主义是"一个总体性的关怀全球的体系"，他构造出来的这条道路，"目标是把世界的生态健康作为一个整体保留下来"，这是一条超越现代性的资本主义秩序的后现代秩序的建设道路，在这条路上，人和外部环境是和谐的，人和人是平等的，人自身是安宁的。吉登斯说的这样一条理想之路虽然还未出现，但是，"我们已经能够瞥见那不同于现代制度所孕

---

① ［英］安东尼·吉登斯：《现代性的后果》，144 页，田禾译，南京，译林出版社，2006。

育出来的生活方式和社会组织形式的缕缕微光"①。

综上所述,我们全面地讨论了吉登斯的现实主义的价值论思想,留下了许多值得汲取的看法,这对于人类发展反思的现代性社会、利好的现代性社会和超越的现代性社会,推进人类理智和实践的进步,具有不可多得的启迪意义。

在吉登斯高度现代性的哲学分析中,他不仅特别突出了现代性与传统的断裂上建立起来的一种后传统的秩序社会的分析,而且突出了现代性与传统的区别,认为现代性与传统的区别,"根本在于一种'制度性的转变',即在制度性、文化与生活方式等方面发生的秩序的改变。它具体表现为两个突出的结果:一是对社会而言,它确立了跨越全球的社会联系方式……;二是对于个人而言,它确立了西方的个人主义的价值观念与行为方式,即以自我实现为核心的'我该如何生活'的思考与追求"②。然而,根据吉登斯理论分析的思路,我们知道,无论是制度性、还是文化或生活方式,都是人类特有的自我反思的实践与实践结果,"作为人类,我们不仅生活在历史之中,我们对历史的理解本身构成了历史及其未来面貌的内在组成部分"③。吉登斯的超越理论,就是在对传统社会与现代性社会现状理解、分析的基础之上,构建起的一个具有超越性诉求的激进政治框架。他尝试超越传统的各种认识和论辩,在理

---

① [英]安东尼·吉登斯:《现代性的后果》,46页,田禾译,南京,译林出版社,2006。

② 陈嘉明:《现代性与后现代性十五讲》,4页,北京,北京大学出版社,2013。

③ [英]安东尼·吉登斯:《社会学批判的导论》,9页,上海,上海译文出版社,2013。

论上的创新是很大胆的，同时也给出了基本能够自圆其说的论证，这一点是需要充分肯定的。

　　吉登斯的"全球世界主义秩序"的激进政治框架，是在吸收多种关于社会主义和资本主义思想的基础上形成的，体现了广阔的学术视野和包容的学术精神，难能可贵，但正如他自己所说，其核心思想是社会主义的价值观，因此，在这个意义上说，似乎可以把它看成一种新形式的社会主义。我们知道，恩格斯早就明确指出，社会主义是一个开放的体系，它随着社会的变革，不仅会改变形式，也会改变内容。吉登斯的工作，是对社会主义思想发展的一个推动，因为它是基于当今社会的新的变化和发展做出的总结和概括。确实，在现代性导致的世界中，人类如果能够按照吉登斯所说的在恪守马克思主义原则的基础上对建构的乌托邦的现实主义道路做一些探讨，或许可能创出一个超越资本主义现代性制度的激进政治的现代社会秩序，但正如吉登斯自己所言，如果离开马克思的社会分析和倡导的政治行动来改善人类社会形态，让大多数人实现他们以前从未达到过的自由和自我实现的状态①，恐怕将真的仅仅是一个乌托邦的梦想而已。

---

　　① ［英］安东尼·吉登斯：《历史唯物主义的当代批判：权力、财产与国家》，24页，郭忠华译，上海，上海译文出版社，2010。

第四章 | 整体主义的认同论

　　作为英国新马克思主义社会批判思想的杰出代表，吉登斯关于现代性的分析、认识和理论充满了乐观主义的情调，认为自己的理论对于影响和指导现实的人类实践，不仅是有价值的，而且是有实践可行性的。吉登斯之所以会如此满怀信心，是因为他相信人类理智和实践的能力，是因为他觉得人类有共同的认同基础，能够在社会生产和再生产的结构化过程中找到自己的定位，在反思的现代性社会发展进程中找到共同认同的制度形式，在以团结为首的激进政治的践行中，找到共同认同的生活方式和社会发展方式。正是在这个意义上，吉登斯把揭示现代性制度与人类认同的内在统一，以及二者关联的一般机制作为哲学思考的重中之重，作为解决他的现代性问题的基础和根本。

吉登斯赋予表现人类认同的"可信性"以超凡的价值和人自我实现的框架，以一种整体主义的方法论表达，体现出人类认同对于现代性社会的价值意义。吉登斯把他对现代性社会的经验主义、功能主义和现实主义阐释运用于对人类认同的哲学思考中，突出经验主义认同的内涵，以身份认同为核心，构成以事实判断为基础的一般特征；功能主义的认同内涵显现出以自我认同为核心，构成以人的心理、态度、惯例化活动为基础解析现代性问题的特征；现实主义的认同内涵则凸显了以价值认同为核心，构成以有利原则为基础对现代性社会建设实践中形成的诸多方式、方法和思想进行选择的一般依据。在本章中，我们将围绕这三个问题展开讨论，围绕吉登斯的人类认同理念、根本旨向和实践方式展开系统的分析，进一步阐释吉登斯社会哲学的整体主义思想及其意义。

一、双向互动与身份认同

吉登斯的社会哲学以经验主义的自识论为起点。通过以事实判断为主要形式的研究手段，展开对现代性社会的分析、批判与总结，从而为他的结构化理论、反思的现代性理论和超越的现代性社会的激进政治纲领提供了事实依据和思想启迪。对于现代性社会人类认同问题的思考，吉登斯的认识仍然表现出这一方法论特色，从而形成了现代性社会制度与人类认同是双向互动的矛盾体、身份认同构成人类认同的基本特征以及在结构化社会发展中身份认同对于乌托邦现实主义理想实现的价值意义等思想。

(一)现代性社会制度与人类认同是双向互动的矛盾体

1990 年,吉登斯完成了他著名的体现其社会哲学思想的代表作《现代性的后果》并及时出版。正是在这部作品中,吉登斯形成了现实主义的乌托邦社会的设想,提出了著名的超越的现代性社会和激进政治的价值论纲领,从而把他学术活动的注意力聚焦于在实践中如何践行其纲领这一问题。1991 年,他终于有所得,他发现在 20 世纪与 21 世纪之交,社会理论研究与现代制度之间的关联早已为人们所意识,但我们直到今天才发现,这些关联不仅比以前所意识到的更为错综复杂,而且,对现代性本质的再思考必须与社会学分析的前提重新建构和并行展开方才有效。① 也就是说,现代性作为一种制度,它不仅与以前所有形式的社会秩序迥然有别,而且在社会发展动力、侵蚀传统风俗习惯的程度、对全球的影响等方面,完全改变了人们日常社会生活的实质,影响了我们的经历中最为个人化的那些方面,也就是人类的认同方面。

吉登斯认为他的这一发现非常重要,因为它提供了一种从整体上解决现代性社会发展与人的日常生活和社会实践关系的可能性。正因为如此,吉登斯强调:"我们必须从制度层面上来理解现代性。由于现代制度的导入所引起的日常社会生活的嬗变,从而与个体生活进而也与自我

---

① [英]安东尼·吉登斯:《现代性与自我认同:现代晚期的自我与社会》,1 页,赵旭东译,北京,生活·读书·新知三联书店,1998。

以一种直接的方式交织在一起。"①这就表明现代性的外延的诸多影响和个人素质的改变之间存在着不断增长的交互关联，这种交互关联的实质即在于自我认同的新机制的出现与现代性制度之间的相互塑造，一方面，自我由现代性制度所塑造，另一方面，自我也塑造着现代性的制度本身。吉登斯想要"从整体上"解决这一问题，以便能够通过人的素质的提高对现代性社会的"塑造"产生积极的影响，进而实现他的超越的现代性社会的激进政治纲领。

吉登斯一如既往地采用他所说的"经验的存封"的方法来解决这一问题，因为在"经验的存封方面，科学、技术和专门知识起着一种根本性的作用"②。从经验主义的原则出发，吉登斯首先给出了现代性制度与人类认同之间关系的一系列唯象描述，进而再从一般哲学的高度对其内涵及其关联性给出理性分析。在吉登斯看来，人类认同的核心是自我认同，包括身份认同、社会认同、价值认同等等，自我认同的问题看上去好像是一个心理问题，但它实际上是一个社会问题，因为现代性在塑造人们的自我认同时，不管他们行动的特定背景是如何地带有地方性，其后果和内涵均带有全球性的社会影响，个体也会对此有增强和直接的促进作用。③吉登斯力图在经验认识的基础上，依靠理想型的研究方法，把现代性制度的核心理念与自我的反思性互动的结构性特征揭示出来。

吉登斯从人类日常生活的许多个别事实来切入他的讨论，如家庭生

---

① ［英］安东尼·吉登斯：《现代性与自我认同：现代晚期的自我与社会》，1页，赵旭东译，北京，生活·读书·新知三联书店，1998。
② 同上书，8页。
③ 同上书，2页。

活方面的结婚、分居、离婚等事件及其在不同时代中的变迁、方式与特征。比如离婚，离婚是个体生活中的危机，它会危及个体安全及幸福感，然而也为他们自我发展及未来幸福提供了新的机遇。分居和离婚及其后果会导致长时间的焦虑和心理困扰，但由婚姻解体所引起的变化同时也会提供可能性，让个体"发展情感"，"建立新的能力和自豪"，"重新塑造自身"，"超越先前的能力以增强亲密的关系"，等等；同时，这也带来了许多灾难性的后果，如对个人的伤害可能会导致绝望、痛苦、困扰、哀伤、心理崩溃、经济的困窘，使人对自身的判断和能力丧失信心、失去价值感，尤其会对孩子造成巨大的伤害等。个人的问题、个人的尝试和危机以及个人的关系，所有这些都告诉我们，现代性社会正在营造一种社会情境，导致个体外在社会环境的重要变迁，从而影响了个人乃至社会生活的各种制度。吉登斯由此认识到，"社会情境既不与个人生活相分离，也不是一种外在于个体的环境。在致力解决个人问题时，个体积极地帮助重建其周围的社会活动的世界"①。显然，吉登斯从这一事实中看到了社会情境、个人日常生活与各种生活制度在现代性社会的内在关联，诚如他所说的，制度塑造了人的自我，自我也在影响或改变着制度，这种双向的互动对于个体来说是产生"新的认同感"，"重新发现自己"，而这个过程是现代性的社会境况强加在我们所有人身上的，"它是一个主动干预和转型的过程"②。

现代性社会秩序具有人类认同的实践基础，就像如上所说的事实，

---

① [英]安东尼·吉登斯：《现代性与自我认同：现代晚期的自我与社会》，13页，赵旭东译，北京，生活·读书·新知三联书店，1998。

② 同上书，13页。

正是这些数不胜数的事实构成了这一基础，因此，只有把现代性发展的关键方面与人类认同关联在一起，才能真正理解和把握认同的实质。那么，如何来解释现代社会生活的独特动力品质呢？吉登斯认为，要用三个主要因素或三组主要因素来解释，那就是时空分离、社会制度的抽离化以及彻底的反思性背景。我们看到，这三个因素或方面，正是吉登斯反思的现代性理论中所谓社会发展的三个动力，也就是说，吉登斯通过事实及其判断性分析，把人类认同问题同他的现代性理论巧妙地结合在一起了。正如他所说，对于这个问题的分析和认识，"除了其制度性反思之外，时空的重组加之抽离化机制的拓展（这是一种把社会关系从特定场所的控制中解脱出来，并通过宽广的时空距离而对之加以重新组合的机制），这一深刻过程也是现代社会生活的特征。时空重组，加上抽离化机制，导致现代性所固有的制度特质变得极端化，也导致日常社会生活的内容和本质的转型"①。

就时空分离与人类认同的交互关系来说，吉登斯认为，在现代性社会中，时间和空间是分离的，这并不是说时间与空间的绝对分离或者时间与空间的相互独立，更不是指无时间的空间或无空间的时间这样一种状态，而是不同于传统意义上的时空关系，是认为时间和空间的偶尔"不在场"或"临时缺席"；时空的分离也不只是简单地将二者机械地分开，而是指更具扩张性的空间内的时间和更具延伸性的时间里的空间。因此，二者未曾真正分离，恰恰相反，二者只是以不同于传统的形式看

---

① ［英］安东尼·吉登斯：《现代性与自我认同：现代晚期的自我与社会》，3页，赵旭东译，北京，生活·读书·新知三联书店，1998。

似分离实则紧密联系在一起，是在新鲜元素里获得了自身更好的生长环境和条件。因此，吉登斯现代性动力中时空分离的观点，是对时—空关系的一种新的解释，这为现代性制度下人类认同的建构，提供了一个理论性的起点。

在现代性社会，人类的认同显示出各种现代性的标签和迹象，信息技术的发展和网络技术的普及，对世界各国原本存在的传统文化形成强烈的冲击，不断瓦解着人们一直拥有的传统文化认同，威胁到社会稳定、个体安全和国家安全，在这样的背景下，时空分离打破了人类认同的传统格局。在传统社会，时空模式总是比较固定，一定的时间和事件，总是和某一个特定地点相联系。人们之间的交流，主要以地域为基础。因此，人们之间的相互认同也只是基于地域的和血缘的层面，而且，以往的社会模式和交流模式，使得认同活动大多是限于一个或者几个地域范围内，通常较多的是对传统文化在理解的基础上进行体系内的文化认同，与异质文化的交流机会不多，这种传统文化体系总是较为稳固，处于一种长久不变的状态。而在现代性社会，对异文化接触交流的广泛与频繁必然会引起认同危机，但同时，这也是一个重新定位和自我发现并发展新的认同的契机。

在吉登斯的时空分离理论中，个体都有自己连续性的时间感，作为整体，无论是传统社会或者传统文化还是现代性社会都有独特的空间感知。传统社会，时空常被联系在一起，而且根据空间推演时间，因此，空间性的固定场所或者一定事件就成为推定某个时间的标准。"机械钟（最早出现在 18 世纪后半叶）的发明和在所有社会成员中的实际运用推广，对时间从空间中分离出来具有决定性的意义。"①如今一定的时间可以不与一个具体的空间有关。而现代科学技术的高度发展、网络的快速普及引起各种资源达到一个空前的程度，且还仍然在继续深化，一定的空间也并非总是要被特定的时间所限定。时间与空间分离以后，在"时间的虚化"和"空间的虚化"共同影响的时间流逝与空间隐遁中，人们所生活的现代社会中，空间上的在场和不在场交织在一起，这就不仅打破了传统社会的运行机制、存在模式、社会环境和基本条件，而且打破了人们之间认同的模式，从而使认同只是注重自身体系内部的内化认同，转化为在时空分离的现代性社会面对新的情境重新找到认同基础和形成新的生存发展的机制的过程。

换句话说，现代性社会的人类认同不同于以往的地域或血源社会体系中的认同，而是基于现代性的文化特质，从时空的分离中拓展出新的可能性和更大发展潜力的认同。由于现代性社会信息生产和传播的特性，远距离外所发生的事件对近距离事件以及自我的关系的影响，变得越来越普遍，印刷、电子媒体等形式的传播媒介，明显地扮演着核心的角色。人类从最初的书写经验开始，由媒体所传递的经验，已长久地影响到"自我认同和社会关系的基本组织"②，自我发展和社会体系之间的相互渗透，正朝着全球体系迈进，这种渗透愈演愈烈，致使我们今天所生活的"世界"与以前历史上的人类的世界显然不同。正如吉登斯所说，

① ［英］安东尼·吉登斯：《现代性的后果》，15 页，田禾译，南京，译林出版社，2006。

② ［英］安东尼·吉登斯：《现代性与自我认同：现代晚期的自我与社会》，5 页，赵旭东译，北京，生活·读书·新知三联书店，1998。

就许多方面而言，"今天的世界是一个单一的世界，拥有整齐划一的经验框架（如基本的时空坐标）。但与此同时，它也创造出各种新型的分殊和裂变方式。然而，在电子媒体扮演核心的、基本角色的社会活动世界里，不再是鲍德里亚（Baudrillard）意义上的'超现实'。因为这种观念把由媒体所传递的经验的广泛影响与现代性社会体系的内在参照性混为一谈，而事实在于这些体系在很大程度上是自主性的，由它们自身的建构性影响所决定"①。这就是说，现代社会正使世界性的社会关系得到强化，就其本质而言就是不同社会情境下或者不同地域之间长期存在的一种持久性和连续性的连接方式，它构成跨越地域、国界以及文化的全球性网络的延伸过程。

现代社会中，时空的分离和延伸带来发生在不同地点的事件之间关系的延伸，因此，时空的分离与重新组合严重影响着人们的社会活动，尤其是对社会活动组织以及社会关系的影响。在时空分离的不断作用下，使得除了国家、民族或社会组织日常活动，个体的生活与工作甚至是个体的行为和想法都已经深深地打上了现代性的烙印。现代性社会给人们带来了很多方便与利益，同样它也具有巨大的破坏力。在现代性的背景下，传统的人类认同模式逐渐丧失效力，新的人类认同机制逐步形成。在这一形成过程中，文化多样化现象明显，而且更新和传播迅速，传统的国家文化、民族文化、社区文化、乡土文化、个体思想，等等，在大量各种文化面前，面对着不同于自身的文化，或者接受，或者审

---

① ［英］安东尼·吉登斯：《现代性与自我认同：现代晚期的自我与社会》，5 页，赵旭东译，北京，生活·读书·新知三联书店，1998。

视，或者怀疑，或者排斥和抵制。这样，接受不同于自身的文化或者文化现象，文化认同则顺利实现，否则，便会出现文化冲突。尤其是涉及不同文化的核心以及文化灵魂性的理念或原则时，不同的文化具有本身独特的信仰以及与其相对应的表现形式，在文化的传播与交流过程中，若不能相互理解和认识，便不能被接受，这样就很容易发生文化冲突。因此，在现代性的背景下，那些处于弱势的文化及其认同很容易被取代，甚至会很快消失，这就会带来许多难以想象的危机和困难，但也会使人们获得更多适合自身存在与发展的机会，并会在实践中改变现代性社会时空分离的一般机制，建立起适合自身发展的新机制，在二者双向互动中得到良好的发展。

吉登斯认为，抽离化机制也与人类认同形成交互关系，带来了危机，也提供了新契机。时间与空间的分离派生出现代性制度动力机制中的第二动力即抽离化机制（"脱域"机制）。吉登斯明确指出，抽离化就是指"社会关系从彼此互动的地域性关联中，从通过对不确定的时间的无限穿越而被重构的关联中'脱离出来'"①。也可以说，抽离化就是使社会关系以及人们的行动从固定的地方性的场景中"脱域"出来，然后再次实现社会关系的重组。抽离化机制主要表现为两种形式：第一，"象征标志"，具体是指"相互交流的媒介，它能将信息传递开来，用不着考虑任何特定场景下处理这些信息的个人或团体的特殊品

---

① ［英］安东尼·吉登斯：《现代性的后果》，18 页，田禾译，南京，译林出版社，2006。

质"①。第二，"专家系统"，指由技术成就和专业队伍组成的体系，他们的活动与影响范围不局限于专门的技术知识领域，这种专家系统在社会活动和个人生活中无孔不入，形成了我们今天所处的自然和社会环境。

抽离化机制是个体与最具现代性特征的社会体系接触和交流最为频繁的重要关口，是个体从体系获得的一般印象甚至整体认识，也包括体系向个体宣传自我理念并获得其信任，从而塑造应有权威的关键。因此，抽离化机制是一个典型的交叉口，为人类认同的建构提供了各种各样的可能性，当然，这可能是好的，也可能是糟糕的。但是，如果在这个交叉口上，无论是国家、社会体系或者个体做到从自我做起，从小事做起，人与人之间的交流将会变得更加容易，沟通也会更加有效，新的人类认同也变得易于实现，抽离化机制就是这样一个极佳的着力点。

吉登斯特别重视由技术成就和专业队伍组成的"专家系统"对人类认同的交互关系的讨论，在他看来，这两种形式的专家系统，他们的工作之所以能够得到人们的认同，在本质上都依从于人们在现代性社会活动中建立起来的信任机制，正是基于信任机制，人们才建立起信心。从经验的层面来看信任与信心之间的关系，我们能够获得很直观的相关知识。比如，生活中的一些决策，就是基于过去的信任建立的，或在某种方式上，认为是目前依靠过去经验所做的归纳推理。这种信心是信任中的一种要素，但其自身并不足以界定信任关系。吉登斯说，信任意味着

①　[英]安东尼·吉登斯：《现代性的后果》，19 页，田禾译，南京，译林出版社，2006。

对"承诺"的一种跨越，这是不可化约的"信念"的一种品质，与时空的缺场以及无知之间有着特殊的关联。①

吉登斯举例来说明他的观点：如果一项工作，它单调乏味，报酬很低，做好这项工作的诚心不足，那么这通常是"低信任"的位置；而"高信任"的位置，其工作的实施大多没有管理或监督人员在场。与之类似，当一个技术系统被特定个体多少了解的时候，也不需要信任。就专家系统而言，信任把狭窄的技术知识搁置起来，这种知识为大多数的人所拥有，对他们的生活产生常规影响的那类编码信息。由于信任的类型差别很大，它作为基础支撑着我们对自身行动加以定向的日常决策，人们由信任感引导这些决策，而不是被这种决策的结果所引导，换句话说，人们信任这些决策，源于作为这些决策基础的人们心智上的一般化态度，即植根于信任和人格发展之间的纽带。

吉登斯说，在不确定性及多样选择的情形下，信任和风险的概念有着特殊的应用价值。信任是人格发展中决定性的普遍现象，它和抽离化机制及抽象系统的世界也有着显著的和特定的关联。信任与个体早期获得本体性安全感相关联。信任作为基本的"保护壳"在自我与日常现实的应对中，提供自我保护，从而把潜在的偶发事件"搁置"起来，"在更为特定的形式上，信任是自我与抽象系统之间互动的媒介。这种抽象系统，抽空了日常生活中的传统内容。信任因而升华为那种为日常实践所

---

① ［英］安东尼·吉登斯：《现代性与自我认同：现代晚期的自我与社会》，20 页，赵旭东译，北京，生活·读书·新知三联书店，1998。

渴求的'信念'"①。

确实，做出信任别人的决定是社会生活中极其正常的现象，这是现代性制度内在反思性的结果。这与特定的情境、个人或体系相关的信任态度，与个体和群体的心理安全感等直接相关联，表明信任和安全、风险和危险以种种具有历史独特性的方式而并存。进一步分析表明，在日常社会活动中，抽离化机制换回了宽广的相对安全的活动场域，使人们在日常生活中免受前现代时期的危险，但通过抽离化机制自身，新的风险和危险也被引发出来，这些风险和危险有的是区域性的，有的是全球性的，显然，抽离化机制对于人类认同是一把双刃剑。

知识的反思性与人类认同之间的交互关系更加明显。在信息化的当下，社会变化快，信息更新的速度也不断加快，信息的识别与掌握很大程度上成为竞争者取得主动权的一大"杠杆"。吉登斯认为现代性的社会就是一个具有反思性特点的制度性秩序，而且知识的反思性还是现代性制度动力机制的第三动力。因此，现代性社会中对知识的反思，对于整个现代社会的发展以及文化认同的建构都具有积极的作用。吉登斯特别强调反思性是社会活动的基本特征，但它在传统社会和现代社会中有明显区别。吉登斯认为，"在前现代文明中，反思在很大程度上仍然被限制为重新解释和阐明传统，以至于在时间领域中，'过去'的方面比'未来'更为重要"②。"反思性"是现代性制度的突出特点，现代社会在反思

---

① ［英］安东尼·吉登斯：《现代性与自我认同：现代晚期的自我与社会》，4 页，赵旭东译，北京，生活·读书·新知三联书店，1998。

② ［英］安东尼·吉登斯：《现代性的后果》，33 页，田禾译，南京，译林出版社，2006。

性的调整下，任何东西都不可能是确定无疑的，所有的知识也变得不可能得到永久性证明。"对现代社会的反思存在于这样的事实之中，即社会实践总是不断地受到关于这些实践本身的新知识的检验和改变，从而在结构上不断改变着自己的特征。"①并且因此，使得知识成为现代性制度组成和转型中的一种建构性要素。

人类认同是一个在动态中产生、丰富并发展的过程，所以，认同机制的建构也要在动态中实现，在辩证的批判与继承中实现。人类认同本身的运行与发展，无论是对过去传统的反思还是对异质文化的吸收，总是处在一种新旧更替、不断反思的过程中，尤其是在现代性社会中，对异文化的接触，使得认同本身必须进行结构性或内涵上的反思，才能顺利地实现在现代性社会下的建构，而对知识的反思性使得认同更具有动态性和历史性，使得对知识的反思性成为现代人类认同实现最高效的运行机制。通过这一运行机制，人们除了必要的新信息和新知识的获取和反思，更重要的是反思自己的未来——人类的未来。现代性制度中人类认同的建构，在基于知识的反思性的运行机制的基础上，不仅拥有了与现代性制度相一致的运行，而且更是获得了现代性制度对认同建构的一种保障。

现代人类认同的动力也和现代性制度的动力机制一样，它们之间存在着紧密而不可分离的联系，它们既相互独立又紧密相连。时空分离机制在人类认同动力中具有优先性和基础地位。由于时空分离打破传统认

①　[英]安东尼·吉登斯：《现代性的后果》，34 页，田禾译，南京，译林出版社，2006。

同体系，才引起现代认同的建构。抽离化机制为现代人类认同的建构提供了各种可能与广阔的发展空间。而对知识的反思性与人类认同的运行机制相一致，并成为现代认同建构的最佳途径。正如吉登斯所说，现代性是一种后传统的秩序，在这种秩序之下，作为秩序保证的传统和习惯并没有被理性知识所代替，也就是说，现代批判理性的普遍性，充斥在日常生活和哲学意识当中，并形成当代社会的一种一般的存在性维度。现代性社会把极端的怀疑原则制度化，并且坚持所有知识都采取假说的形式。日益积累的专门知识体系（它构成重要的抽离化后果），表现出权威根源的多元化，因此在体系内部，不同权威之间相互竞争，在内涵上千差万别，因此，在"'晚期'现代性（即我们现今的世界）的情境下，自我，如同自我在其中存在的更为广泛的制度场景一样，必定是反思性地产生出来的。然而，这个工作必须在令人困惑的多样性的选择和可能性中才得以完成"①。

（二）身份认同构成人类认同的首要特征

吉登斯基于人类一般经验和理想型分析对现代性社会三大动力机制与人类认同的交互关系的看法，深刻揭示了在现代性社会结构化生产与再生产过程中，人类实践活动的复杂性与多样性，说明人类认同的主体性与客观性之间关联的差异性与目的性，使我们看到社会结构化过程中人的定位与情境之间的深度联系。按照吉登斯的结构化理论，人的社会

---

① ［英］安东尼·吉登斯：《现代性与自我认同：现代晚期的自我与社会》，3 页，赵旭东译，北京，生活·读书·新知三联书店，1998。

实践活动离不开特定社会系统中的个人与组织的定位。关于这一点，我们在第二章中已经做了分析，事实上，某种特殊类型的定位，就其实质来说，体现为实践主体对其在特殊系统中的活动或实践的位置的确定，也就是对个人身份的确定，这种对个人身份的确定即是身份认同。对于吉登斯来说，身份的定位或认同是一种主体意识，是主体自己明确意识到的"自我"，因此，身份认同构成人类自我认同的一种最基本的特征。

我们知道，"认同"这个词的英文对应词"identity"有两个含义，即同一性和身份。前者具有"自我归类"的属性，即指某人与他人具有一致的素质或者状况；后者是指某人与他人具有不同的鲜明的个性化的社会特质。[①] 这两个含义同时存在于一个语义之中，相互对立。这说明，认同过程同时具有的"求同"与"存异"两个方面，认同也就意味着排斥或拒绝，认同与排斥存在于人类认知活动中的同一过程。然而，无论是求同还是存异，都是认同主体之间实际发生的交往方式的表现，凭借信息的传播与交流过程，在主体之间形成要么一致要么不一致的认识，进而做出接受它或者排斥它的选择行为。社会生活中主体之间形成的这种认识，集中围绕着人的社会属性进行，其实质就是身份与身份关系的理解、界定，这一过程，也是身份确认的过程；而接受或排斥的行为，就是对身份进行认同。不难看出，实际的"认同"行为，是认同者在面对认同对象时，根据其对于自身的意义和价值，做出诠释或建构出特殊的意识，所以，现实意义上的身份认同优先具有了精神活动和文化活动的

---

① 李友梅：《社会认同：一种结构视野的分析》，3页，上海，上海人民出版社，2007。

属性。

　　结合吉登斯的经验主义的人类认同理念和他一贯的思想，我们可以说，现代性社会结构化过程中的身份定位或认同是以启蒙理性为基础的，以理性主体通过为自身立法而产生道德律令为判断标准，只要我们的行为符合自我内心的命令，就是善的，就意味着获得了自由。理性主体所拥有的尊严，赋予人类特殊的优越性和责任，并促使人类去寻求善的道路。这是一种源自于我们的内心冲动与内在确信，是我们的自然之声。① 犹如康德所言："人，或一般来说，每一个理性存在者的存在，都以他本身为目的，不仅仅作为手段由这种或那种意志任意利用。就他所有的行为来说，不管是指向自我还是指向他人，他都必须同时被当作目的。"②

　　在对现代性进行反思的研究中，尽管有人反对启蒙理性，认为它在现代认同观上，将人与自然，肉体与心灵截然分开的二元论倾向是错误的。例如，撰写《自我的根源：现代认同的形成》的作者泰勒，把世界上的事物呈现自身的方式，看作通过人的本性的各种"表达"而实现，认为自我是通过作为物的媒介，尽力地表达自身和实现自身，因此，媒介构成了人的自我实现的一部分。每个人都会根据自我的尺度表达自我、展示自己，从而使自己能够较为鲜明地区别于他人，于是，自我根据自身的本真性完成自我实现，而个人的自我实现是现代认同形成的关键所

---

　　① ［加］查尔斯·泰勒：《自我的根源：现代认同的形成》，567—568 页，韩震等译，南京，译林出版社，2001。

　　② ［德］康德：《道德形而上学基础》，428 页，孙少伟译，北京，中国社会科学出版社，2009。

在——个人可以完全自由地遵照内在本性，不受外在秩序和他者的影响，实现人向自然的回归。泰勒以人向自然的回归为诉求，坚持认为现代认同是以人类主体为中心的人本主义，追求自由、仁慈和对日常生活的肯定。像泰勒一样主张的人，在事实上仍然属于大多数。他们认为启蒙理性所主张的以事实、客观现实为基础的认同主张，仍然具有客观的基础。

显然，经验主义的身份认同，关注人类自身的主体性和身体性的思考。就现代认同所面临的困境，生命意义感的缺失和方向感的迷失而言，这种活动就是自我认同的活动。当人类在反观自身及与世界的关系中定位自我存在意义时，其实就是人类自我的一种向着"道德根源"的设问和追索，是在道德的意义上追问个性、自由、内在感与被嵌入自然的存在的意义。

经验主义的身份认同把现代性社会制度看作确定人类认同的基本事实和前提条件。一方面，离开现代性社会制度，身份认同就没有了它的依附；另一方面，如果没有身份认同的实现作为支撑，社会制度的功能也就不能得到有效发挥，甚至会走进死胡同。诚如吉登斯所说，现代性是一种风险文化①，这种风险主要是由资本主义制度自身携带而来的。对于现代人来说，尽管现实的风险巨大，但这并不意味着人们的日常社会生活比之以前会更加危险，因为现代性对风险的防控能力同样也是较为有效的，尽管它往往是有限的，而这就是现实的现代性状况。

---

① ［英］安东尼·吉登斯：《现代性与自我认同：现代晚期的自我与社会》，3 页，赵旭东译，北京，生活·读书·新知三联书店，1998。

从现代性的现实性意义上说，人们认同了自己在现实中的身份，依附于现代性的制度来生活，任何个人都不可能离开现实而独善其身。从另一方面来说，在现代性社会中，由人的行为而组织起来的世界，无论这个世界是由外行行动者还是由技术专家来组织的，风险都是必然存在的，但是，人们在一定意义上认同了这种风险，才使得现代性社会能够得以维持。吉登斯强调，在现代性的条件下，人们借助于知识环境的反思性组织，使未来社会被持续不断地拖入现实之中，形成现代性社会的延续或延展。总体上来看，现代性条件下的任何一个领域似乎总是被切割、被拓殖，但这种拓殖本质上不可能是完全的，亦即在对计划与其预期的结果背离的程度进行评价时，风险的考虑是必不可少的。人们为了能够使社会发展得更好，就要对风险进行精确的、甚至量化的评价，但无论如何，这种评价不可能是完备的。"由于现代制度的变动特征，伴随着抽象系统可变的且常常引发争议的本质，大多数形式的风险评价事实上都包括许多无法估量的因素。"①显然，在几乎所有的现代性决策下，人类的实践都具有冒险性，但人类还是同意去做这种冒险，原因就在于存在一个被我们认同了的实践基础。

人类的经验告诉我们，认同我们自己的身份是一件困难的、漫长而复杂的事情，不可能在一个早上一蹴而就地实现。它是在人们长期的生活、生产和交往过程中逐步形成的相对稳定的文化态度与实践预案。换句话说，如果一种身份认同一旦形成，就会以一种稳定的形式，长期内

---

① ［英］安东尼·吉登斯：《现代性与自我认同：现代晚期的自我与社会》，4页，赵旭东译，北京，生活·读书·新知三联书店，1998。

在于人们的头脑中，影响和指导人们对实践的选择。对于一个群体来说，群体身份的认同同样也是一个漫长的选择过程，而群体身份一旦确定，亦将决定这个群体的人们在选择过程中所持的基本价值立场，选择的方式方法以及取舍的态度。事实上，群体若出现有违这种选择的价值立场的情况，就会被他人所排斥，甚或诱发冲突。吉登斯说，在人们的日常生活和实践领域，现代性社会降低了总的风险性，这就促使人们缓慢地接受了现代性的制度，无论个体还是群体都是这样。然而，由于在现代性制度下，社会风险降低的同时，也导入了一些先前所知甚少或者全然无知的新的风险，甚至是能够引起严重后果的风险，它们来源于现代性社会体系的特征，但人们从过往的经验中获得了信息，因此，现代性的身份认同还是逐步建立起来了。

就身份认同的共同经验而言，一种身份的认同是在一种特殊的文化传统或文化意识中形成的。显然，在一个特定的社会群体中，某种文化一旦被接受或认同，就意味着该文化获得了重要的社会地位，那它发挥其价值作用就是必然的，它也会以具体的方式把自身所携带的价值取向体现在制度中。每一种文化都内置有自己的价值取向，这是确定无疑的，因此，蕴含在每一种制度中的价值取向也不同。这样，能够使文化认同实现的现代性制度就会在自己的运行过程中得到发展，而得到发展的现代性制度反过来又促进了文化认同的进步，并把其所携带的价值理念、价值态度和价值立场，渗透到现代性社会制度的诸多方面和诸多领域，使社会得到稳定运行和整体发展。文化认同与现代性社会制度的这一相互促进的关系，被经验主义者看作理解现代社会中文化认同的一个基础。尽管这一关系在不同群体之间、不同地区之间、不同民族或者国家之间会有很大的差别，存在不同的认同倾向性，存在意义表达方式的差异性，但总的关系构造是不会改变的。也正因为存在不同的倾向性和差异性，所以，在追求建构现代性社会制度和实现现代化的过程中，表现出不一样的价值选择和道路选择，但就某一特定文化来说，其总体的目标方向是不会有大的改变的。经验主义者在这点上表现的极为自信。

然而，实际情况却没有像经验主义者所想象的那么简单。事实上，在不同民族和国家，身份认同的实质差异很大，甚至会出现完全相反的情况。身份认同的复杂性表明，它不仅仅与现代性制度相关联，也与特定民族和国家形成、存在与发展的实际过程相关联，甚至民族或国家传统可以被看作形成身份认同凝聚力的关键，这是经验主义身份认同解释的另一个思想基础。民族和国家制度的形成，是文化传统和内含的外化形式与表达方式，特定的文化以其内含价值也存在于民族精神和国家制度中。因此，身份认同在一个民族或国家中得以表现的时候，意味着它与民族精神和国家制度是相对契合的，换言之，国家或民族具有持久性和凝聚力，从而起到对一种文化的规范化、形式化和制度化的作用，从而也就对身份认同起到同样的作用。正如人们所知道的，每一个民族或国家，都有自己的核心文化，都有自己的完全不同于他者的文化认同，因而也就有特殊的身份认同。这种作为核心的文化、文化认同和身份认同，犹如一个向心力，一方面，它把这个文化中同质的因素发挥到极致；另一方面，又经过认同活动和过程，把异质文化转化为同质文化，使民族文化不仅得以延续，而且融合为一个牢固的整体，使得人们对自身民族保持强烈的认同和归属意识，也使人们对国家产生敬畏和爱戴。

经验主义的文化认同与身份认同在突出民族性和国民性的过程中，把认同意识看作个人与群体的黏合剂，这就为现代社会的秩序运行奠定了基础，创设了条件。

经验主义的文化认同和身份认同是一种传统主义。美国学者弗里德曼（Friedman）指出，"文化认同"是一种种属概念，是族群性的表现。这种族群性是族群内在固有的；不是人们后天获得的，而是先天赋予的。在最强的意义上，它用种族或生物遗传的概念表达出来；在较弱的意义上，它被表述成一种传统，或者是每个个人都可以学习的文化；而在最弱的意义上看，这种形式就是人们的"生活风格"或生活方式。① 弗里德曼关于文化认同的这一论断也是经验主义对身份认同的基本看法。经验主义在传统的意义上，认为身份认同始于种群认同，进而逐步上升到族群认同。族群认同建立在其构成成员的各种现实的关系基础之上，并由人们实际的实践活动所界定，包括与遗传有关的实践。族群对其成员的吸纳很容易发生变化，其成员或者由地理上的迁徙，或者由有关的变迁所补充。当一个群体的成员改变其居所到一个新的居住地时，他或者是被吸纳进去，或者他接受了该地方的祖先与神灵，成为新空间社区从事一定职业的成员。显然，族群认同是以个人身份认同的形式存在的，但个体并不独立于社会情境，而几乎完全是由社会情境所界定的，个体被划分成与在个体之外存在的更高等级的力量直接相连的许多成分，这就是吉登斯的基本观点。

―――――――――

① ［美］乔纳森·弗里德曼：《文化认同与全球性过程》，48 页，郭建如译，北京，商务印书馆，2004。

吉登斯的这一观点主要表达了身份认同与个体的社会情境、定位密切相关。身份认同首先是个体的人所拥有的东西，进而转化为特定群体所秉持和坚守的理念和意识，并最终成为特定种类的社会共同认同的基础。这里，弗里德曼基本上把握住了经验主义的文化以及身份认同的内涵。

总体而言，经验主义的文化及身份认同强调了个体认同的重要性，突出了个体认同在形成整体的认同实践过程中的积极作用，这是值得肯定的。然而，个体的或个人的认同仅仅是一个基础，只是对群体中个人身份的确认，它还不能在社会层面形成真正的具有群体价值导向的社会认同。如果夸大经验主义身份认同的作用，就会走向极端个人主义，因为对于身份认同而言，只有在自我性和社会性的关系基础上，才能得到进一步的扩张和实现。

综上所述，吉登斯关于现代性社会制度与人类认同的双向互动和身份认同构成人类认同的首要特征思想的讨论可以看出，在现代性社会的延展与结构化过程中，现代性社会制度对于人类认同的导向作用是现代人类生活的一般状况，人类认同对现代性社会发展同样起着推动或制约作用，这是不以任何个人、民族或国家的意志为转移的，因此，如何提升人类的积极认同能力，使人类认同推进现实的现代性社会的有效发展，是我们时代理论研究和人类实践的一个重要主题。在吉登斯看来，现代性社会在人类实践中的发展是一个结构化的过程，在这一过程中，人的实践活动必须进行在特殊情境中的定位，也就是说，知道自己是谁，知道自己要做什么，显然，情境定位首先就是对自己身份的认同，它深刻反映着人的自我身份在实践中得到确认的重要性，一旦个人身份被确定下来，就建立了积极信任的个人基础，就不仅获得了特殊制度框架下群体对个人行为的信任，也使个人能够适应甚至超越制度对其个人行为的影响，否则，个人的行为就是盲目的，就会缺乏意向性，从这个意义上说，结构化社会发展中的身份认同对吉登斯所说的乌托邦现实主义理想的实现具有特殊的积极意义。

我们知道，吉登斯把现代性社会看作"一种后传统的秩序"①，因此，"我们必须从制度层面上来理解现代性"②，换句话说，我们现实的人类认同的理念基础是现代性社会自身所携带的价值理念。由于现代性制度是以启蒙理性为基础的，在现代社会结构中，启蒙理性的基础性作用主要表现为社会秩序和规范的制度结构建构，现代性制度很大程度上是一种形式化和程序化的秩序规范，这与现代性的形式化理性是一致的。某种程度上，启蒙运动是现代性文化开启的源泉，经过启蒙运动，神魅化的世界去"魅"了，却导致超越性世界和秩序的逐渐消退和瓦解。"早期道德观点认为，与某个源头——比如说，上帝或善的理念——保持接触对于完整的存在是至关重要的。"③

但是，伴随着此岸世界对彼岸世界压倒性的取代，现代社会中现实秩序的价值源泉发生了沧海桑田般的改变，理性和自然人性成为现代人价值选择的标准，理性逐渐成为社会和道德的奠基原则："'正义'和'道

---

① ［英］安东尼·吉登斯：《现代性与自我认同：现代晚期的自我与社会》，3页，赵旭东译，北京，生活·读书·新知三联书店，1998。

② 同上书，1页。

③ ［加］查尔斯·泰勒：《现代性之隐忧》，30页，程炼译，北京，中央编译出版社，2001。

德'开始被认为在人类现实的'意志'中有它的基础","'精神'自己的内
容在自由的现实中被理解",理性代替宗教而成了"绝对的标准"①。在
这个意义上说,我们时代身份认同的理念基础即是启蒙理性,也就是以
科学、民主与进步等一系列理念为基础。由于在吉登斯的现代性制度思
想中包含了四个制度性分析的维度,因此,就人的身份认同来说,它必
然与资本主义制度、社会监督制度、工业主义制度和国家军事力量制度
的形式化与程序化相关联,由于这些制度本身都包含着二重性,积极的
和消极的因素同时存在,这就赋予身份认同十分复杂的属性。幸运的
是,现代性社会秩序区别于传统社会秩序的关键点在于它的反思性、后
传统性,从而使现代性制度在形式化与程序化过程中能够得到不断的矫
正,身份认同也就在不断矫正中,进而会直接影响人类在特殊情境中的
实践活动,启蒙理性即是这种矫正的理念基础。

　　吉登斯认为现代性社会制度具有断裂性,尽管这种断裂不可避免,
但必须拒绝,对此,我们在第二章也有充分讨论。吉登斯所谓的断裂
性,并不是指现代性社会与传统社会是割裂开来的,而是意在表明现代
性社会与传统社会有本质上的差别,现代性制度下的社会结构和生活方
式与前现代社会完全不同,因为"现代性以前所未有的方式,把我们抛
离了所有类型的社会秩序的轨道,从而形成了其生活形态。在外延和内
涵两方面,现代性卷入的变革比过往时代的绝大多数变迁特征都更加意
义深远。在外延方面,它们确立了跨越全球的社会联系方式;在内涵方

---

　　① [德]乔治·威廉·弗里德里希·黑格尔:《历史哲学》,452—453 页,王造时
译,上海,上海书店出版社,1999。

面，它们正在改变我们日常生活中最熟悉和最带个人色彩的领域"①。这就是说，现代性的断裂性不单单只是对现代性一个特点的描述，而且还是一个在不断进行的过程，它始终贯穿于现代性制度及其运行之中。为了克服现代性社会的这种断裂性，准确把握每一个个人与群体的身份认同，就显得尤为重要，一方面，正是通过身份认同，使人们能够融入现代性社会的实践中；另一方面，也能够在身份认同的过程中，不断改变现实的社会状况，在这种双向的活动中推进社会的稳定和持续发展。在现代性条件下，社会环境和社会关系日益复杂，人们总会为了适应日新月异的世界去获得一种新的身份认同，从而也会在积极认同的基础上，改造社会，不断克服社会的断裂。对社会断裂的克服，意味着个人获得本体性的安全，意味着人们在社会实践中获得积极信任和参与，成为推动社会进步的积极力量。

二、反思性实践与社会认同

在现代性社会制度与人类认同的互动关系中，身份认同只是人在社会结构化的情境中定位的表现，只是人类认同的一种基础性的活动，对于适应和推进现代性社会的发展来说，还必须从身份认同上升到以自我肯定为基础的社会认同的高度，这样，人才能够充分发挥社会主体的能

———————————

① ［英］安东尼·吉登斯：《现代性的后果》，4 页，田禾译，南京，译林出版社，2006。

动性和主动性，积极参与到体现社会结构化的生产和再生产活动中，而不是被动地和消极地参与其中。由于反思性是现代性社会本身固有的特性，因此，以自我肯定为基础的社会认同既是反思性的结果，也是推进反思性发展的动力，在这个意义上说，反思性实践与社会认同之间的关联，构成现代性社会制度与人类认同互动关系的核心内容。吉登斯从人的反思性觉知、品格重构和自我超越与反思的现代性社会制度的互动关系等方面，讨论了这些问题，从而阐述了他关于社会认同的核心思想。

(一)社会认同的起点是自觉的反思性觉知

社会实践的主体在结构化的实践情境中明确了自己的位置定位，也就意味着他明确地认同了自己的身份，这是人类认同所以能够成立的基础。然而，这种认同还没有达到自觉的高度。在吉登斯看来，我们日常活动中丰富多彩的生产和再生产受到生活情境的反思性监控，反思性觉知是所有人类行动的特征，是现代性社会的固有成分，人们总是持续地调控自己活动的场境，并具有话语的性质。也就是说，参与特殊情境活动的人不仅能够就其活动的本质和原因给出解释，而且能够在实践意识的层面上完成它，并使之融入日常活动的连续性中[①]。在这样的意义上，人的实践行为不仅是自觉的，而且能够得到他人的认同，即社会认同，自觉的反思性觉知或实践意识也就构成社会认同的起点。

吉登斯认为，作为实践意识的反思性觉知是和行动的反思性监控融

---

① ［英］安东尼·吉登斯：《现代性与自我认同：现代晚期的自我与社会》，39页，赵旭东译，北京，生活·读书·新知三联书店，1998。

合在一起的，但它是"非意识的"，即是自觉的，而不是无意识的，在社会活动的许多形式中，反思性觉知都不能"呈现在心智之中"，是一种自觉的行为和不言而喻的品质，这是行动者专注手头事务的基本条件。①吉登斯的这个看法，讲出了现代性社会人的自觉行为和实践的一个重要方面，那就是意识的内化，是一种用不着有明确意识但能够自觉行为的实践意识，是一种基于觉知的实践意识和活动，是社会群体中的任何个人都具备的品格或能力，是社会认同的一种内化的表现形式。正因为如此，在现代性社会的结构化过程中，人的自觉活动具有自然性，并不存在使话语意识和实践意识分离开来的认知障碍，自觉的实践意识是人对自己本体安全感的认知与情感的依托，而本体安全感又是所有文化中的大部分人类活动的特点。本体安全的观念与人的实践意识的契合，构成人日常生活的"自然态度"，是人在实践活动中做出"合适的"或者"可接受的"反应的条件，是一个现实的、坚实的，同时也是脆弱的行为框架，其坚实性由日常社会的互动场域的可信度所传达，体现在能动者的生产和再生产之中。

通过反思性觉知，建立起来的是人们在互动场域中形成的基本信任，它以一种本质的方式与时空的人际组织相联结，从而达到对自我认同的精致化，同时也构成人与人之间以及人与客体认同的精致化的条件。②换句话说，吉登斯在思考人的社会认同的过程中，特别强调了在特定空间中人自己与"非我"之间的区别，他认为这种区别是从儿童时代

---

① ［英］安东尼·吉登斯：《现代性与自我认同：现代晚期的自我与社会》，39页，赵旭东译，北京，生活·读书·新知三联书店，1998。

② 同上书，46页。

就形成的，儿童一旦能把自身和看护者区分开，就意味着个人在互动场域中建立起了自我认同乃至社会认同，这就表明通过把非我分离出来实际上是提供了一种自我呈现的潜在空间，建立起了社会信任模式。

显然，吉登斯在思考社会认同的时候，是从反思性觉知和自我的确立开始的，他首先把"自我"看成与人的身体密切关联的具有反思性特征的个体的存在内容，认为"自我，当然是由其肉体体现的。对身体的轮廓和特性的觉知，是对世界的创造性探索的真正起源"①。吉登斯十分肯定地说，人们对自己身体的真正领会，主要是依据与客体世界及其他人的实践性参与活动而逐渐实现的，因此，现实的主体人，或者说每一个自我都是通过"日常实践来把握现实"，这样，身体就不仅仅是一种实体，而是如梅洛-庞蒂（Merleau-Ponty）所指出的那样，它被体验为应对外在情境和事件的实践模式。自我是身体的，因而它是个体性的，这种个体性在日常互动情景中以身体的惯例化控制表现出来。一方面，身体的惯例化控制是主动的，反映出人的能动本质；另一方面，它又受制于他者，因而，是主我和宾我分化的普遍的品质。作为个体表现的自我，正是以主我和宾我内在统一和分化的形式而存在的。其实，吉登斯并不喜欢"自我"这个概念，他在《社会的构成》中明确指出，传统上所使用的自我概念是一种拟人化的用法，意指含糊不清，因此，他更愿意用"主我"这个词来代替"自我"，甚至更愿意使用"话语意识"这个词，他想突出强调的就是自我的形成实际上更多地源于行动者在日常社会接触中的

---

① ［英］安东尼·吉登斯：《现代性与自我认同：现代晚期的自我与社会》，61页，赵旭东译，北京，生活·读书·新知三联书店，1998。

定位过程。这里吉登斯所用的"自我"概念，同样是在行动者的实践"话语意识"的意义上来理解的。

　　吉登斯之所以把人的身体、意识觉知和自我密切联系在一起，是因为这三者对于一个人的社会行为的发生来说是不能缺少的要素。身体指向行动者的存在，它是客观性的存在实体，觉知是一种本能性的意识，按照吉登斯的看法，甚至是一种非意识（但不是无意识），而自我的最初内涵则是主我对自身存在的一种明确的觉知或行动者实践的"话语意识"，没有身体，什么也不存在，更谈不上觉知或自我，没有本能性的反思性觉知，就不能把自己与他者区别开来，但如果没有自我，把自己和他者区别开来也是没有意义的，其实，这三者是互为一体的，对于一个能在现实社会情境中进行实践活动的人来说，缺一不可，就此而言，只有基于身体以及觉知基础上的自我，才是个人拥有意识并能够进行创造性实践活动的根本，才为社会认同奠定了一个反射性的前提。在这个意义上讲，自我即是反思性的觉知。

　　当然，人的自我的内涵是很复杂的，不是一个论断就能够讲清楚的问题，自我本质的复杂性预示着社会认同的复杂性。为了对自我的本质给出系统的认识，吉登斯结合不同研究者的观点，对自我的内容和最基本的构成元素做了全面探索，形成了关于自我基本特性的看法和自我的整体规定性，即他塑性、传承性和主体能动性等。

　　尽管自我可以分化为主我和宾我，但只有在反思性的投射中，才能够把自我确立起来，也才能够形成自我认同，为社会认同建立基础，社会认同既包含个体对自我与社会关系的反思，也包含对自我的内在认知。吉登斯认为，关于自我认同很难给出一个确切的定义，因为自我是某种紊乱的现象，因此，"自我认同不能仅仅指涉其在时间上的某种持续性"①。自我认同并不仅仅是被给定的，或者说是作为个体动作系统的连续性的结果，而是在个体的反思活动中必须被"惯例性地创造和维系的某种东西"。自我认同其实是"个人依据其个人经历所形成的、作为反思性理解的自我"，它是"作为行动者的反思解释的连续性"。在个人认同活动中，虽然存在一些所有文化共同的因素，但个人的理解却依照文化的改变而改变，这里就涉及了主我在不同的话语场域中的转换问题。然而，尽管存在文化的差异性和话语场域的转换，个人总还是能够拥有合理稳定的社会认同感，会反思性地掌握个人经历的连续性，进而，能有效地同他人沟通，能够建立起信任关系，并能不断排除在实际行动中威胁到自我完整性的因素，维持活生生的自我认同感。

(二)社会认同是人自我认同品格的重构过程

维持活生生的自我认同感，既是在现实的社会中实现的，又是在社会结构化的过程中人的实践意识的转化，之所以要研究自我以及自我认同问题，并不在于理解什么是自我本身，而在于充分认识自我认同这种个体性的活动与其话语场域之间的关系，或者说，在于理解自我认同与现代性社会之间的关系，其实质是要回答如何有效建立起社会认同。由于自我是"由现代性制度所塑造的，同时也塑造着现代性的制度本

---

① ［英］安东尼·吉登斯：《现代性与自我认同：现代晚期的自我与社会》，57 页，赵旭东译，北京，生活·读书·新知三联书店，1998。

身"①，在现代性社会的场域中，自我的话语深度，或者说自我所表现出来的那些特征，与现代性社会的内在特质是密切相关的，因此，对自我的认识即是以社会为背景对自我本身的理解，它同对现代性社会特征的理解，具有内在一致性，在这个意义上说，自我认同即是社会认同，而这就涉及如何在现代性的制度框架中达到自我与社会认同的问题。

在吉登斯看来，人的自我认同的稳定性，对于人的存在和实践活动来说，是不可低估的，因为它为人的本体性安全所关涉的其他因素预设了前提，正是这种稳定性，使人能够接受周围的其他事物和他人的实在性存在。总体上看，自我认同感既是强健的也是脆弱的。② 从自我认同的强健方面看，正是因为自我认同感的稳定维持，才使人能够在社会环境的变化中，承受各种各样的压力，适应环境的改变，维系自身的同一性安全，开展个性化的主体实践活动。从脆弱方面看，是因为基于反思性在个体心智中保持的个人经历与记忆，是十分有限的，在个体自我的发展过程中，时刻面对新的状况和情势，自我认同的"内容"在不断地改变，个人经历由之建构的自我特质，会随着社会和文化的变迁而改变，因此，自我认同感一旦遇到社会剧烈的变化就可能会处于茫然不知所措的状态。吉登斯列举了一个很有意思的例子来说明自我认同感的强健与脆弱。他说，比如个人的名字，在其个人经历中是主要因素，而在社会命名的实践中，姓名表现亲属关系的程度以及在生活的某个阶段命名是否会改变，所有这些在文化之间都有很大的差别。这说明，在自我融入

---

① ［英］安东尼·吉登斯：《现代性与自我认同：现代晚期的自我与社会》，2 页，赵旭东译，北京，生活·读书·新知三联书店，1998。

② 同上书，60 页。

社会的过程中，反思性的传记以与故事变化同样的方式（如故事形式和风格）发生变化。这一点，在现代性的境况下，涉及评价自我认同机制，具有根本的重要性。①

自我认同感的稳定与变化是与现代性社会的制度机制密切联系的，它不只是一个心理的问题，也是一个社会问题，因此，从自我认同感到社会认同感的转化，要同现代性社会制度联系在一起去思考。在吉登斯看来，现代性社会是由交织在一起的两个轴架构成的，其中一个轴是工业化的世界，意指蕴含于生产过程中的物质力和机械的广泛应用所体现出来的社会关系，它是现代性的制度轴；另外一个轴是资本主义，它意指包含竞争性的产品市场和劳动力的商品化过程中的商品生产体系。基于这两个轴所架构起来的现代性社会，表现出自身一系列独有的特征，这些特征都与自我、自我认同和社会认同内在地契合在一起。

下面，我们将首先讨论现代性社会制度是如何影响人的品格的，进而讨论品格的重构问题。

现代性社会制度对人的自我品格的影响主要体现在四个方面。首先，现代性社会最显著的特征是民族—国家的形成。这样的国家具有特定的领土和监控能力，并对暴力手段的有效控制实行垄断，在地缘政治的范围内遵循协调的政治和计划。② 这就是说，自我首先是在民族—国家的监控之下存在的，这就意味着任何自我都内含着民族—国家的基本要素，自我认同感必须包含民族认同感和国家认同感，应该说，离开民

---

① ［英］安东尼·吉登斯：《现代性与自我认同：现代晚期的自我与社会》，61页，赵旭东译，北京，生活·读书·新知三联书店，1998。

② 同上书，17页。

族认同感和国家认同感而谈论自我认同感和社会认同感是根本不可能的。

吉登斯认为，在晚期的现代世界，即高度现代性的世界，人类会不可避免地导向灾难，会面对前代人不曾去面对的风险。比如，只要核武器(甚至只要制造核武器的知识)依然存在，只要科学技术继续卷入新式武器的创造，那么大规模毁灭性的战争就有可能发生；作为外在于社会生活的自然，因受人类的宰制，在某种意义上已面临着终结，这就是生态灾难的风险，而其他后果严重的风险，如全球经济机制的崩溃或极权超级大国的兴起，都是我们当代经验中不可避免的部分①。这样的现代性社会，意味着人的现代社会生活，而人的现代社会生活是与三个基本动力因素密切关联在一起的，包括时空分离、社会制度的抽离化以及内在的反思性等。因此，要克服人类现存的社会风险，必须建立起能够有效制约这些因制度性因素而给人类带来灾难的积极的社会认同理念，并在实践中践行。在本章的第一节，我们讨论过身份认同与现代性社会三个基本动力因素之间的关系，在此，我们必须讨论自我认同和社会认同与现代性社会三个基本动力因素之间的关系，以此才能更加深入地探究现代性社会制度对自我品格的影响。

其次，时空分离是现代性社会的一个基本标志。在前现代社会中，每种社会文化都具有自己已经定型的时间和空间标准，对多数人以及对日常生活的大多数活动来说，时间和空间通过地点连接在一起，实践的

---

① [英]安东尼·吉登斯：《现代性与自我认同：现代晚期的自我与社会》，4 页，赵旭东译，北京，生活·读书·新知三联书店，1998。

标尺不仅与社会行动的地点相连，而且与这种行动自身的特性相连。但在现代性社会中，时间首先被虚空化了，存在通用的计时系统和全球标准化的时区，空间也作为一种全球规划而存在。时间和空间被分离了，这为协调社会生活提供了时空重组的坚实基础，从而使现代社会生活逐渐脱离传统的束缚。显然，对于自我认同和社会认同来说，标准化的认同意识也必须建立起来，否则，就会落入地域化或区域化的狭隘窠臼。

再次，社会制度的抽离化，显示出一种独特的日常生活状况，即在前现代社会中以松散的形式组织起来的活动模式，随着现代性的出现，变得更为专门化和更为精确，社会关系从地方性的场景中被挖出来并使之在无限的时空地带中再联结。所谓挖出来就是"抽离化"，它以符号标志和专家系统得到表现，以信任和信念作为生活的基本品质。如各种货币或具有权威的专家，它深深影响着我们的自我认同和社会认同，这一情势的出现，意味着走向专门化、知识化和对专家系统的信任与认同。

最后，内在的反思性意指人们在现代性的社会生活中，通过反思过程，定期地把知识应用到社会生活的情境上，并把这作为制度组织和转型中的一种建构要素。"反思性是对所有人类活动特征的界定。"[①]内在的反思性提供了一种信任机制，使得信任与安全、风险与危险以种种具有历史独特性的方式而互相并存。吉登斯认为，现代性社会在本质上是反思性的，这种反思性与自我的反思性如出一辙，因而，正是反思过程，使自我和社会贯通在一起。因此，现代性社会的基本特质在自我的

---

① [英]安东尼·吉登斯：《现代性的后果》，32页，田禾译，南京，译林出版社，2006。

特质中得到充分体现。现代性社会与自我的深度关联，不仅为理解自我提供了可能，更重要的是它为理解自我认同和社会认同活动及其意义提供了条件，从而使人们能够在辩证的高度理解人存在的意义和自我解放的本质，推进对社会的改造，提升人适应社会的能力，完善人的品格。

由于现代性社会一般特征的存在，自我在其反思性的投射活动中，处在两极的状态中，一方面，它必须生活于现代性社会的预设情境中，甚至被这种情境所塑造；另一反面，它的主体性和文化的稳定性，又使它顽强地展现着自己以及传统。这是一种巨大的矛盾，使自我认同和社会认同总是处在尖锐的冲突中。由于"现代性的反思性已延伸到自我的核心部位"①，而现代性的那些基本特征总是在认同中起作用，如社会监控、时空分离、抽离化以及在反思活动中所形成的机制。因此，个体生活的变换在心理上产生不以主体意志为转移的重组，产生了各种认同方面的问题，使得"焦虑和不安全感总是折磨着我们"，人生活在高风险的状况中，总是感到迷失和孤立无援，那种在传统中保存下来的信任机制被普遍的怀疑和不信任所取代。民族—国家普遍加强了所谓集体性的社会监控，民族冲突和文化矛盾日益加剧。普遍的社会质询，社会角色的紊乱，本能上的畏惧和焦虑"直抵我们那种活在世上的连贯性感受的深处"，自我在认同中正在遭受磨难。诚如吉登斯所说，"现代性的剥夺是无法抗拒的"②，这就要求现实的人在适应现代性社会的过程中，不断进行自我品格的不断重构。

① ［英］安东尼·吉登斯：《现代性与自我认同：现代晚期的自我与社会》，35页，赵旭东译，北京，生活·读书·新知三联书店，1998。

② 同上书，226页。

在现代性社会秩序和新媒体所传递的经验社会中，自我认同变成了一种反思性地组织起来的活动。自我的反思性投射发生于经过抽象过滤的多元选择的场景中，因此，如何过一种有意义的生活，改变我们的生活方式，就显得特别重要。然而，社会控制的失当，区域性与全球性相互作用对人们惯常生活方式的重构，个体生活方式选择的多样性和紧迫性，作为现代性制度核心要素的资本主义生产和分配形式对人的生存的至深影响，行动场景的多元化和"权威"的多样性，等等，对人们形成良好的自我意识乃至建构自我认同都产生诸多负面的作用，而"反思式组织起来的生活规划，其通常被假定是与专家知识相接触之后所具有的对风险的考虑，成了自我认同的结构化的核心特征"①。

凡此种种，使得人的现实生活和实践活动如何才能适应现代性社会制度的要求并达到创造性的发展呢？如何才能实现自我认同或社会认同呢？吉登斯认为要对人的品格进行重构。吉登斯认为，对于生活在晚期现代性场景中的每个人来说，该做什么、如何行动、成为谁？这些问题都是核心的问题，无论是话语性的还是通过日常的社会行为，它们都是我们所要回答的问题。② 由于人的生命的每一时刻都是一个"新的时刻"，每一时刻的生命都是有关思想、情感和身体感知的反思性的高度觉知的时刻，基于这种觉知，引发人自身的改变，并激励个人通过身体力行改变自身。人的改变，无论是身体的还是意识的，存在许多有效的方法，如"自我观察的惯常艺术"、自我治疗和自我理解艺术、"与时间

————————

① ［英］安东尼·吉登斯：《现代性与自我认同：现代晚期的自我与社会》，6页，赵旭东译，北京，生活·读书·新知三联书店，1998。

② 同上书，80—81页。

对话"的重构过去的活动等，都体现为个体如何把握其生命进程的自我设问的过程，体现为以一种积极的方式来思考时间和自己的命运，把握包含着风险的自己的生活。

吉登斯认为，我们每个人都必须准备与过去彻底隔离，以新的办法来导引新的行动进程。自我不是现代性社会的独特产物，"个体性"的存在是至关重要的，因此，为了使"个体性"得到程度不同的赞赏，必须以某种方式培育个体的潜能，也就是培养社会认同的自我认同品格。那么，应该培育出哪些品格呢？按照吉登斯的思想，这些品格包含了十个方面的内容，如下我们分别加以归纳和讨论。

第一，建构或重构连贯的值得奖赏的认同感。[①] 自我可看成个体负责实施的反思性投射。每一个个体现在的样子是对自身加以塑造的自觉结果。其中，自我塑造的心理过程和心理需要为自我的重组提供了参数，通过积极参与、建构与重构连贯的值得奖赏的认同感，使自我可以获得更为广泛、更为基本的目标支持和精神保障。

第二，不断进行自我形塑的能力。每一个个体都处在从过去到可预期的未来的成长轨道，个体依据对（组织化的）未来的预期而筛选过去，借助这种筛选，个体挪用其过去的经验，形成了"前景图形"，在自我的连贯性意义上，把生命周期以清晰的方式辨别出来，通过有效克服各种不确定性的根源，维持自我本质的同一性。

第三，持续性的自我反思。持续性的自我反思是人类的基本特征，

---

① ［英］安东尼·吉登斯：《现代性与自我认同：现代晚期的自我与社会》，86 页，赵旭东译，北京，生活·读书·新知三联书店，1998。

理性个体依据正在发生的事件被要求实现自我质问。在这种意义上，反思性属于现代性的反思历史性，以与原初的对行动的反思监控相区别，形成自我观察的实践化艺术，准确回答那些自我反思性的问题。

第四，把自我叙事改变成鲜明的记述，以维持完整的自我感。自我感是一种连贯的现象，自我认同是一种叙事，通过以自我关照为原点的叙事向记述的转换，获得个体完整的自我感，这一点，在现代社会生活中处在自我认同的核心位置。①

第五，"和时间保持对话"的品格。自我实现是对时间的控制与管理，"和时间保持对话"是自我在个体建构的个人时区内实现自我的真实基础与过程。任何给定时刻都是使生命趋于圆满的基本条件。使未来尽可能地通过时间控制和积极互动的主动过程而秩序化，自我叙事的整体性才得以建立。

第六，将自我的反思性拓展至身体的品格。自我的反思性应该拓展至身体，因为身体是行动系统的一部分，不是被动的客体。对身体过程的观察内在于持续的反思注意，个体召唤它来关注自身的行为。身体的觉知，对于"把握时刻的完整性"是基本的，也是对来自环境的感觉输入以及作为整体的主要身体器官和身体特质的反思监控所必须的。②

第七，培养在机遇和风险之间把握平衡的能力。自我实现可理解为机遇和风险之间的平衡的结果。使个体从压迫性的情感习惯中解放出来的技术是在不断进行实践尝试后获得的，让过去成为过去，勇敢地使自

① ［英］安东尼·吉登斯：《现代性与自我认同：现代晚期的自我与社会》，87 页，赵旭东译，北京，生活·读书·新知三联书店，1998。

② 同上书，88 页。

己面向未来发展自我的无限可能性。

第八，对自我诚信是自我实现的重要基础。在反思中发现自身是自我建构的主动过程，它必须贯通所有的目标，尤其是从依从性中解放出来的目标和实现抱负的目标，只有这样，才能提升自我价值。

第九，能够把握个人危机的品格。吉登斯说生命进程是一系列的"过渡"①。如果要在生命进程中实现自我的话，就要学会协调生活中有意义的转变，如找新工作，开始新关系，在不同领域或惯例之间游离，等等，所有这些都意味着有意识地对付蕴含着希望的风险，把握个人危机所敞开的新机遇。他强调使生命过渡与传统场合中可比较的过程相区别的，不仅仅是仪式的缺场，更为重要的是这些转变被拖入自我实现的反思性动员的轨道之中，依据这种轨道才得以跨越。②

第十，培养对生活经验进行整合的品格。吉登斯指出自我发展的线路是内在参照性的：唯一显著关联的线索就是生命轨道自身。作为可信自我的成就的个体完整性，来源于在自我发展的叙事内对生活经验的整合，这是个人信仰体系的创建。个人信仰体系的创建为个人把第一忠诚给予自身提供了手段。③

吉登斯上述所言的自我认同品格，实质是在分析现代性社会中自我实现的能力要素。也就是说，吉登斯讲的自我认同品格是个体融入现代性社会的基本品格，它是现代性社会制度与人的实践行为双向互动对自

---

① ［英］安东尼·吉登斯：《现代性与自我认同：现代晚期的自我与社会》，90 页，赵旭东译，北京，生活·读书·新知三联书店，1998。

② 同上书，90 页。

③ 同上书，91 页。

我的基本要求，而且，这些品格的培养是一个缓慢的、艰苦的、不断建构的过程。这些品格一旦建构起来，将对人的自我存在和实现起到十分积极的作用。吉登斯认为，从个体建构与重构其生活史的方式来看，关键的参照点是"来自内部"的，也就是说，是自我反思的结果。吉登斯不无感慨地说："就我而言，看来可以合理地承认刚刚所勾勒出的思想是片面的、不充分的，并且是带有个人风格的，但它们显示了在当代世界即晚期现代性世界中有关自我和自我认同的某种真实的东西。通过把它们和这一世界的制度转型的特征联系起来，我们就可开始洞悉其原因了。"①显然，要达到真正意义上的自我认同和社会认同，实在是太难了。但是，我们必须做到。

(三)社会认同的本质是对自我的反思性超越

从吉登斯关于人在现代性社会的反思性实践中所需要的自我认同与社会认同的品格塑造来看，自我认同或社会认同实际上是一个动态的过程，是人在现代性社会结构化过程中进行生产与再生产的实践活动对社会主体意识的一种要求，当然也是人的自我价值实现所必要的主体素质的一般条件。吉登斯对此的研究引起了广泛的注意②，其着眼点在于人们期盼能够在理论和实践两个方面，把握住自我与社会认同的本质。

对自我认同的研究首先发端于精神现象学，这一工作最早由弗洛伊

---

① ［英］安东尼·吉登斯：《现代性与自我认同：现代晚期的自我与社会》，91页，赵旭东译，北京，生活·读书·新知三联书店，1998。
② 邢媛：《吉登斯"自我认同"的社会哲学思想探析》，载《马克思主义与现实》，2010(2)。

德开启，把认同看成一个心理过程，随后由社会心理学和结构主义进一步扩展和完善。弗洛伊德认为人的认同活动实际上是一个心理过程，人具有本能冲动和超我的两极需求，自我是二者之间的协调者。自我在协调二者的过程中，遵循现实原则，在尽力实现自我认同的基础上，积极调控本我与外部世界的关系，当个体遭受外界的排斥和冲击时，自我内部的防御机制就会启动，从而防止自身遭受心理上的伤害。这就是说，自我认同实际上包含着防御机制，具有防御功能。弗洛伊德关于自我认同的看法，引起了学界的广泛讨论，同时遭受了不同程度的批判。

在弗洛伊德自我认同思想的基础上，美国学者哈特曼（Hartman）提出了一种关于自我认同的新的思想，尤其是提出了自主性自我的概念，并做了深入讨论和辩护。在他看来，个体的自我防御机制是非常必要的，因为它并不一定意味着消极。例如，对于个体生命来说，在其生命的早期，自我和本我是分离的，那时，自我有很强的自主性。当他面对环境的变化时，并不是被动地适应，而是依照自身特有的感知以及记忆和思维等形式，很积极地做出应变，并根据自身特质进行整合。

美国学者埃里克森对这种自我认同观做了进一步的发展。他首先把弗洛伊德的自我概念独立出来进行考察，进而把自我定义为一种有意识的心理过程，其积极作用是能充分协调人自身的内部发展和社会发展，在这一协调过程中，引导人实现积极的自我认同。艾里克森（Erikson）认为，自我认同即"自我同一性"，包括四个方面，即个体性（individuality）、整体性和整合感（wholeness and synthesis）、一致性和连续性（sameness and continuity）、社会团结感（social solidarity）。在深入分析这个自我认同即"自我同一性"思想的过程中，又进一步提出了人格发展理论：人格在人的一生中是不断变化的，而不是像弗洛伊德所说的人格在 6 岁左右就基本形成，以后没有太大变化。埃里克森还根据人类"自我认同"的阶段性特征，把人生细分为八个时期，即婴儿时期、学步时期、儿童早期、小学时期、青少年时期、成年早期、成年时期和老年时期，它们是人格发展的关键点。由于自我所处环境和个人境遇的不同，人格特征在每个阶段都有很大不同，所以说，正是在环境变化中的自我认同的重新整合，体现出人格的发展，或者说，不断地塑造着人格。

自我认同与社会认同是有一定区别的，前者更多的是一个心理问题，后者则是一个社会问题，从吉登斯认同思想的总体来看，吉登斯几乎不做这样的区分，这一点，他在《现代性与自我认同》的序言中就讲清楚了，他认为，自我认同看上去是一个心理问题，其实不是，对他来说，他把自我认同看作在现代性境遇下所说的问题，其实质是个体在现代性社会通过向内用力，凭借内在参照系统而形成的自我反思性。强调了认同是个体依据个人的经历反思性地理解到的自我，说明自我的反思性特点是依赖于个体自身实现的，换句话说，个体具有反思性的能力；存在一个内在的参照系统，个体自身正是基于这个内在的参照系统，才能形成反思；自我的反思性是一种动态的认知体验，这种体验是人们在反思活动中形成的，并以自我认同的形式体现出来。

从反思的观点看，自我认同的形成依赖于人的最基本的自我意识，离开自我意识，就不可能有自我认同产生。由于自我意识是对自我与外部世界关系的一种体验或认知结果，因此，一旦个体意识到自身与外部世界有明显的区别，作为个体的人，就要去寻求一种路径，使自身与外部世界达到一致，即获得同一性，获得坚实的赖以生存的基础。人类生存、生活与生产的经验表明，我们之所以会认同外部世界，就是因为我们不仅对其性质和存在状态有一个基本的认知，同时会把我们的生存置于这个认知的基础之上，即认知是我们存在的方式及其边界的设定者。然而，人的认知能力并不是无限的，因此，需要我们突破特定时期的时空界限，就是说，要提高我们的自我意识，在普遍性上形成对对象世界的科学认识，从而使自我与他我能在一定意义上达到一致，形成初步的自我认同。

显然，吉登斯是从更具社会学研究的视角来分析"自我认同"的，因此，把认同主体在现实社会中的存在状况和境遇情境，看得特别重要。例如，吉登斯认为，在现代性的社会情境中，真实存在着的社会主体，其自我一直处在非常焦虑的状态。为了摆脱这种焦虑，就需要主体努力地使自己与社会发生关联，使自己获得与对象世界的同一性。对于功能主义者来说，在特定情境中的"自我认同"，一方面，表现为认同主体会尽己所能在实践中去实现与现实世界的同一性，努力追求自我的实现；另一方面，认同主体又会尽己所能去反思和理解这个现实的情境，不断提高自己的自我意识，以便在更高的层次或境界实现自我认同。然而，现代性社会是一个"时空断裂"的社会，任何个体的独立行为都不可能超越这个情境。因此，必须换一种思路才能真正实现自我与外在对象的同一性认同，那就是要"回返到现象本身"，把"自我认同"的过程作为一个动态的过程看待，把它看作是在实现人的价值，而不是在发挥某种特殊的功能，从而在社会认同的意义上来理解社会认同。

我国著名社会心理学者沙莲香赞同这样的看法，认为自我认同属于社会心理学的范畴，它是指在个体与社会及其文化的互动过程中形成的一种相对稳定的心理状态，因此，自我认同"又用来表示主体性、归属感"①。著名社会学家泰费尔（Tajfel）也把自我认同与社会认同相提并论，指出社会认同是"个体认识到他（或她）属于特定的社会群体，同时也认识到作为群体成员带给他的情感和价值意义"②。社会学家李友梅认为："社会认同是社会成员共同拥有的信仰、价值和行动取向的集中体现，本质上是一种集体观念；与利益联系相比，注重归属感的社会认同更加具有稳定性。"③因此，社会认同既包含着个体对自我与社会的关系的反思，也包含着对自我的内在认知。在本章关于吉登斯人类认同问题的讨论中，我们以吉登斯的看法为基础，将自我认同与社会认同的内涵一致起来，借此阐释吉登斯的思想。总体上，吉登斯把自我或社会认同看作社会成员共同拥有的信仰、价值和行动取向的集中体现，是一种集体观念，注重归属感，更具有稳定性。④

在吉登斯看来，自我或社会认同"是个体依据个人的经历反思性地理解到的自我，个体通过向内用力，通过内在参照系统而形成了自我反思性，人们由此形成自我认同的过程"⑤。如同费孝通先生提出的"差序格局"一样，根据现代认同的参照标准不同，其认同可以分为微观上个

---

① 沙莲香：《社会心理学》，44 页，北京，中国人民大学出版社，2006。

② Tajfel H.，*Differentiation Between Social Groups：Studies in the Social Psychology of Inter-group Relations*，London：Academic Press，chapters 1，1978：p. 3.

③ 李友梅：《社会认同：一种结构视野的分析》，21 页，上海，上海人民出版社，2007。

④ Jon Clark，Celia Modgil and Sohan Modgil（ed.），*Anthony Giddens：Consensus and Controversy*，the Falmer Press，1990，p. 21.

⑤ ［英］安东尼·吉登斯：《现代性与自我认同：现代晚期的自我与社会》，275 页，赵旭东译，北京，生活·读书·新知三联书店，1998。

体的自我认同和宏观上的民族认同与国家认同。而在现代境遇下的认同，不论是自我认同还是民族国家认同，其本质上都离不开对文化认同的解读。同时，现代性的认同感也随着社会历史文化的衍变发生了变化，甚至出现了认同危机。正如吉登斯所言，从传统社会进入现代社会之后，自我认同出现了困境：社会认同的稳定基础出现断裂以至于出现本体性的焦虑现象，自我认同危机不断延伸到社会认同中。随着时空差异的削弱，以时空差异为载体的文化差异逐渐消减，自我认同出现了不确定性和模糊性，"社会认同何以可能"就成为摆在我们面前的对现代性后果的拷问，我们必须循着这个"启示"继续追索实现人类"自我认同"的现代路径，如卡斯特所言："在一个普遍充斥着组织崩溃、制度丧失正当性、主要的社会运动消失无踪，以及文化表现朝生暮死的历史时期里，认同变成是主要的，有时甚至是唯一的意义来源。"①

在吉登斯看来，现代社会状况下，个体对反思性的塑造、一种自我认同的追求愈强烈，就愈会意识到当下的实践决定着未来的结果。② 确实，自我或社会认同是在自我完善和自我实现的过程中达到的，它不仅是对自我的肯定和维系，同时也是对自我的超越，是基于当下实践对未来的期待。由于自我或社会认同活动的场域是不断变化的，个体的自我存在较大差异，因而，人类认同的内容也会随着社会和文化的改变而改

---

① ［美］曼纽尔·卡斯特：《网络社会的崛起》，3—4 页，夏铸九等译，北京，社会科学文献出版社，2003。

② ［英］安东尼·吉登斯：《现代性与自我认同：现代晚期的自我与社会》，149 页，赵旭东译，北京，生活·读书·新知三联书店，1998。

变。如果说自我或社会认同是对自我存在的肯定，是对自己身体的肯定，那么，这种肯定性的活动不仅同现实的社会密切关联在一起，而且也同人的未来的发展趋向密切关联。

在关涉人和社会未来发展的意义上看自我或社会认同，它的本质无疑体现为个体对自我与社会关系认识的反思性超越。自我包含了三个层次，即作为身体存在的自我，作为意识存在的自我和作为社会关系存在的自我，这三个方面在人类实践中是不可分割的统一体。因此，在人类认同超越的过程中，对作为身体存在的自我的超越，必然表现为现代性社会结构化过程中对自我定位的超越，也就是对身份认同的超越，提升身份认同的内涵；对作为意识存在的自我的超越则体现为对吉登斯所说的认同品格的超越，使作为社会实践的认同主体具有更大更强的创造性和能动性；而作为社会关系存在的自我的超越，则体现为在主体创造性和能动性充分发挥的过程中，提升表现社会生产和再生产本质特征的社会关系的内涵，强化人解决现实社会矛盾的能力，在实践中达到所谓"自我实现"。自我或社会认同的超越作为一种自我实现的活动，既是个体性的活动，也是社会性的活动，无论如何，都是在现实社会情境中展开，在人类实践中完善，并通过参照他人和社会的一般行为得到证实，自我借助于社会提供的条件而实现新的认同。

社会认同的超越是新的认同活动的实现，其实质就是自我实现的过程，这个论断是对自我本质属性的基本论断。它不仅强调了主体在自我认同中的作用，而且突出了发挥人的潜能的重要性。无论从心理学还是社会学的角度看，人的潜能都是难以被量化的，我们只能从潜能释放的意义上来看它的大小。如果人的潜能得到越来越多的释放，人就能够不断地达到自我实现的境地，主体就会不断得到完善。显然，这既是一个过程，也是一种方式，其本质就是人类发展的动力与目标的一致性，是自我意识和人的潜能的不断释放和超越的过程，是发展人性中最深层次的道德和审美的过程。

自我实现是"人性的一个规定性特征，没有它，人性便不成其为充分的人性。它是真实自我的一部分，是一个人的自我同一性、内部核心、人的种族性的一部分，是丰满人性的一部分"①。这里的"丰满人性"指的是人的善良、审美、创造等潜能，这些潜能的充分发挥才能实现自我的完满人性，然而，自我实现不可能是一种静止结果，它只能是自我不断完善自身和实现自身的动态过程。可见，马斯洛的自我认同观是立足于内在价值论基础上的，其本质是自我完善和自我实现的过程，换言之，自我的本性内在地蕴含着自我发展和自我实现的潜能，这种潜能的充分发挥就是自我认同的动态表征。而吉登斯对"自我认同"的解读是建立在社会认同的基础上进行的，把现代情境中的"自我认同"看作既是个体追求自我实现的努力，又是个体在现代制度下的自我反思。然而，在现代社会，个体自我实现的能力获得了前所未有的延展，而个体控制力的增强却间接导致了个体的经验的"存封"，使得个体逐渐远离事件和情境。于是，吉登斯发现：现代情境下的"自我认同"陷入了困境。因此，吉登斯竭力探索超越个体性而走向社会性和全球性的"自我认同"的途径。

———————————

① ［美］亚伯拉罕·马斯洛：《人性能达的境界》，15 页，林方译，昆明，云南人民出版社，1987。

随着经济全球化时代的到来，各民族文化的整合成为必然趋势，同时也不可避免地为我们呈现出一种共同的危机：全人类需要创造出一种融合各文化而成的共同价值系统。然而，现代性的认识论特征就是"时空断裂"，吉登斯试图"回返到现象本身"，把"自我认同"作为一个动态的社会性过程进行考察，而不能将自我认同当作个体的独立行为，因为个体总是处于不断的相互作用中以相互确证而存在。因此，"自我认同"只有通过社会整体性机制的作用才能真正实现。

通常，我们把自我区分为相对独立的两个部分：内在的部分和外在的部分，亦即人的自我的、心理的和人性的或社会的。前者所体现的自我主要在于需要、动机、意愿等，后者体现的自我主要来自社会范畴中的成员资格，诸如人的社会职业、性别、国家、种族、团体或短暂临时的群体资格等。每一个个体在社会中都必然拥有某种社会身份，而一个人在社会中一旦有了社会身份，个人对其身份的认同就会完全不同，因而社会认同也就不同，这就是所谓社会的范畴化。自我描述更能体现个体的社会部分，于是，人的自我认同就会从个体的自我认同逐步走向社会认同和文化认同，甚至，后者比前者更能体现自我的本性，也就是说，社会认同比个人认同具有更大的功能意义，对自我的发展也具有更显著的影响。诚如人们所说的，自我概念是一个连续体：从完全的社会认同到完全的自我认同。这个连续体是与行为的连续相关联的，后者从种族主义或群体行为到体现个性特征的人际行为。行为的具体内容取决于主观上社会认同和个人认同哪一个是显著的。

在社会认同活动中，一个维度上的群际区分（例如，相似性、相邻性、共享命运和社会互动）经常会导致其他维度上的群际分化。当一种范畴化(如性别)与另一种范畴化(如青年人与成年人)交织在一起的时候,在一种维度上两个范畴之间差异的强化会被另一维度上的相似性的强化所平衡。如果一个个体能够被分到具有正向价值的范畴内,他就会从这种关联中获得利益,原因在于那个区间或社会范畴中,人们拥有积极的自我评价,能够创造出不同寻常的自我价值感或自尊。社会认同路径认为,这种被创造出来的具有积极性的对自我中最高人性的追求,即是对人类认同的一种超越,它发生在群际层面上,解释了群际差异中为什么会产生自我中心特征,以及群际差异在极端性上的变化。

吉登斯所说的自我认同的超越,是已经颠覆了传统社会的组织结构和运行机制的背景下的超越。在这样一个时代,"一切固定的僵化的关系以及与之相适应的素来被尊崇的观念和见解都被消除了,一切新形成的关系等不到固定下来就陈旧了"①,因此,时空感和现实感的消解,使得人类的自我认同充满了不确定性,个体自我认同感的迷失表现为面对多元文化情境的无所适从和焦虑,"现代化的力量就像一柄巨大的铁锤,无所顾忌地砸向所有旧的社区机构——氏族、村庄、部落、地区"②,使得传统时代以地缘和血缘关系为纽带的社会认同格局被打破,价值判断和社会规范标准都发生了改变,从而更趋向于多元性和即时性,这意味着,自我或社会认同不仅更加困难,而且更依赖于人们在实践活动中形成的价值理念。

如果说自我或社会认同是"个体依据个人的经历所反思性地理解到

---

① 《马克思恩格斯选集》第 1 卷,275 页,北京,人民出版社,1995。

② [美]大卫·格里芬:《后现代精神》,13 页,王成兵译,北京,中央编译出版社,1998。

的自我"①，准确地表述出人类认同活动的一般特质，那么，人类认同的超越必然是带有全球性特征的反思性的活动形式，这种反思性不仅依赖于个体内在的参照系统和人们在实践中形成的自我认同的一种动态的认知体验，而且来源于对自我与社会化的关系的认识，并在实践中努力寻求达到超越自身与外部世界同一性的路径。

在吉登斯看来，反思性贯穿于现代社会中生产与再生产的所有活动过程，它是一种行动的惯常性联系的体现，即行动与思想互相反映，进而促成了有理由的下一步行动。显然，贯穿于自我认同或社会认同中的反思性，也必然会以社会的生产和再生产的内在规定影响和左右人类的认同活动本身，也就是说，在社会的结构化过程中，人作为认同实践活动的主体，他的超越性的实践努力，不仅既受到作为实践主体的自我意识的支配，也受到客观环境和社会结构的影响，而且自我意识和客观环境又处在不断的交互影响中，从而使人的自我或社会认同的超越性活动变得极其复杂。由于人的反思性活动渗透在人类参与的社会生活的全部范围内，包括对已获得的确定性知识的反思（特指与现代性紧密相连的社会科学知识），而在此作用下，又没有什么知识是有绝对确定性的。正是这种反思的力量，成为社会进步的动力所在，同样也成为自我或社会认同超越的动力所在。吉登斯是一个乐观主义者，在他的认同理论和思想中，他深信人的认同品格一定能够建立起来，人的自我或社会认同也一定能够得到超越，并在他的激进政治的乌托邦社会理想的实现中发

---

① ［英］安东尼·吉登斯：《现代性与自我认同：现代晚期的自我与社会》，275 页，赵旭东译，北京，生活·读书·新知三联书店，1998。

挥积极的作用。对于这一问题，有待于在下一节进行讨论。

　　综上所述，吉登斯作为英国新马克思主义社会批判的哲学家和社会学家，他基于反思的人类实践对自我或社会认同的研究是站在"巨人的肩膀上"实现的，他关于现代性的制度在规约着自我认同以及自我认同又"塑造着现代性的制度本身"①的人类认同思想、关于自我或社会认同品格培养与现代性社会发展关系的思想以及自我或社会认同超越的思想，以宽广的视野和深刻的分析，使我们看到了人类认同对于推进社会发展的重要性，看到了如何把人类认同同现代性社会发展有效结合的可能性和现实性。在本节的开头我们就说过，吉登斯真正关注的不是自我，而是现代性与自我认同的内在一致。吉登斯以自我认同为切入点，概括了自我所呈现的整体性规定：他塑性、传承性和主体能动性，揭示了在现代性社会背景下自我认同的困难，并尝试构建现代性社会与自我认同的理想运行模式。通过如上对吉登斯关于自我、自我认同、现代性的特征、现代性与自我认同的关联等思想的分析，可以看出，吉登斯尝试建立一种既有利于现代性社会的发展，又有利于人的自我认同实现的社会运行模式。吉登斯的这样一种对问题的思考方式以及这些思想本身，对于我们认识自我及自我与社会的关联，不仅给出了可供我们参考的分析和答案，而且昭示出重要的认识论和方法论意义。

---

　　①　［英］安东尼·吉登斯：《现代性与自我认同：现代晚期的自我与社会》，2 页，赵旭东译，北京，生活·读书·新知三联书店，1998。

三、生命意义与价值认同

吉登斯是一位推崇积极生命意义的哲学家、社会理论家和新马克思主义者，与那些在生命意义面前沮丧、颓废、消极的生命哲学家不同，也与那些犬儒主义学者不同。吉登斯倡导积极的生活政治，主张在理性认识的基础上对世界再结构化，基于马克思的解放的政治思想，联系现代性社会现实，提出了激进政治纲领的现实主义乌托邦理想，并深信在人类改造世界的伟大实践活动中，他的乌托邦构想能够实现。如上我们关于吉登斯身份认同、社会认同思想的阐释，即是他积极入世思想的表现。对吉登斯来说，身份认同是人类认同的基础，离开对身份的认同和把握，就难以在复杂的现实世界定位和立足；自我或社会认同是生命主体意识创造性和主动性的内在条件，只有以良好的认同品格参与到对世界的改造和实践中，才能张扬生命的意义。然而，生命意义的张扬不会只停留在自我的层次上，也不会只限于个人与社会的认同性关联上，而是在于超越个人基础上的社会实践，在于落脚于人的生活的世界，创造一种适合于人类生存和发展的生活风格、生活规划、生活实践和生活方式，建设一个人与人之间、民族与民族之间、国家与国家之间拥有亲密关系的社会。如果我们要使人的社会实践达到或实现这种状态，那么，就必须要有正确的价值选择，形成能够展现生命意义的价值认同，这样方能真正践行符合人类生存、生活和发展的政治纲领。围绕这些关涉人类积极的生命意义的重要问题，吉登斯也形成了自己独特的现实主义的价值认同思想。在本节中，我们将围绕生命意义与价值认同这一主题，做出尽可能详尽的分析和讨论。

(一)纯粹关系的价值认同对于自我反思计划具有根本重要性

在《现代性与自我认同》这部专门讨论现代性社会人类认同的重要著作中，吉登斯在诸多关于认同的问题中，就三个相关问题使用了"根本的重要性"这一表达。

第一是他在讨论人的存在性活动时，认为自我认同的"内容"，即在个人经历的过程中随着社会和文化的改变而建构起来的特质，"在现代性的境况下，这个问题在评价自我认同的机制时，具有根本的重要性"[①]。

第二是他在讨论现代性社会制度与认同的关系时，认为现代性有着与社会再生产和自我认同相关联的控制取向，"更为根本性的是"，行政控制的加强变得更为一般化，这是制度反思的条件，同时某些方面也是它的产物。因此，"以一种特殊的制度形式来表达，这是对所有社会再生产特征的重新描绘。然而，在监控机制高度发达的制度中，社会再生产的状况变成自我动员的日益增加"[②]。

第三是他在讨论认同选择的多元性和与他人的关系时，认为人与人之间的亲密关系只有是自由的选择，我们才能在公众话语层面论及"关系"，"在高度现代性的境况下，纯粹关系(它与性纯洁毫无联系)对于自我反思计划逐渐具有根本的重要性"[③]。

仔细分析一下这三处对"根本的"这个词的运用，可以看出，第一次

① [英]安东尼·吉登斯：《现代性与自我认同：现代晚期的自我与社会》，61页，赵旭东译，北京，生活·读书·新知三联书店，1998。
② 同上书，175页。
③ 同上书，99页。

使用是在讲人的存在性与认同问题，其实是在讲人在社会结构化中的地位或定位，即身份认同问题。第二次使用是在讲反思的现代性制度与认同问题，即社会认同。第三次使用是在讲基于价值选择的人们之间的纯粹关系问题，即价值认同问题。由此不难看出，身份认同、社会认同和价值认同这三种人类认同形式对于吉登斯来说具有"根本重要性"。在本章的第一节和第二节，我们已经分析了吉登斯人类认同基本思想中的身份认同和自我或社会认同，而价值认同正是本节要展开讨论的问题。

吉登斯把基于价值选择的人类的价值认同与纯粹关系之间的关系，看作具有根本的重要性，为什么呢？按照吉登斯的看法，在人类的价值认同中，纯粹关系对于"自我反思计划具有根本的重要性"。吉登斯认为，"关系"一词的最原初的含义是指一个人与另一个人的亲近而持久的情感维系，而一种纯粹关系则是指这样一种情境，在此，一种社会关系的达成没有外在的原因，它只是因为个人可以从与另一个人的紧密联系中有所获，这样一种情境只有在关系双方都对关系满意的情况下才能持续下去。纯粹关系是普遍性地重构亲密关系的一部分，它以一些因果相关的方式，平行于可塑性性征的发展。① 吉登斯所说的"自我反思计划"则是指在现代性社会中自我行动的安排。吉登斯把纯粹关系与自我反思计划关联在一起，意在说明现代性社会中人的自我行动的计划是在一个具有纯粹关系的场境中进行的，也就是在具有自我认同的场境中进行。

---

① ［英］安东尼·吉登斯：《亲密关系的变革》，77 页，陈永国等译，北京，社会科学文献出版社，2001。

纯粹关系提供了一个环境，使个人乃至群体、民族、国家之间建立了认同关系，有了行为的或实践的活动。纯粹关系有许多特质，正是这些特质，使价值认同和人类实践内在一致起来。

按照吉登斯的看法，纯粹关系首先体现为亲密关系和友谊，其基本特征是伙伴是在多种可能性中自愿选择出来的。显然，选择伙伴要在邻近的有交往和接触的人中选择，这是建立亲密关系的必要条件。与此同时，伙伴关系的选择具有自由性和合理的持久性，如婚姻和友谊关系等，都近似于一种纯粹关系。基于纯粹关系可能建立起来的这些基本条件，吉登斯从诸多方面讨论了纯粹关系与价值认同之间的关系，借此说明在个人乃至更大范围的组织及共同体之间，现代性社会如何建立起信任、履行义务、双赢、合理分配权力以及平衡与制约关系等问题，建立一个正义、公平、协商、民主的社会，旨在阐明借助纯粹关系的建立，如何实现自我反思计划，为他进一步揭示以现实主义的价值认同为基础实现激进政治纲领的乌托邦思想，埋下了伏笔。

对于吉登斯来说，纯粹关系的首要特征在于建立这种关系的主体的自主性。他并不认为纯粹关系的建立要依靠外部的社会和经济生活状况，这一点与人们的传统解释正好相反。吉登斯以婚姻关系为例来说明这一特征。在传统社会中，婚姻是一份契约，通常由父母或亲戚来做主，而不是由配偶双方自己来确定。这种契约通常受经济因素的强烈影响，甚至构成更广泛的社会经济系统或经济交易的组成部分，在现代性社会早期，此种情况并没有多大改善，婚姻内部也是自然的分工，男人养家糊口，妻子照看孩子，操持家务。只是进入真正现代性社会以后，随着爱情在婚姻制度中成为主要因素，婚姻才越来越多地成为一种长久维系的亲密关系，彼此获得情感的满足，建立一种自主性的纯粹关系。从婚姻作为经济社会关系到纯粹关系的转变这一案例，吉登斯把它推广到现代社会的友情关系、工作中的同事加友情的亲近关系等，他把朋友界定为除了这种关系所能提供的回报以外别无所求的他人。在工作中的亲近关系，不仅分享工作带来的利益，而且增进友谊，而友谊即是与他人联系的价值本身，这样的纯粹关系不同于与亲属之间的血缘关系，这是明显的区别。具有血缘关系的亲戚之间，特别是家属关系，义务是首要的且无法解除。显然，来自于自主性的纯粹关系，是一种以价值认同为基础的关系，正如吉登斯所说："只要亲密情感因为自身的原因而被双方相互拥有，人就会正常地维持朋友关系。"①

纯粹关系的建立还在于维护这种关系的主体之间稳定关系的持久性。吉登斯认为，纯粹关系的追寻，仅仅是为了它能给卷入的伙伴双方带来些什么，恰是在这个意义上而言，这种关系才是"纯粹的"。②"能给伙伴双方带来些什么"，意味着能给伙伴带来有益的方面，人与人之间利好的关系是可能导致持久的个人关系，且是经受过考验、承受过压力的，同时也是有所得益的关系。对于这样的关系，一旦出现其中某一方或者说是某个人，仅仅为了自己而不顾及他人的情况，或其他任何差错，都会内在地威胁这一关系本身，如果伙伴一方这样做，另一位很可能就会因此而疏远，由此造成的特殊紧张就可能引发放弃这种关系，或

① ［英］安东尼·吉登斯：《现代性与自我认同：现代晚期的自我与社会》，102页，赵旭东译，北京，生活·读书·新知三联书店，1998。

② 同上书，102页。

寻找可行的其他关系，这样的行为"确实具有组织性关系品质的编码力量"①。也就是说，纯粹关系的这种状况，不仅仅适合于个人之间的关系，也反映出任何组织性关系的特性，这是一种内在的痛苦，反映了内在于创造和维系特定关系时的困难，反映了纯粹关系中使双方都满意的给予和接受之间的平衡和互惠维持的不易。不难理解，如果拥有纯粹关系的人或组织之间，能够长久地保持一致的价值选择和价值认同，纯粹关系就能够得到维护，否则，就难以做到长久地平衡和互惠，这一点，对于当代社会关系复杂性的认识，是有重要启迪意义的。

在吉登斯的思想中，纯粹关系保持了一种开放的形式，它在连续的基础之上，"被反思地组织起来"。② 吉登斯使用"被反思地组织起来"这一术语不是偶然的，这反映了他对现代性社会反思性的一贯看法。吉登斯的意思是说，在纯粹关系中，越是依赖其自身，就越会产生反思性的疑问，且这种疑问会越来越成为核心问题，从而引发关系内部的紧张。在这里，吉登斯明确意识到，"内在于纯粹关系的自我审查与自我反思计划紧密相连"，它传递出是奖赏还是引发痛苦的直接疑问，表明一个伙伴"为什么爱我"的反应，也是一个与自我认同和纯粹关系需要之间的联结有关的问题，表明今天所有的亲密关系的反思调节都会纳入更广泛的现代性的反思性中。③ 吉登斯在这里所讲的问题，其实就是在纯粹关系中，一旦价值认同发生了偏离，亲密关系之间的平衡常常会偏离，亲

---

①　［英］安东尼·吉登斯：《现代性与自我认同：现代晚期的自我与社会》，103 页，赵旭东译，北京，生活·读书·新知三联书店，1998。

②　同上书，104 页。

③　同上书，104 页。

密关系的持续就构成了问题，因此，只有在一个开放的系统中，不断地调节人们之间的关系，在反思中不断地重构这种关系，纯粹关系才得以发展。

纯粹关系中人们之间的"承诺"扮演了中心的角色，换句话说，纯粹关系具有承诺性。在吉登斯看来，人们之间的相互承诺，在各种不同的社会类型中，在一般人类社会活动中，具有普遍性，尽管承诺的形式多种多样，但在任何社会或所有的文化场合中，它都起着作用。吉登斯列举了宗教秩序中的承诺、亲密关系之间的承诺、婚姻中个体之间的承诺、伙伴关系中的承诺，等等，对于宗教中的承诺来说，它体现着那些真正的信徒对于该宗教的价值和实践所承担的义务。而在亲密关系场合中的承诺是更广泛的范畴，表达的是尽管一个人已经意识到亲密关系中的内在压力，但也愿意去冒险承受，持有终有回报这样的信念，比如朋友，他事实上就是一个承诺的个人。婚姻关系中个体之间的承诺在于赢得时间，提供情感支撑，能承受这种关系带来的一些烦恼等。

吉登斯认为，在现代性社会中，纯粹关系中的承诺，已经基本上替代了前现代情景中的亲密关系，承诺在某种程度上受情感的力量所调整，但并不赋予它以某种权威。"没有足够的互惠因素，纯粹关系就不会存在。"①从自我反思性来看这个问题，将会产生更准确、更具洞察力的关于自我的知识和认识。在一种良好的纯粹关系中，每个人都是自主

① ［英］安东尼·吉登斯：《现代性与自我认同：现代晚期的自我与社会》，105 页，赵旭东译，北京，生活·读书·新知三联书店，1998。

的并且确信自身的自我价值，这就易于建立起承诺关系，反之，就是自我价值的丧失，承诺就难以建立。吉登斯强调，信守诺言的个人，是有准备接受各种可能的风险的人，因为他信守承诺，就必然要放弃其他潜在的自由选择，而这有可能会带来风险。因此，在建立承诺关系的最初阶段，每个人都会很仔细地审查另一个人的活动，承诺不可能过快的单方面推进，这是一个极度敏感的问题。

吉登斯认为，纯粹关系也表现为更丰富的群体生活和隐私的缺场的特征，也就是说，纯粹关系具有丰富性，它是现实社会人们日常生活结构化的必然结果。纯粹关系特别专注于人们之间的亲密关系，因为它是伙伴关系得以长期稳定维持的主要条件。换句话说，纯粹关系包含了对隐私的尊重，强调了现代社会中对亲密关系获得日益增长的关注。与尊重隐私和更丰富的群体生活相关联，纯粹关系是维持在强迫性的层面上的，具有内在的可接受的压力。在现代世界中，巨大的、非个人的组织发展，使大量的社会生活处在远离常人的场合中，沿着非个人化的、个人很少或根本不能施以控制的路线运行。因此，为了适应环境并从中获得富有意义的生活，建立纯粹关系就显得至关重要。在现代性社会中，亲密关系的追求具有积极的效用，这不是对现实环境的消极反应，而是一种期盼，它"为自我的反思计划与纯粹关系之间提供了可能最紧密的联系"①。吉登斯甚至断言，亲密关系或对它的追求，不仅处在纯粹关系的核心位置，而且只可能出现在具有安全的自我认同的个体之间，这

---

① ［英］安东尼·吉登斯：《现代性与自我认同：现代晚期的自我与社会》，107 页，赵旭东译，北京，生活·读书·新知三联书店，1998。

再一次表明了价值认同是亲密关系的基础。

纯粹关系不只是承诺，更是伙伴之间的相互信任，通过相互信任，使亲密关系获得更紧密的关联。在纯粹关系中，信任不是被"给定的"，而是通过努力获得的，吉登斯用"信任是必须被赢得的"①来表达，这样，更加突出了信任的自我实践属性，不仅与实践意识相关，而且与实践效果相关。对此，吉登斯结合前现代社会与现代性社会的比较来分析他的这一思想。他认为，前现代社会时期，个人关系因外界的狭小而固定，这样，信任就有助于地位的确立。在这种场景中，亲属之间绝不会总被信任，正如在皇室家庭中为攫取权力，亲属之间策划的阴谋与反阴谋所表明的那样，但亲属之间有义务，人们也能够接受这种义务，这一点实际上为日常生活的秩序化提供了合理而稳定的信任氛围。在现代性社会中，纯粹关系中的个人联系要求新型的信任，即通过与另一人的亲密关系而建立了信任，这种信任意味着向另一人敞开心胸，获得他人的支持。因此，一个人为了建立起社会信任，就必须既信任他人，又值得他人信任。由于信任与具有亲密关系是内在一致的，它隐含着信任的双方能够保持自主性，能够相互坦诚，并且在彼此之间建立了相同的、必需的、能够长期维护的平衡。这就是说，在现代性社会的纯粹关系中建立信任，是以人们彼此相互了解对方的品格并且信赖对方为条件的。吉登斯认为，这就解释了"为什么可信性在自我实现中占有如此重要的位置的原因（但不是唯一的原因）。重要的是，个人能够信赖对方的所言所

① ［英］安东尼·吉登斯：《现代性与自我认同：现代晚期的自我与社会》，108页，赵旭东译，北京，生活·读书·新知三联书店，1998。

为。与他人达到亲密关系的能力是自我反思性计划的显著部分，而就这一点而言，也确是如此，自我掌握是可信性的必要条件"①。吉登斯的纯粹关系中的信任思想和自我掌握的认识，为自我反思性计划的实现，为自我认同的实现，找到了价值选择的依据。

共享经历也是纯粹关系的一个基本特征。吉登斯说，在纯粹关系中，拥有这种关系的个体不只是简单地"认可对方"，而是一方从另一方的行为中发现，"自我认同被证实"了，表明"自我认同是通过自我探索以及与对方的亲密关系发展的联合过程来完成的"②。我们看到，吉登斯的这一关于自我认同在纯粹关系中被证实的论断，几乎就是他的一个关于纯粹关系与价值认同的关系的结论，对于我们理解吉登斯的人类认同的思想，开了一个窗口。

吉登斯强调，纯粹关系中自我认同被证实是双向的，而不是单向的，是一个双向作用的过程，它创造了一种所谓的"共享经历"和共享体验，正是这种共享经历的特征包含了更多紧密联系的因素，尽管这种共享经历与更大的社会世界中广泛存在的时空秩序截然不同，但它是在这个广泛存在的时空秩序中进行的。吉登斯充分肯定这种共享经历的价值，认为创造和维持这种共享经历，体现了参与者对生活规划加以"整合"的程度。提到整合，我们不得不再一次提及吉登斯关于系统整合与社会整合的联系与区别的思想，显然，吉登斯是在社会整合的意义上来思考纯粹关系的。

---

①　[英]安东尼·吉登斯：《现代性与自我认同：现代晚期的自我与社会》，109 页，赵旭东译，北京，生活·读书·新知三联书店，1998。

②　同上书，110 页。

从社会整合的角度看，纯粹关系并不仅仅局限于个人与个人之间，因为每一个个人必然同时处在多种具有纯粹形式的社会关系中。这就是说，共享经历是在多种社会关系中进行的，是多种社会因素相互结合和形塑的结果，当然也包括了社会环境，包括了私人领域和公共领域的制度性分化等问题。然而，无论如何，以纯粹关系为基础的社会整合对于公共领域也是基本的。吉登斯断言，无论在私人领域还是公共领域，由于社会权力的极度不平衡，由于社会权力在社会再结构化过程中越来越处在中心地位，建立多种形式的纯粹关系就显得越来越重要了。在现代性的境况下，由于更多的纯粹关系的因素在发挥作用，因此，积极推进各种纯粹关系的发展，有助于对权力滥觞的制约，创造一种有利于人类生存和生活的现实环境。

现在可以总结一下，吉登斯关于纯粹关系的基于人类一般经验和逻辑的讨论与认识，揭示了纯粹关系与人类认同，尤其是价值认同之间的相互关系，特别突出了纯粹关系对于形成良好的价值认同的意义。纯粹关系本身所具有的自主性、持久性、开放性、承诺性、丰富性、信任性以及共享性等特征，都不是空洞的、虚无的和不着边际的，而是实际的、现实的和具有内在价值选择和价值认同基础的。正是这些特征以及它们在现实的人类实践中所发挥的实际作用，有助于人们之间，乃至群体和群体之间，甚或一般的组织与组织之间，保持稳定的联系，发展出反思的可接受的承诺关系、信任关系等，通过制度的反思性的相互联结，推进社会的稳定发展。吉登斯认为，"适用于自我和纯粹关系领域的东西，可同等地适用于身体领域。换言之，在晚期现代性的情境中，身体日益被社会化，并且被纳入社会生活的反思组织之中"①。这就是说，在吉登斯的思想中，纯粹关系不仅适用于自我或社会认同，也适用于身份认同和价值认同，不仅适用于个人之间，也适用于组织之间。显然，纯粹关系的普遍化是有助于人类生活自身的发展与完善的，因为纯粹关系本身就是生活的表现形式和内在要素。

(二)"为了谁"的价值认同凸显人类生活政治的生命意义

人是有生命的存在，他的生命必然是有意义的，这应该是不言而喻的论断。然而，人的生命意义的本质和实现途径对于不同的理解者却完全不同。早在古希腊时期，思想家亚里士多德就提出，人是政治动物的看法，表明人的生命意义只有在政治中才能实现。从此以后，把人的生命意义与政治联系在一起理解，就成了一种哲学传统。然而，19 世纪末到 20 世纪初，随着生命哲学的兴起，一种把人的生命意义回归到生活世界的理念悄然而生。例如柏格森等人，其主要思想在于人的目的就是生活，生命的意义就是生活本身，因为唯有生活才能体现人存在的价值。对于吉登斯来说，他主张人的生命意义既不是简单的政治参与，也不是茫然的生活，而是二者的结合，是基于正确价值选择基础上的生活政治，换句话说，吉登斯把人的生活政治看作人的自我解放的手段和目的。尽管我们不能简单地说，吉登斯对生命意义的看法是亚里士多德思想和柏格森等人思想的粗暴结合，但至少受到了这两种生命意义观或多

---

① ［英］安东尼·吉登斯：《现代性与自我认同：现代晚期的自我与社会》，111 页，赵旭东译，北京，生活·读书·新知三联书店，1998。

或少的影响。事实上，吉登斯不过是吸收了现代生命哲学的一些思想理念，他更多地还是从马克思主义对生命的基本看法入手，建构了他关于生命意义的生活政治的思想。

吉登斯认为，马克思主义所讲的解放政治，是一种生活机遇的政治，包含了把社会生活从传统和习俗的僵化生活中解脱出来；减轻或消灭剥削、不平等或压迫，所关心的是权力与资源的差异性分配；服从于由正义、平等与参与的伦理所具有的独断等内容①，由于解放的政治思想缺乏把人的现实的解放同现代性社会的结构化、反思性等特征有机地关联在一起的思考，因而，对人的解放来说，虽有重要启迪意义，但还不够完整。基于这样的看法，吉登斯在解放政治的基础上，提出了生活政治的理念，认为生活政治是一种关涉生活方式的政治。

生活政治是一种在晚期现代性系统中由反思而调动起来的秩序。它是极大地改变了社会活动的存在性参量，无论在个体还是集体层面，反思性的秩序已经构成一种环境，变成了一种自我实现的政治，从而把自我、身体以及全球范围内的各种系统，都联结在一起。正是在反思性秩序、自我及其认同、人的身体和各种组织系统的关联性的意义上，吉登斯看重生活政治对于生命意义的重要性，也正是在这个意义上，吉登斯给生活政治下了非常清晰的定义，即生活政治关涉的是来自于后传统背

---

① ［英］安东尼·吉登斯：《现代性与自我认同：现代晚期的自我与社会》，252 页，赵旭东译，北京，生活·读书·新知三联书店，1998。

景下，在自我实现过程中所引发的政治问题。①

那么，生活政治具体包括哪些内容呢？它与我们所说的价值认同、纯粹关系、生活方式、生命意义、自我实现以及人的解放等问题有什么关系呢？

从吉登斯就生活政治的一些基本特征描述和内涵定义来看，他实际上是从两个方面来思考生活政治的，一方面是生活政治的背景，他用了晚期现代性社会、后传统社会、反思的现代性社会等来说明生活政治的现实情境。在吉登斯那里，晚期现代性社会、后传统社会、反思的现代性社会的内涵几乎是一致的，即指我们现实生活的社会，如果说"现代性这一概念所指的不仅是公开和理性的事物，而且还有私人和充满情感的事情"②的话，那么，反思的现代性社会即是对现代性的这些内涵的超越的社会，但基调仍然是现代性社会，并没有性质的改变；另一个方面是自我实现、自我反思计划的践行、自我认同以及反思性秩序等，意指与人的自我超越相关联的问题。我们看到，这两个方面其实都涉及现代性的超越，这也正是吉登斯所谓超越的现代性社会理论所指称的东西。正如我们在第三章讨论超越的现代性社会理论所知道的，超越的现代性理论包含了吉登斯所说的激进政治的乌托邦纲领，是一种价值选择，这就很自然地把生活政治和乌托邦的激进政治纲领勾连在一起了，或者说，使二者在内容上走向一致，这就回答了生活政治与价值认同的

①　[英]安东尼·吉登斯：《现代性与自我认同：现代晚期的自我与社会》，252页，赵旭东译，北京，生活·读书·新知三联书店，1998。

②　[英]安东尼·吉登斯等：《现代性——吉登斯访谈录》，20页，尹宏毅译，北京，新华出版社，2001。

内在相关性这一问题，同时也使生活政治与我们这里提出的一系列问题内在关联起来，并以激进政治的乌托邦纲领作为解决这些问题的价值选择和价值认同的基础。

在吉登斯的生活政治定义中，生活政治预设了个人、集体、组织、甚至国家和整个世界的实践指向，这是一种价值认同的实践指向，而不是价值选择。换句话说，吉登斯实际上是赋予了现实的个人与组织在实践中应该认同什么和反对什么的意向，这是由激进政治纲领的价值选择决定的。正是基于这样的考虑，吉登斯规定了生活政治应包含的一系列内容，这些内容包括：从选择的自由和产生式权力（作为转换性能力的权力）中得来的政治决策；创造能够促进自我实现的、道德上无可厚非的生活方式；在一种后传统秩序中提出有关"我们应该怎样生活？"这样的问题伦理，并抗拒存在性问题的背景①。我们看到，吉登斯所说的生活政治的这三个方面的主要内容，深刻反映了生活政治的价值所涉，至少有六个方面的问题需要深入思考和解读，如自由和权力的关系，权力与政治决策的关系，生活政治与生活方式的关系，后传统秩序与我们应该如何生活的关系，生活政治的目标旨向与抗拒存在性问题（即现代性社会实际存在的问题）之间的关系。我们不难看出，这些问题都与人类认同具有根本的内在相关性。

就自由和权力的关系来说，吉登斯在讨论纯粹关系时赋予这种关系的首要特征就是自主性，自主就是一种自由的选择，现代性社会的核心

---

① ［英］安东尼·吉登斯：《现代性与自我认同：现代晚期的自我与社会》，252 页，赵旭东译，北京，生活·读书·新知三联书店，1998。

是权力，在二者关联的意义上讲，权力应该是人们在纯粹关系中自由选择的结果，是人们在生活中参与权力建构的产物。社会一旦能够形成真正的纯粹关系，权力一旦真正成为人们的自由选择，就会使个人生活民主化成为可能，有利于民主观念的扩散，增强人们的民主意识，尊重他人的能力，不以任何手段欺压对方，保证决策的协商性，形成个人参与决定相互联系的条件，使个人有效地实现自己的目标。个人的自主性是实现参与民主的基础，是权力建设的关键。

就权力与政治决策的关系来说，吉登斯强调，生活政治是一种生活决策的政治。决策是与自我认同本身密切相关的。[①] 吉登斯从自我认同是一种反思性的成就来讨论这一问题。他认为，在一种当地性的范围内，自我认同的形塑、修正被反思性地保持下来，是在与迅速变化着的社会生活情景的关系中做到的。在这样的场景下，人们必须把对未来的设想与过去的经验联结起来，这种联结应该做到合理而又连贯，做到把在反思中所产生的信息与现实的生活整合起来，这种整合既是对权力的限制，也是对权力的运用。要做到这一点，即做到决策能够把地方性因素、人们对过去和未来连接的反思性认识等整合在一起，必须以个体能够发展出一种内在的可信性为基础，以一种基本信任的框架为基础。正是靠着内在的可信性和信任框架，人们才能够把对生活历程的理解放在变化着的社会事件背景下来加以联想。我们看到，这个可信性或信任框架，正是人们之间纯粹关系的核心特征，这样，吉登斯就把民主决策、

---

① ［英］安东尼·吉登斯：《现代性与自我认同：现代晚期的自我与社会》，252 页，赵旭东译，北京，生活·读书·新知三联书店，1998。

权力和纯粹关系内在关联起来了，实际上是把价值选择和价值认同与民主决策联系起来了，这也就回答了生活政治与纯粹关系二者如何连接在一起的问题。正如吉登斯所说："在特定的变化情景下，一种自我认同的反思性秩序的叙述，为有限的生活历程提供了赋予一致性的手段。从这一点来看，生活政治关心的是从自我的反思性投射中产生出来的争论和角逐。"①

就现代社会与自我实现的道德之间的关系来说，吉登斯把现代社会作为人们现实实践和生活的背景，认为它使我们远离了先前所有类型的社会秩序的轨道，形成了一种人们生存于其中的生活形态，这是一次深刻变革。它一方面确立了一种社会联系方式，即跨越全球式的联系；另一方面，它在我们熟悉的日常生活中也存在一定的变化，改变了我们熟悉的带有个人色彩和地方性的生活世界，使人们陷入充满危险和风险的晚期现代性世界里，焦虑是现代人的常态，因此，对信任的渴求，对专业知识的依赖，成为现代人追求个体本体性安全的主要途径。②

面对人的日常生活的现状，吉登斯主张在建立共同体的自治系统的过程中解决问题，共同体以人们之间拥有普遍的纯粹关系为基础，形成自己的道德评价体系，使个人过一种遵循共同体道德的生活，并由个人生活构建出共同体。反之，共同体的内外发展动力又无时无刻的影响着

---

① ［英］安东尼·吉登斯：《现代性与自我认同：现代晚期的自我与社会》，253 页，赵旭东译，北京，生活·读书·新知三联书店，1998。

② ［英］安东尼·吉登斯：《现代性的后果》，4 页，田禾译，南京，译林出版社，2006。

个人行为和个人生活。共同体的自治主要通过个人生活的自治来体现。人们摆脱了地域的束缚，各种有利于人类生活的社会制度逐渐建立起来并相互勾连，体现为社会关系的连接，对人们的日常生活起着一定的组织作用。① 这样，个人生活与共同体自治的结合，使人们拥有了共同的道德准则和价值选择，帮助人们在日常生活中做出趋利避害的抉择，为自我实现提供了条件。正如吉登斯所说，自我实现的道德线索就是可信性，它的基础是"对自己的诚信"。人们能够可信地行动不仅仅是依据尽可能有效和完善的自我知识的行动，它也意味着使真实的自我脱离虚假自我的困扰。②

就生活政治与生活方式的关系来说，这是吉登斯特别关注和意欲解决的问题，因为他在吉登斯的价值选择和价值认同中处在关键地位，也是人的现实生活的主要表现形式。我们知道，现代生活方式的概念十分宽泛，其内容更是涉及现代生活中的方方面面。现代生活方式是在现代性条件下人们依据生产力的基础、人的生存样式以及生产方式等因素逐步形成的，有其自己的时代特征和组织形式。生活方式不是凭空出现的，不是先验之物，它自身的建立需要一定的生产力基础，同时也与一定社会的生产关系相关联。生活方式是人的生活的方式，它与人作为生理的人、经济的人、文化的人、处于一定社会关系中的人以及"真正自我的人"密切相关，而作为人自身存在性的最基本样式的时间和空间规

---

① ［英］安东尼·吉登斯：《现代性的后果》，69 页，田禾译，南京，译林出版社，2006。

② ［英］安东尼·吉登斯：《现代性与自我认同：现代晚期的自我与社会》，80 页，赵旭东译，北京，生活·读书·新知三联书店，1998。

范了现代人的生活方式的展开。人在日常生活世界中的具体呈现状态，是人实现自我生命意义和价值的有形形式，这包括了生产物质生活的实践形式、自我创造的实践形式、精神生产的实践形式等方面。

对于吉登斯来说，生活方式的选择是自我认同的过程，人在社会活动中，对某种恰当合理的生活方式的选择成为每一个人都不可避免的事实，人们往往选择与自身经济和社会条件相适应的生活方式，这一过程实际上是塑造自我和自我认同不断深化的过程。吉登斯认为，在社会环境下，个人的活动往往带有更大的主观性，在遵循一定的文化规则与社会秩序的前提下，这种主观性很强的个人活动在不断地重复和拓展下被反复增强，这一过程对塑造自我造成直接的影响。

生活方式的选择是个人活动中最重要的一方面，生活方式包涵个人生活中的方方面面。因此，个体活动，尤其是生活方式的选择是个人塑造自我的原材料，另一方面，个体的活动又增强、改变、削弱个体认同并时刻受到个体认同的支配和影响，正因为如此，吉登斯把基于生活制度的生活方式看作对自我认同起着中心作用的因素，因为它们把习惯与身体的可见外表方面联系起来①，例如饮食制度与习惯自身体现为仪式表演和自我意象，养生方式和对身体资源的自我利用。吉登斯也讨论了诸如穿着、自我装扮的生活制度、性制度、自我表演等，把习俗认同的基本方面联结为生活的一个整体。确实，人的认同的形成并不完全是一个自然而然的过程，它需要选择、维护、创造和管理，那些积极的和正

———————

① ［英］安东尼·吉登斯：《现代性与自我认同：现代晚期的自我与社会》，69页，赵旭东译，北京，生活·读书·新知三联书店，1998。

面的认同需要维护、表达和传播，而对自己不利的认同则需要避免、掩盖或抗争。生活方式无疑是认同的具体化的形式，在选择生活方式的过程中，个体性左右了这一进程并且将自我认同不断强化、选择和改变。

就后传统秩序与我们应该如何生活的关系来说，关键在于生活风格的价值选择和自我认同感的形成。吉登斯认为，后传统的社会是反思性地组织起来的并为抽象系统所许可，时空重组使自我经历巨大的变迁，形成了晚期现代生活的存在场所。在自我的层面上，日常活动的基本成分仅仅是选择，并在生活风格中得到体现，而生活风格是我们在生活中不得不选择的。吉登斯把生活风格看作"个体所投入的多少统一的实践集合体，不仅因为这种种实践实现了功利主义的需要，而且因为它们为自我认同的特定叙事赋予了物质形式"[①]。作为惯例化的实践，生活风格融入衣食习惯、行动方式以及生活环境诸多方面，人们会依照惯例，随着自我认同的变动来反思性地接纳改变，并做出各种各样的生活决定。吉登斯说："个体所生存的情境越是后传统的，生活风格就越多地关涉自我认同的真实核心，即它的生成或重新生成。"[②]

吉登斯赋予生活风格以特别重要的内容，不仅把它看作生活方式的一种表现形式，而且包含了生活方式的选择，包括人的日常消费、工作选择、工作环境、日常生活的策略决策、生活习惯和定向等，它具有某种统一性，使人们能够获得持续的本体安全感、秩序感，尤其是使人们获得自我的认同感。生活风格与生活规划密切关联，生活规划是依据自

----

① ［英］安东尼·吉登斯：《现代性与自我认同：现代晚期的自我与社会》，92 页，赵旭东译，北京，生活·读书·新知三联书店，1998。

② 同上书，93 页。

我的个人经历形成的，是影响未来行动进程的手段，也是后传统的社会不可避免的相伴物，具有反思组织的自我轨道的实质内容，在高度现代性的情境中，对所有的个体和群体生活风格的选择，具有很普遍的影响。这一切说明，后传统社会秩序与自我的认同感、生活风格、生活规划具有内在价值选择的关联性。

就生活政治的目标旨向与抗拒存在性问题的关系来说，吉登斯首先从进一步追问"生活政治"中的"政治"的含义是什么去思考，明确指出他所说的政治是在兼顾狭义和广义的政治概念的意义上说的，既包括政府领域中的决策过程，也包括社会治理意义上的政治，按照马克思在《论犹太人问题》中的看法，政治的实质是使受压迫群体在斗争中获得解放，获得自由，也将会使全人类获得解放。吉登斯充分肯定马克思解放的政治思想，并尝试进一步推进马克思解放政治的思想，提出生活政治的看法。这一点，我们在前面已经讲到了。吉登斯之所以提出生活政治这一概念并赋予其诸多内涵，目的在于指明人的解放不只是一般自由问题，它还必须解决现代性社会的存在性问题，实际上是给予人的解放更多的意义。正如他所说："生活政治关涉的是来自于后传统背景下，在自我实现过程中所引发的政治问题。"①

生活政治是一种生活方式的转型组织方式，其目的是消除现代社会中异化的生活方式，让人们在风险与机遇并存的时代环境中能够有效地选择适合自己个性发展的、高质量（即物质方面与精神方面协调发展）的

---

① ［英］安东尼·吉登斯：《现代性与自我认同：现代晚期的自我与社会》，252页，赵旭东译，北京，生活·读书·新知三联书店，1998。

生活状态。当然，这里我们可以看到生活政治与解放政治的区别。解放政治只关注宏观层面的解放，忽略个体自我成长。与解放政治只关注生活机会不同，生活政治着重强调生活方式，即自我实现。它是指在现代性深入渗透的时代潮流中，个体或群体自觉反思后寻找出的一种可以促进自我完善，又在伦理规范上没有争议的生活方式，实质上是一种生活决策的政治，只是这种决策需要个体或群体反思后做出抉择。它是一种在文艺复兴、宗教改革以来解放自我的基础上，笛卡尔理性主义主体在现代走向它的异化基础上的自我的再解放，一种自我"囚禁"后的解放，所以，它是一种自我解放的实现，因此生活政治倡导的自我实现的核心之一是自我认同，即个体必须要以一种合理、连贯的方式把未来和过去结合起来思考，以便能够把不同时期的经验的差异性与当下的实际生活环境整合在一起，进行自我总结和自我反思。

从微观政治的视角来看人的解放，解决现代性社会的存在性问题，吉登斯涉及一系列相关的"解放"问题。其中，关于自我问题，我们已经讨论了很多，接下来，吉登斯更多讨论了"人的身体的解放"。在他看来，与自我一样，把身体简单看作生理学上的实体已经不可能，因为它深染了现代性的反思性，随着身体日益为抽象系统所侵入，一切都改变了，身体本身的解放越来越成为一个重大问题。身体不仅是灵魂的居所，而且还是一个解放政治的场所；不仅需要人们在纯粹关系的建立中让身体发挥作用，而且还需要在生活方式的认同中，在生活风格和生活规划的发展策略中，为身体做出价值选择，身体的解放也就成为生活政治的一个核心内容。

吉登斯在生活政治视域中不仅考虑了自我与身体的解放，而且还深究了人类在社会关系中的生殖与繁衍、"个人"与"世界"之间的关系、生活方式的选择、减少核战争以及各种社会风险、现代性制度的解放所导致的生活政治的议事问题、社会治理的民主化、人的道德和存在问题、全球生态问题，等等。对于在解放政治的基础上实现生活政治的目标，合理解决现代性社会的存在性问题，这里所言的一系列主题，都是必须在有利于人的生命意义的展现的层面亟需解决的，其中，吉登斯把全球生态问题看作更加根本和亟需解决的。

在吉登斯看来，现代性社会总是将"社会与自然世界置于人的控制之下"①，这是一种强大的控制欲和占有欲，它不仅左右了人们的内在思维活动和社会实践，严重破坏了人与自然的关系，其后果是人们都清楚的，而且"它让我们发现，经验知识的发展本身，并不能自然而然地使我们在不同的价值观念之间做出选择"②。因此，必须以自主意识选择生活政治的价值理念，引导人类走一条可持续发展之路，缔造美好的未来生活。

吉登斯所说的全球生态的实质首先是倡导一种全球性的生态的生活方式，一种合理地处理人、社会、自然三者之间的关系，并使之协调发展的生活组织形式，主要强调了三个方面的内涵，其一是认为生态的生活方式推崇一种个体自主选择的、自由个性的生活模式，由于个体的自我选择权在很大程度上又受制于异化的现代性社会制度和伦理道德。因

---

① ［英］安东尼·吉登斯：《现代性与自我认同：现代晚期的自我与社会》，248 页，赵旭东译，北京，生活·读书·新知三联书店，1998。

② ［英］安东尼·吉登斯：《现代性的后果》，135 页，田禾译，南京，译林出版社，2006。

此，吉登斯主张以推进世界性的纯粹关系的建设为基础和价值选择理
念，充分尊重个人在生活中的自我自主选择权，让人们通过自我约束机
制和内在的道德规范进行选择，最大程度地实现自我，有效合理地处理
好自我生命的整体关怀和人与自然的协调发展。其二是认为生态的生活
方式旨在建立一个有道德的社会共同体，并赋予这样的道德社会以充满
包容、尊重等价值选择为基础，使人不再为金钱所奴役，使人性得以复
归，使人自觉意识到自我存在对他者和社会的责任、义务，并主动地承
担责任、履行义务，使人能够过一种促进自我实现的道德上无可厚非的
生活方式。[①] 其三是认为生态的生活方式倡导一种"敬畏、尊重、保护"
生态发展的理念，树立使人类能够走一条生态发展的价值选择的道路的
理念。[②] 显然，吉登斯的全球生态的生活方式是在倡导一种积极的生命
意识，使每个人的行动与世界的瞬息发展高度联系，在全球范围内建构
一个能够改善人们的生活方式、活动空间、交往范围、休闲娱乐和精神
生活的生态共同体，有效处理人与自然、人与人、人与社会之间的关
系，使人获得真正的"解放"。

　　如上我们从几个方面较为系统地阐释和分析了吉登斯生活政治的思
想内涵，这些思想的实质告诉我们现代性社会问题的解决，必然涉及通
过自我和身体的内在参照系集中起来的自我认同问题，通过自我和身
体的调节，使自我和身体变成多种多样的新生活方式选择的落脚点，变

---

　　① ［英］安东尼·吉登斯：《现代性与自我认同：现代晚期的自我与社会》，252 页，
赵旭东译，北京，生活·读书·新知三联书店，1998。

　　② ［英］安东尼·吉登斯等：《现代性——吉登斯访谈录》，135 页，尹宏毅译，北
京，新华出版社，2001。

成对日常生活重新道德化的一个根本的推力，使整体的人和个体性的权利在自我认同的发展中和人类的斗争中，得到良好的匹配。

在吉登斯的生活政治世界，人们必须选择一条有情义的、有道德的、可持续的生态化发展道路，为生态的生活方式的建构，培植精神理念和生活实践土壤。吉登斯的基于控制和解决现代性风险的生活政治思想，不仅为人类建构生态的生活方式提供了一种启示，而且生活政治独特新颖的构思方法和研究视角，对我们继续探讨有关生活的哲学颇有启迪。然而，吉登斯的生活政治理论是在西方资本主义发达的经济和社会条件下形成的，它忽视了全球众多不发达国家和地区间的不平衡性，就此而言，生活政治也并不具有普适性。虽然生活政治关注个体的微观行动与个体的共同体自治，这些生活要素具有具体的实践指向性和行动实施的明晰性，但生活政治忽略了自身所依附的文化、制度等宏大结构，对其影响力的分析明显不够，所以，生活政治也不具有全面性。因此，我们在对待吉登斯生活政治理论时，应该辩证对待，理性分析，以便更好地服务于我们的生活。

吉登斯的生活政治思想是在高度反思性和存在性风险等因素的交互作用下形成的对新政治形态的认识，其以激进政治纲领为基础的价值选择和自主自觉的生活决策理念，倡导了一种自我负责的生活方式，体现出与他的现实主义乌托邦理想的一致内涵，他尝试把"乌托邦现实主义"的理想转化为现实的人类追求，对于我们建构未来生态的生活方式和人的解放，提供了一种可行的实践选择。吉登斯的生活政治的关怀，预示了一种影响深远的变迁，实质上是在现代性社会秩序发展的基础上，形成"另一边"的发展，① 表明了纯粹关系的价值认同对于自我反思计划的形成和践行的根本重要性，体现了"为了谁"的价值认同及其在生活政治社会的贯彻与落实，对于展现人类生命意义的价值，是一种重要的认识。

如上关于吉登斯整体主义认同论的分析和讨论，使我们看到，吉登斯围绕人类认同这个对于他实现激进政治纲领的乌托邦理想来说至关重要的主题，做了经验主义、功能主义和现实主义的深入思考和研究，阐述了一系列重要的社会哲学的认同论思想，对于我们开展相关理论研究，尤其是结合马克思主义哲学基本理论、现代性社会发展以及中国现实的现代化建设，提升我们的理论认识，提示了诸多的视角和理念。

吉登斯从经验主义视角对人类认同问题的研究，聚焦于双向互动与身份认同这一主题，以身份认同为思考的核心，重点阐述了他自己关于现代性社会制度与人类认同是双向互动的矛盾体以及身份认同构成人类认同的首要特征两个方面的主要看法，说明在晚期现代性社会剧烈的变革过程中，人的身份转换的重要性、客观的现实性和与此相应的身份不确定性以及身份本身对人的生活、生存和社会实践巨大的影响，说明作为制度化安排与实现结果的身份问题，在社会结构的秩序化中具有的核心作用，结构化社会发展中身份认同对于吉登斯所说的乌托邦现实主义理想的实现具有的特殊意义。

吉登斯从功能主义视角对人类认同的研究，聚焦于人类在晚期现代

---

① ［英］安东尼·吉登斯等：《现代性——吉登斯访谈录》，135 页，尹宏毅译，北京，新华出版社，2001。

性社会的反思性实践与社会认同问题，以自我或社会认同为思考的核心，重点阐述了他自己关于社会认同的起点是自觉的反思性觉知、社会认同是人自我认同品格的重构过程以及社会认同的本质是对自我的反思性超越三个方面的主要看法，表明尽管人的身份认同是重要的，但人的身份其实只是表现性的社会存在形式，独立个体的自我认同或社会认同才是更根本的，因为只有达至自我的或社会的认同，才能把自我认同与现代性社会制度本身的塑造结合起来，培养出自我或社会认同的良好品格，实现自我或社会认同的超越，不仅可以获得自我确证的主体性安全，而且能真正实现自我的价值，自我认同的社会实现是主体安全和自我解放相统一的实践活动。

吉登斯从现实主义视角对人类认同的研究，聚焦于人类在晚期现代性社会中生命的意义与价值认同问题，以价值认同为思考的核心，重点阐述了他自己关于纯粹关系的价值认同对于自我反思计划具有根本重要性以及"为了谁"的价值认同凸显人类生活政治的生命意义两个方面的主要看法，表明了纯粹关系的价值认同在生命意义展现中的根本重要性，给出了自我反思计划的形成和践行的基础与方向。而"为了谁"的价值认同以及从人的解放政治到生活政治的提升，则给出了实现他所说的激进政治纲领的乌托邦理想的具体策略，从而让人们明确了价值认同的实质就是生活政治的实现，通过尊重和充分发挥个人价值作用，凝聚社会和集体力量，使个人、群体乃至国家，形成一个有序的整体，实现人的解放的社会目标，充分展现人类生命的价值意义。

吉登斯整体主义的人类认同思想包含了很丰富的内容和颇有启发性的思想，对于我们认识身份、自我以及价值选择与现代性社会发展的关联，对于我们更好地认识现代性的状况、看清现代性本质、理解现代性的原则等，有着超越一般社会理论家的贡献。也正是在这个意义上，我们认为吉登斯是一位不仅对现代性给出了细致、合理的分析，而且更为重要的是提供了极其可贵的认识论和价值论意义的社会哲学家。他的社会哲学体现着非常鲜明的为现代性的批判性辩护的思想特色，折射着唯物辩证的方法论、认识论价值。

结　语

　　吉登斯的社会哲学并不是传统意义上体系化哲学的最新版本，他并没有按照某种概念体系的自身演进过程构筑起一个完整的理论系统，而是对人类现实社会实践和生存境况面对的重大问题的思考与研究，在不自觉的思想创造的过程中自然形成的社会哲学思想的汇集。因此，在吉登斯诸多的代表作中，我们几乎找不到一部冠之"哲学"字样的著作，只是看到对各种重大问题的聚焦，而这一点，或许并不是吉登斯个人的特色，而是整个英国新马克思主义群体学术品格的特殊表象。

　　尽管我们找不到吉登斯冠之"哲学"字样的著作，也看不到所谓体系化哲学思想的表达，但却在阅读和研究他的诸多代表作时，深深感觉到一股清新的哲学思想对我们意识的冲击，这不仅促使我们对许多问题的看法发生改变，也迫使我们不得不对自我意识做出清理，它引导我们去思考那些更为紧迫的、现实的、与人类生存和发展密切关联的重大主题。在这种阅读、研究、改变和清理的活动中，我们体悟到吉登斯社会哲学思想的存在、特征和独特的价值意义，也形成了我们对吉登斯社会哲学思想的一般看法和理论化的总结。我们在本书中所表达的正是我们对吉登斯哲学思想的理解、阐释和评价，或许我们所做的只是一个很初步的工作，但对于我们时代社会哲学的学科化发展和思想进步，以及它对于我们如何认识现代性社会和改造现代性社会，将起到积极的作用。

正如我们在本书第一章开头所讲的那样，在英国新马克思主义的群体谱系中，吉登斯以"反思的现代性理论"独树一帜，构成其思想创新和学术品格的重要组成部分。吉登斯的"反思的现代性理论"是其长期研究现代性问题的理论总结，集中反映了他社会哲学思想的基本诉求和理论内涵。当然，吉登斯在"反思的现代性理论"的总体框架下，还形成了超越的现代性理论、结构化理论、激进政治纲领以及自我认同理论，等等，它们共同展现出吉登斯社会哲学思想的丰富内容、方法论意蕴、基本的哲学立场和所谓的"主义"。

从某种哲学所包含的"主义"层面来看，我们认为，总体上吉登斯是一个英国的新马克思主义者，之所以这么说，是因为吉登斯自己认为他以马克思主义的基本思想为基础来分析和研究现代性社会，尽管吉登斯本人不想在"主义"的意义上说他自己是什么主义者，尽管他对马克思的思想有诸多不满，甚至批评，但他以充分的尊重去运用马克思的思想和方法，去肯定马克思思想对于理解、分析和批判资本主义、现代性社会以及指明人类未来发展方向的伟大的不可替代的作用。吉登斯如是说马克思，如是理解马克思，也是如是去运用马克思的思想的。在我们看来，吉登斯聚焦现代性社会的重大主题，以马克思主义为基础，形成了他自己关于现代社会的许多思想，这些思想似乎可以概括为经验主义的自识论、功能主义的解释学、现实主义的价值论以及整体主义的认同论这四种对世界的一般看法和理论总结。我们在本书中正是围绕吉登斯社会哲学思想的这四个方面展开讨论的。需要说明的是，对吉登斯社会哲学思想的四个方面的总结和概括，既不是吉登斯本人这么说的，也不是仅仅为了研究和分析的方便，而是我们基于大量研究之上的理解。我们认为这样的理解，可以较为准确地反映吉登斯思想的实质，这是一种理解基础上的批判，也是供人们批判的理解。

经验主义的自识论是吉登斯社会哲学思想的逻辑起点和事实基础，是他关于现实社会存在的本体论表达，回答了"是什么"的问题。

吉登斯秉持英国的经验主义传统，从马克思主义社会存在与社会意识的辩证关系入手，就当代社会发展中所面临的现代性社会中日常生活和个人生活的变化、后传统社会的出现等引发的重大现实问题展开讨论。首先指出我们身处其中的社会是现代性社会，它正在颠覆我们的传统。"现代性"是现代社会或者工业文明的一种缩略语，它不仅具有宏观性，而且是一种"反思性"的社会制度，是一种社会结构或社会组织模式，其中包括了从世界观、经济制度、政治制度到文化制度等一套完整的架构和一系列社会组织模式，内在具有三大动力机制，即时间与空间的分离、脱域机制的发展以及知识的反思性，反映了现代性制度的三个特点和本质属性。

现代性制度包含了资本主义、工业主义、监督和军事力量具体制度形式，它们与三大动力机制共同作用，推动现实的社会反转，走向社会结构的调整，为产生新的社会秩序奏响了序曲，并引发了现实社会的变化，如后传统社会秩序的出现以及社会的反思性的不断扩展。当然，现代性社会也正面临前所未有的灾难性的风险，这些风险既存在于各种具体的社会制度中，也存在于人类生活的各个领域中，它们正在颠覆传统，使社会处在分裂状态，威胁着人类存在的本体性安全，但风险也正在重新塑造着新的传统，为一种新的未来提供了可能。

吉登斯深入分析了资本主义社会商品生产的本质与资本主义社会基本矛盾的关系，指出马克思的"两种商品化"理论是理解资本主义社会存在的思想基点。马克思对于资本主义生产机制的分析是理解现代社会巨大转变的理论核心，"两种商品化"也是资本主义社会普遍异化的真实根源，它体现出资本主义劳动的必然特征和基本形式，是资本主义存在特征的表现，正是"两种商品化"生产导致现实的人的劳动与社会的分离，产生了普遍的社会异化。

资本主义社会的分裂，现实的人的劳动与社会的分离，直接引发了人的现实生存的普遍焦虑和困境。针对现实的现代性社会发展的状况，吉登斯对现代性的资本主义制度所造就的社会风险和本体性焦虑、资本主义权力暴力导致人的现实存在的非人化以及资本主义制度下人的生活的异化做了全面的唯象描述。他尝试从资本主义的制度层面切入，从人的社会生活的基本状况与资本主义制度的关系方面，理解人的现实生存和生活，从而在对现代性社会本质反思的高度，揭示了资本主义的现实矛盾和人的生存困境，达到了自识性的高度。这不仅为其社会哲学的理论构造奠定了事实基础，而且深化了人们对资本主义制度腐朽本质的认识，从而为提出更加系统的科学解释提供了依据。

一种"新的功能主义"的解释学是吉登斯社会哲学思想的逻辑展开，是他对现代性社会主要矛盾和社会秩序变革给予科学解释的认识论表达，回答了"为什么"的问题。

吉登斯把马克思主义的社会批判思想作为方法论依据和科学认识手段对现代性社会做出分析。一方面，揭露资本主义的重大问题，分析其产生的根源；另一方面，在认识论上积极探寻新的解决策略和方案，力求形成新的理性认识，建构科学的社会发展理论，用以指导社会实践，期盼在英国实现社会主义。他从宏观和微观两个方面，以结构化为核心理念，形成了一整套关于社会历史发展的结构化理论和科学认识，被认为建构起了所谓"新"的功能主义的解释学。

结构化理论首先阐释了社会本真的结构化存在，分析了现代性社会为什么断裂的原因，认为结构化的社会就是人的生存的世界，是现实的社会系统，它是由多种因素"束集"在一起的真实的结构性存在，是基于规则和制约条件的延展而被结构化的。作为一个结构化的过程，这些"束集"因素构成了时空向度上的"紧密性"，以较大规模的集合体或社会持续性的存在，并通过自己的活动再生产新的系统。

社会系统的结构化是由多种强制因子共同起作用而产生的结果，这些因子包括存在于系统中的各种规章制度、基于先前就存在的各种规章制度的再生产的社会实践活动在时间与空间中的延展、以及"社会事实"的制约作用等方面，形成了对现代性社会的物质制约、人的身体的生理能力制约、科学技术的制约和社会权力的制约，它们构成了各不相同的制约机制和结构性特征。

　　社会系统的结构化意味着社会秩序的再生产，包括了三种基本类型：其一是部落社会或小规模的口头文化类型，其二是在阶级分化的早期城市地区和它的乡村部分的社会整合类型，其三是现代资本主义社会中占主导的彼此疏离化的结构性类型。这三种类型在现代社会的再结构化过程中共同起作用，但起主导作用的是第三种，说明资本主义制度在现实的社会再结构化过程中有着根本性的功能。

　　吉登斯的结构化理论强调了重构人们实践活动情境的重要性和真实性，揭示了复杂社会系统行为的整合机制，包括社会整合是共同在场情境下的系统性、日常接触蕴含在场情境系统化的一般机制以及位置定位体现日常接触结构化过程的本质特征等思想，展现出微观社会系统延展的过程和结构化的一般机制。这些解释，不仅显示出吉登斯结构化理论的认识论内涵，同时也蕴含了可资运用的重要的方法论价值。

　　吉登斯的新功能主义的解释学凸显了人类整体实践的意义，把整体实践看作实现超越的新结构化秩序的根本，有着丰富的内涵。主要包括结构化理论的方法论基础是宏观与微观认识统一的辩证法、人类实践是结构化的生产与再生产活动以及结构化理论的实践特征展现出社会主体的能动性和创造力等思想。

　　吉登斯的功能主义解释学思想是一种新功能主义，他从如何抵抗社会断裂问题入手，聚焦宏观社会的结构化和微观社会系统情境中人们之间的交互作用、社会整合与系统整合等问题，阐述了一系列社会再结构化的机制和特征，揭示了整体实践的本质和社会整合的意义，对于人们科学认识和理性把握现代性社会的发展，凸显其认识论价值。

现实主义的价值论是吉登斯社会哲学思想的逻辑中项和诉求，是他对现代性社会进行价值改造和预设美好社会理想的价值论表达，回答了"做什么"的问题。

吉登斯基于经验主义对资本主义的批判和自识，从新功能主义对人类社会发展过程及其机制的宏观和微观相结合的辩证理性分析与认识，不仅达到了他社会批判的目的，而且为他建立如何在人类实践活动中现实地改造世界的理论提供了正确的方向，这个方向就是建立现实主义的价值论理论，借此解决如何进行改造世界的问题。关于"做什么"的思考，吉登斯主张以唯物史观为基础，坚持马克思主义哲学对现实世界的基本看法，同时他批判性地吸收结构主义、功能主义、社会角色理论以及保守主义等各种学术思想的积极成果，建立起关于现代性社会正确发展的价值理论，即超越的现代性理论。在体现经验主义和功能主义的同时，突出现实主义的价值意义，以此消弭现实的社会困境，重构社会秩序，反映出现代性社会中人的社会实践的主体意识、实践导向和价值选择等的中心作用。

吉登斯的现实主义的价值论，首先围绕分析主体意识与反思的现代性社会之间的关系展开，尝试提供一种新的价值观，其基本指向认为建设一个美好的现代性社会，需要有分析、有批判地承继和提升文艺复兴和启蒙运动以来人类的价值追求，在坚持现代性的价值选择的基础上，重建符合人类自身生存和发展的现代性社会。要做到这一点，吉登斯认为首要的是必须重建主体意识。

在吉登斯看来，所谓重建符合人类自身生存和发展的现代性社会，重建主体意识，首先需要优化并强化反思性的实践意识，因为反思性实践意识是现代性社会建设的行动指南。吉登斯认为，我们所处的现代化社会是反思的现代化社会，其根本特征是它的反思性，反思性不仅体现在意识层面，更重要的是体现在实践层面。由于晚期现代化社会的复杂性，使得思想和行动总是处在连续不断地彼此相互反映的过程之中，因而反思性的主体意识十分复杂。但总体来看，它是促进社会科学知识发展的意识，是正在进行实践活动的主体把知识运用于社会实践的意识，是一种遵循借由现代控制理论建立起来的实践主体意识形成的一般机制的意识，因而是能够正确引导社会实践活动的主体意识，并能够在具体的实践活动中加以运用。吉登斯强调，主体意识需与现代性社会生活或组织秩序相切合，也就是要与现代性社会的四个基本制度和三个动力机制相契合，推进主体意识与现代生活和组织秩序的内在一致。同时，还需要富有自觉的主体意识，它是突破思维和实践困境的一把钥匙。为此，吉登斯还从十一个方面讨论了政府的主体意识问题，说明了主体意识中价值选择的重要性。

　　吉登斯的现实主义的价值论，深入讨论了实践导向与利好的现代性之间的关系，突出了社会实践的风险是现代民族—国家权力失控的直接后果、民族—国家权力是主导现代人类实践的根本性力量，以及社会实践的优化有赖于健全社会制度的约束机制等思想，分析了思想、制度与实践三者之间相辅相成的关系。

　　尤其重要的是，吉登斯的现实主义的价值论突出研究了价值选择与超越的现代性之间的关系，提出了现代性社会的内在生命力在于超越性"再生"、贯彻超越的现代性价值理念重在社会治理实践，以及人类理智与实践能够实现乌托邦的现实主义价值理想等思想，其中，他十分明确地阐述的作为新现代性社会价值选择基本要点的激进政治方案和纲领（包括团结、生活政治、积极信任、民主化、积极福利和消除暴力等），构成了他所说的第三条路和乌托邦理想的思想核心，他自认所提的激进政治纲领保留了社会主义的核心价值和马克思主义的实质内容，正确处理了解放政治与生活政治的辩证关系，是适合于现代性社会发展的一般价值理念，从而可使现代性社会更具生命力。

整体主义的认同论是吉登斯社会哲学思想的逻辑旨归和现实目标，是他对建立一个美好现代性社会应该基于人类共同体的总体社会实践和对现实的不断超越的认同论表达，回答了"如何做"的问题。

作为一位负责任的社会思想家，吉登斯对他关于现代性的分析、认识和理论能够影响和指导现实的人类实践充满信心。他认为人类理智和实践能力有共同的认同基础，能够在社会生产和再生产的结构化过程中找准自己的定位，形成共同认同的制度形式，找到共同认同的生活方式和社会发展方式，重构现代性社会秩序，建设一个美好的人类社会。正是基于信心和看重人类认同的价值意义，他把揭示现代性制度与人类认同的内在统一、二者关联的一般机制以及如何在实践活动中达致人类共同体整体目标的实现，作为他的现代性社会研究的现实目标，同时也回答了他社会哲学中人类应该"如何做"的问题。

吉登斯的整体主义的认同论，首先围绕分析所谓双向互动与身份认同的关系这一主题展开。吉登斯基于现代性社会发展与人的日常生活和社会实践之间是双向互动的认识，进一步提出现代性社会制度与人类认同是双向互动的矛盾体、身份认同构成人类认同的基本特征，以及在结构化社会发展中身份认同对于乌托邦现实主义理想实现的具有重要价值意义等看法，开启了他关于身份认同对于引导人类实践的作用的思考。

吉登斯强调认识个人身份认同与人类认同之间关系的重要性。因为这一关系提供了一种从整体上解决现代性社会发展与人的日常生活和社会实践关系的可能性。由于现代性的外延性与个人素质的改变之间存在着不断增长的交互关联，这种交互关联的实质即在于自我认同的新机制的出现与现代性制度之间的相互塑造。因此，"从整体上"解决这一主题，能够通过人的素质的提高对现代性社会的"塑造"产生积极的影响，进而实现他的超越的现代性社会的激进政治纲领。吉登斯基于人类一般经验，从诸多方面尤其是联系现代性社会的三个动力机制和结构化理论中的情境定位，讨论了身份认同问题，其结论就是身份认同构成人类认同的首要特征，突出了个体认同在形成整体的人类认同实践过程中的积极作用。他认为，个人认同是克服社会断裂、个人获得本体性的安全、人们在社会实践中获得积极信任和参与、推动社会进步的积极力量。

吉登斯整体主义的认同论，还深入讨论了反思性实践与社会认同的关系。他认为在现代性社会制度与人类认同的互动关系中，身份认同只是人在社会结构化的情境中定位的表现，只是人类认同的一种基础性的活动，对于适应和推进现代性社会的发展来说，还必须从身份认同上升到以自我肯定为基础的社会认同的高度，这样，人才能够充分发挥社会主体的能动性和主动性，积极参与到体现社会结构化的生产和再生产活动中，而不是被动地和消极地参与其中。社会认同是以自我肯定为基础的反思性的结果，也是推进反思性本身发展的动力，二者之间的关联，构成现代性社会制度与人类认同互动关系的核心内容，包括反思性觉知、认同品格重构和自我超越与反思的现代性社会制度的互动关系等方面的内容，形成了社会认同的系统化理论，揭示了社会认同的本质即是对自我的反思性超越。

在吉登斯的整体主义社会认同思想中，特别强调了社会认同是人自我认同品格的重构过程的一般机制和品格塑造，其中尤其突出了认同品格培养和塑造的十个方面特征，我们对认同品格做了如下的总结：即建构或重构连贯的值得奖赏的认同感、不断进行自我形塑的能力、能够进行持续性的自我反思、在自我叙事中维持完整的自我感、"和时间保持对话"的品格、把自我的反思性拓展至身体的品格、培养在机遇和风险之间把握平衡的能力、能够把握个人危机的品格以及培养对生活经验进行整合的品格，自我认同品格培养和塑造，对于个体的社会认同具有突出的意义。

吉登斯整体主义的认同论落脚于对生命意义与价值认同关系的思考。吉登斯是一位推崇积极生命意义的哲学家、社会学家和新马克思主义者，倡导积极的生活政治，主张在理性认识的基础上对世界的再结构化，基于马克思的解放的政治思想，联系现代性社会现实，提出了激进政治纲领的现实主义乌托邦理想，并深信在人类改造世界的伟大实践活动中，他的乌托邦构想能够实现。

在吉登斯看来，生命意义的张扬不会只停留在自我的层次上，也不会只限于个人与社会的认同性关联上，而是在于超越个人基础上的社会实践，在于落脚于人的生活的世界，创造一种适合人类生存和发展的生活风格、生活规划、生活实践和生活方式，建设一个人与人之间、民族与民族之间、国家与国家之间拥有亲密关系的社会，这就必须进行慎重的、科学的价值选择，形成良好的价值认同。吉登斯围绕形成良好的价值认同这一主题，聚焦于纯粹关系的价值认同对于自我反思计划具有根本重要性和"为了谁"的价值认同凸显人类生活政治的生命意义两个方面展开，从而解决"如何做"的问题。

在如何形成价值认同这个根本问题上，吉登斯看重纯粹关系的价值认同，对于自我反思计划具有的根本重要性。他赋予纯粹关系自主性、持久性、开放性、承诺性、丰富性、信任性以及共享性等特征，并认为从社会整合的角度看，纯粹关系并不仅仅局限于个人与个人之间，以纯粹关系为基础的社会整合对于公共领域也是基本的。这样，吉登斯就把纯粹关系与个人自我认同乃至群体、民族、国家以及国家之间内在关联起来，把它作为价值选择和价值认同的基础。

"为了谁"的价值认同凸显人类生活政治的生命意义的思考，把马克思所倡导的解放的政治与他自己所提倡的生活政治内在统一起来，把价值认同、纯粹关系、生活方式、生命意义、自我实现以及人的解放等问题联系起来，揭示了自由和权力的关系，权力与政治决策的关系，生活政治与生活方式的关系，后传统秩序与我们应该如何生活的关系，生活政治的目标旨向与抗拒存在性问题（即现代性社会实际存在的问题）之间的关系的实质。吉登斯希望借此来指导人类的实践，尝试把"乌托邦现实主义"的理想转化为现实的人类追求。

吉登斯围绕人类认同这个对于他实现激进政治纲领的乌托邦理想来说至关重要的主题，做了经验主义、功能主义和现实主义的深入思考和研究，阐述了一系列重要的社会哲学的认同论思想，对于我们开展相关理论研究，尤其是结合马克思主义哲学基本理论、现代性社会发展以及中国现实的现代化建设，提升我们的理论认识，提示了诸多的视角和理念。吉登斯整体主义的人类认同思想包含了很丰富的内容和颇有启发性的思想，对于我们认识身份、自我以及价值选择与社会发展的关联，不仅给出了细致的分析，而且凸显了重要的认识论和价值论意义。

　　吉登斯的社会哲学以经验主义的自识论为逻辑起点，以功能主义的解释学为逻辑展开，以现实主义的价值论为逻辑中项，以整体主义的认同论为逻辑旨归和现实目标，构成了一个内在关联、逻辑严密、思想统一和目的明确的整体的哲学思想。他以事实判断为基础，系统认识为展开方式，正确的价值选择为核心，良好的人类认同为落脚点，回答了推进现代性社会发展亟待解决的"是什么""为什么""做什么"以及"如何做"这四个关键问题，不仅使他的"现代性的反思理论"有了丰富的内涵，而且也使包含在他的诸多理论中的思想，能够系统化和逻辑化，为建立新的超越性现代性社会提供了他的智慧，给出了本体论、认识论、价值论和认同论的思想，有助于推进在实践中提高人们对现代性社会本质的认识，提升人们社会实践的能力。我们的研究表明，吉登斯是一位不仅对现代性社会给出了细致分析，而且更为重要的是包含了极其可贵的认识论和价值论意义的社会哲学家。他的社会哲学体现着非常鲜明的为资本主义晚期现代性进行哲学批判的思想特色，折射着他的思想的唯物、辩证的方法论和认识论价值。

吉登斯代表性学术成果年表

1. 《资本主义与现代社会理论》1971

2. 《涂尔干著作选》(译著)1972

3. 《马克思韦伯思想中的政治学与社会学》1972

4. 《发达社会的阶级结构》1973

5. 《实证主义与社会学》1974

6. 《社会学方法的新规则》1976

7. 《涂尔干》1978

8. 《社会理论的中心论题》1979

9. 《历史唯物主义的当代批判：权力、财产与国家》1981

10. 《社会学：简要而批判的导论》1982

11. 《社会的构成》1984

12. 《民族—国家与暴力》1985

13. 《涂尔干论政治与国家》1986

14. 《社会学》1989

15. 《现代性的后果》1990

16.《现代性与自我认同》1991

17.《亲密关系的转型》1992

18.《超越左与右——激进政治的未来》1994

19.《社会学与社会理论》1995

20.《为社会学辩护》1996

21.《第三条道路：社会民主主义的复兴》1998

22.《失控的世界》2000

23.《现代性——吉登斯访谈录》2001

24.《全球时代的欧洲》2007

25.《气候变化的政治》2009

参考文献

经典著作

1. 《马克思恩格斯全集》第 1 卷，北京：人民出版社. 1995

2. 《马克思恩格斯全集》第 3 卷，北京：人民出版社. 2002

3. 《马克思恩格斯全集》第 42 卷，北京：人民出版社. 1979

4. 《马克思恩格斯选集》第 1 卷，北京：人民出版社. 1995

5. 《马克思恩格斯选集》第 2 卷，北京：人民出版社. 1995

6. 《马克思恩格斯选集》第 3 卷，北京：人民出版社. 1995

7. 《马克思恩格斯选集》第 4 卷，北京：人民出版社. 1995

中文文献

1. 段中桥. 当代国外社会思潮. 北京：中国人民大学出版社. 2010

2. 陈学明. 20 世纪西方马克思主义哲学历程（4 卷）. 天津：天津人民出版社. 2013

3. 张一兵. 回到福柯——暴力性构序与生命治安的话语构境. 上海：上海人民出版社. 2016

4. 张亮. 阶级、文化与民族传统——爱德华·汤普森的历史唯物主义

思想研究. 南京：江苏人民出版社. 2018

5. 王凤才. 承认·正义·伦理——实践哲学语境中的霍耐特政治伦理学. 上海：上海人民出版社. 2017

6. 乔瑞金. 英国的新马克思主义. 北京：人民出版社. 2013

7. 邢媛. 文化认同的哲学论纲. 北京：人民出版社. 2018

8. 邢媛. 马克思社会冲突思想. 太原：山西人民出版社. 2013

9. 陈嘉明. 现代性与后现代性十五讲. 北京：北京大学出版社. 2006

10. ［德］尤尔根·哈贝马斯. 现代性的哲学话语. 曹卫东等译，南京：译林出版社. 2008

11. ［英］艾瑞克·霍布斯鲍姆. 霍布斯鲍姆看 21 世纪. 吴莉君译，北京：中信出版社. 2010

12. ［英］埃里克·霍布斯鲍姆. 工业与帝国——英国的现代化历程. 梅俊杰译，北京：中央编译出版社. 2016

13. ［英］拉尔夫·密里本德. 资本主义社会的国家. 沈汉等译，北京：商务印书馆. 1997

14. ［英］莱斯利·斯克莱尔. 资本主义全球化及其替代方案. 梁光严等译，北京：社会科学文献出版社. 2012

15. ［加］艾伦·伍德. 新社会主义. 尚庆飞译，南京：江苏人民出版社. 2002

16. 贺来. "主体性"的当代哲学视域. 北京：北京师范大学出版社. 2013

17. 孔民安等著. 当代国外马克思主义新思潮研究. 北京：中央编译出版社. 2012

18. 何萍. 在社会主义入口处——重读列宁〈国家与革命〉. 北京：人民出版社. 2013

19. 邹诗鹏. 虚无主义研究. 北京：人民出版社. 2016

20. 陈炳辉. 西方马克思主义的国家理论. 北京：中央编译出版社. 2004

21. 孙麾等. 马克思主义文化哲学研究. 北京：中国社会科学出版社. 2015.

22. 汪民安. 现代性. 南京：南京大学出版社. 2012

23. 何秉孟等. 阶级结构与第三条道路——与英国学者对话实录. 北京：社会科学文献出版社. 2005

24. 周穗明等. 西方左翼论当代西方社会结构的演变. 南京：江苏人民出版社. 2008

25. 郭忠华. 变动社会中的公民身份——与吉登斯、基恩等人的对话. 广州：广东人民出版社. 2011

26. 刘少杰. 后现代西方社会学理论. 北京：社会科学文献出版社. 2002

27. 郭永玉. 孤立无援的现代人——弗罗姆的人本精神分析. 武汉：湖北教育出版社. 1999

28. 佘碧平. 现代性的意义与局限. 上海：上海三联书店. 2000

29. 李友梅. 组织社会学及其决策分析. 上海：上海大学出版社. 2001

30. 李友梅. 社会认同：一种结构视野的分析. 上海：上海人民出版社. 2007

31. 陆德山. 认识权力. 北京：中国经济出版社. 2000

32. 卢少华等. 权力社会学. 哈尔滨：黑龙江人民出版社. 1989

33. 童星. 现代性的图景：多维视野与多重透视. 北京：北京师范大学

出版社. 2007

34. 章国锋. 关于一个公正世界的"乌托邦"构想. 济南：山东人民出版社. 2001

35. 沙莲香. 社会心理学. 北京：中国人民大学出版社. 2006

36. 潘斌. 社会风险论. 北京：中国社会科学出版社. 2011

37. ［美］格特鲁德·希梅尔法布. 现代性之路：英法美启蒙运动之比较. 齐安儒译，上海：复旦大学出版社. 2011

38. ［英］约翰·伯瑞. 进步的观念. 范祥涛译，上海：上海三联书店. 2005

39. ［英］吉拉德·德朗蒂. 当代欧洲社会理论指南. 李康译，上海：上海人民出版社. 2009

40. ［英］马丁·阿尔布劳. 全球时代——超越现代性之外的国家和社会. 高湘泽等译，北京：商务印书馆. 2001

41. ［美］大卫·库尔柏. 纯粹现代性批判——黑格尔、海德格尔及其以后. 藏佩洪译，北京：商务印书馆. 2004

42. ［德］乌尔里希·贝克等. 自反性现代化：现代社会秩序中的政治、传统与美学. 北京：商务印书馆. 2014

43. ［法］米歇尔·福柯. 规训与惩罚. 刘北成等译，北京：生活·读书·新知三联书店. 1999

44. ［美］T. 帕森斯. 现代社会的结构与过程. 梁向阳译，北京：光明日报出版社. 1988

45. ［英］特里·伊格尔顿. 后现代主义的幻象. 华明译，北京：商务印书馆. 2000

46. ［英］艾瑞克·霍布斯鲍姆. 极端的年代：1941—1991. 郑明萱译，北京：中信出版集团. 2017

47. ［英］戴维·弗里斯比. 现代性的碎片. 卢晖临等译，北京：商务印书馆. 2003

48. ［美］保罗·费耶阿本德. 经验主义问题. 朱萍等译，南京：江苏人民出版社. 2010

49. ［英］卡尔·波普尔. 开放社会及其敌人. 陆衡等译，北京：中国社会科学出版社. 1999

50. ［意］萨尔沃·马斯泰罗内. 当代欧洲政治思想. 黄华光译，北京：社会科学文献出版社. 1996

51. ［英］伯特兰·罗素. 权力论. 吴友三译，北京：商务印书馆. 1991

52. ［德］马克斯·韦伯. 经济与社会. 林荣远译，北京：商务印书馆. 1998

53. ［英］罗德里克·马丁.《权力社会学》，丰子义等译，北京：生活·读书·新知三联书店. 1992

54. ［希］尼科斯·波朗查斯. 政治权力与社会阶级. 叶林等译，北京：中国社会科学出版社. 1982

55. ［美］乔治·米德. 心灵、自我与社会. 赵月瑟译，上海：上海译文出版社. 2005

56. ［匈］阿格妮丝·赫勒. 日常生活. 衣俊卿译，哈尔滨：黑龙江大学出版社. 2010

57. ［美］温迪·林恩·李. 马克思. 陈文庆译，北京：中华书局，2002

58. ［德］于尔根·哈贝马斯. 现代性的哲学话语. 曹卫东等译，南京：

译林出版社. 2004

59. 〔加〕大卫·莱昂. 后现代性. 郭为桂译，长春：吉林人民出版社. 2004

60. 〔加〕查尔斯·泰勒. 自我的根源：现代认同的形成. 韩震等译，南京：译林出版社. 2001

61. 〔德〕康德. 道德形而上学基础. 孙少伟译，北京：中国社会科学出版社. 2009

62. 〔德〕赫尔德. 关于人类历史哲学的思想. 何兆武等译，北京：人民文学出版社. 1977

63. 〔德〕马丁·海德格尔. 存在与时间. 陈嘉印等译，北京：生活·读书·新知三联书店. 1987

64. 〔美〕乔纳森·弗里德曼. 文化认同与全球性过程. 郭建如译，北京：商务印书馆. 2003

65. 〔加〕查尔斯·泰勒. 现代性之隐忧. 程炼译，北京：中央编译出版社. 2001

66. 〔德〕乔治·威廉·弗里德里希·黑格尔. 历史哲学. 王造时译，上海：上海书店出版社. 1999

67. 〔美〕曼纽尔·卡斯特. 网络社会的崛起. 夏铸九等译，北京：社会科学文献出版社. 2003

68. 〔美〕亚伯拉罕·马斯洛. 人性能达的境界. 林方译，昆明：云南人民出版社. 1987

69. 〔美〕大卫·格里芬. 后现代精神. 王成兵译，北京：中央编译出版社. 1998

70. 〔英〕大卫·丹尼. 风险与社会. 马缨译，北京：北京出版社. 2009

71. ［美］马泰·卡林内斯库. 现代性的五副面孔. 顾爱彬等译，北京：商务印书馆. 2002

期刊

1. 陈学明. 西方马克思主义对人的存在方式的研究. 载《中国社会科学》. 2018 年第 4 期

2. 陈学明. 从马克思的现代性批判理论看中国道路的合理性. 载《马克思主义与现实》. 2018 年第 6 期

3. 张一兵. 马克思历史唯物主义中的社会定在概念. 载《哲学研究》. 2019 年第 6 期

4. 张一兵. 资产阶级现代性：被重构的接受方式中的"我们"——斯蒂格勒《技术与时间》的解读. 载《东岳论丛》. 2017 年第 7 期

5. 何萍、骆中锋. 新自由主义批判：问题与趋向——对 21 世纪国外马克思主义哲学的一种思考. 载《学习与探索》. 2019 年第 1 期

6. 汪行福. 对国外马克思主义历史与现状的思考. 载《社会科学文摘》. 2018 年第 12 期

7. 王晓升. 法兰克福学派与解答现代性问题的三种思路. 载《江汉论坛》. 2019 年第 8 期

8. 王雨辰、张星萍. 马克思恩格斯的语言哲学思想及其对国外马克思主义的影响. 载《哲学动态》. 2019 年第 1 期

9. 汪民安.《全球化、空间与战争》. 载《马克思主义与现实》. 2007 年第 2 期

10. 郭忠华.《信任关系的变革——吉登斯现代性思想的再思考》. 载《现代哲学》. 2008 年第 1 期

11. 邢媛. 试论吉登斯现代性反思思想的三种"主义". 载《马克思主义与现实》. 2016 年第 2 期

12. 邢媛. 吉登斯"自我认同"的社会哲学思想探析. 载《马克思主义与现实》. 2010 年第 3 期

13. ［美］弗雷德里克·詹姆逊、王逢振. 乌托邦作为方法或未来的用途. 载《马克思主义与现实》. 2007 年第 5 期

14. ［英］斯科特·拉什、王武龙. 风险社会与风险文化. 载《马克思主义与现实》. 2002 年第 4 期

15. 汪建丰. 风险社会与反思现代性——吉登斯的现代社会"风险"思想评析. 载《毛泽东邓小平理论研究》. 2002 年第 6 期

16. 蒯正明. 吉登斯全球风险社会理论解读与评述. 载《江西师范大学学报》（哲学社会科学版）. 2012 年第 1 期

17. 徐华、李红专. 吉登斯乌托邦现实主义理论的哲学反思. 载《求索》. 2006 年第 9 期

18. 闫顺利、吴晓梅. 论风险社会及其困境——基于吉登斯、贝克风险社会理论视角. 载《前沿》. 2011 年第 9 期

19. 崔德华. 吉登斯的风险社会理论及对和谐社会构建的启示. 载《中国石油大学学报》（社会科学版）. 2007 年第 3 期

20. 庄友刚. 从马克思主义看全球风险社会的实质——从吉登斯的一个批评谈起. 载《中共济南市委党校学报》. 2006 年第 3 期

21. 成伯清. 乌托邦现实主义何以可能与可取——兼论吉登斯社会理论的特性. 载《社会学研究》. 2008 年第 6 期

22. 胡金生. 自我认同确定性与心理和行为问题. 载《中国健康心理学

杂志》. 2009 年第 12 期

23. 陆春萍、邓伟志. 社会实践：能动与结构的中介. 载《学习与实践》. 2006 年第 24 期

英文文献

1. Raymond Aron，*The Century of Total War*，London：Verschoyle Press，1954

2. Samuel P. Huntington，*The Soldier and the State*，Cambridge：Harvard University Press，1957

3. Giddens，*Central Problems in Social Theory*，London：Macnillan Press，1979

4. E. Bloch，*The Principle of Hope*（vol. 3），Oxford：Basil Black Well Press，1986

5. Tajfel H.，*Differentiation Between Social Groups：Studies in the Social Psychology of Inter-group Relations*，London：Academic Press，chapters 1，1978

6. Jon Clark，Celia Modgil and Sohan Modgil（ed.），*Anthony Giddens：Consensus and Controversy*，the Falmer Press，1990

7. Raphael Samuel，*People's History and Socialist Theory*，Routledge & KeganPaul，1981

8. Beverley Skeggs，*Class，Self，Culture*，Routledge，2004

9. Clark Everling，*Dialectics of Class Struggle in the Global Economy*，Routledge，2010

10. André Béteille，*Marxism and Class Analysis*，Oxford University

Press, 2007

11. Edwin A. Roberts, "From the History of Science to the Science of History: Scientists and Historians in the Shaping of British Marxist Theory," *in Science and Society*, 2005(4)

12. David Harvey, "Between Space and Time: Reflections on the Geographical Imagination," *in Annals of the Associate of American Geography*, vol. 80, no. 3, 1990

13. David Harvey, *Spaces of Neoliberalization: Towards a Theory of Uneven Geographical Development*, Weisbaden: Franz Steiner Verlag, 2005

14. Terry Eagleton, *The Illusions of Postmodernism*, Oxford: Blackwell, 1996

15. Harvey J. Kaye, *The British Marxist Historians*, Cambridge: Polity Press, 1984

16. Dennis Dworkin, *Cultural Marxism in Postwar Britain*, Durham and London: Duke University Press, 1997

17. Eric Hobsbawm, *Politics for a Rational Left*, London and New York: Verso, 1989

18. Raymond Williams, *The Idea of Culture*, John McIlroy and Sallie Westwood(eds.), Border Country: Raymond Williams in Adult Education Leicester, 1993

19. Williams, R., *The Long Revolution*. London: Chatto and Windus, 1961

吉登斯的著作

1. ［英］安东尼·吉登斯. 历史唯物主义的当代批判：权力、财产与国家. 郭忠华译，上海：上海译文出版社. 2010

2. ［英］安东尼·吉登斯. 社会的构成：结构化理论大纲. 李康等译，北京：生活·读书·新知三联书店. 1998

3. ［英］安东尼·吉登斯等. 现代性——吉登斯访谈录. 尹宏毅译，北京：新华出版社. 2001

4. ［英］安东尼·吉登斯. 现代性的后果. 田禾译，南京：译林出版社. 2011

5. ［英］安东尼·吉登斯. 超越左与右——激进政治的未来. 李惠斌等译，北京：社会科学文献出版社. 2000

6. ［英］安东尼·吉登斯. 第三条道路——社会民主主义的复兴. 郑戈译，北京：北京大学出版社. 2000

7. ［英］安东尼·吉登斯. 民族—国家与暴力. 胡宗泽等译，北京：生活·读书·新知三联书店. 1998

8. ［英］安东尼·吉登斯. 资本主义与现代社会理论. 郭忠华等译，上海：上海译文出版社. 2007

9. ［英］安东尼·吉登斯. 社会学. 赵旭东等译，北京：北京大学出版社. 2003

10. ［英］安东尼·吉登斯. 社会理论与现代社会学. 文军等译，北京：社会科学文献出版社. 2003

11. ［英］安东尼·吉登斯. 社会理论的核心问题：社会分析中的行动、结构与矛盾. 郭忠华等译，上海：上海译文出版社. 2015

12. ［英］安东尼·吉登斯、菲利普·萨顿. 社会学基本概念. 王修晓译，北京：北京大学出版社. 2019

13. ［英］安东尼·吉登斯. 失控的世界. 周红云译，南昌：江西人民出版社. 2001

14. ［英］安东尼·吉登斯. 社会学方法的新规则. 田佑中等译. 北京：社会科学文献出版社. 2003

15. ［英］安东尼·吉登斯. 为社会学辩护. 周红云等译，北京：社会科学文献出版社. 2003

16. ［英］安东尼·吉登斯. 亲密关系的变革. 陈永国等译，北京：社会科学文献出版社. 2001

17. ［英］安东尼·吉登斯. 现代性与自我认同：现代晚期的自我与社会. 赵旭东译，北京：生活·读书·新知三联书店. 1998

后　记

2018 年 6 月，我在人民出版社出版了《文化认同的哲学论纲》一书。一年之后，承载我多年聚焦与思考的《吉登斯社会哲学思想研究》也即将付梓。于我而言，间隔一年的时间出版一部书稿，从表面上看，似乎快了许多。

作为一名新时代的高等院校的教育工作者，教学与科学研究是我的基本职责。通过履职，传承人类智慧，发展人类文化是使命，也是义务。然而，将幸福地畅游于人类思想海洋的感知、思考转化为研究的结果，却是困难的，尤其是面对吉登斯这样一个思想极其丰富、视角极其宽广、涉略主题极其多样，不仅著作颇多且影响巨大的外国学者，许多时候更是令我不敢前行，因此，才使得本书稿的写作、修正时间长达近二十年，迟迟难以完成。

对吉登斯社会哲学思想的关注，源于 20 世纪 90 年代。因其理论解释具有的乌托邦的现实主义特色和对现实世界重大主题的关注，促使我在马克思主义发展理论与发展哲学的研究中，开始和我的学生们对其著作进行研读、分析。进入 21 世纪后，围绕吉登斯的现代性、传统、积极信任、风险社会、认同、生活政治等思想，我们形成了相对连续的研究成果。现在上海大学的白文艳、中国人民大学的解宇楠、南京师范大学的梅金龙以及在太原、忻州、遵义工作的马俊红、李静、贾云乾、李莹莹、邸红等，在我的指导下做了大量的基础阅读、分析，以及相关思想的整理，为本书稿的完成贡献了智慧，为书稿的最终呈现起了很好的促进作用。山西大学哲学学科，山西大学马克思主义哲学研究团队的组织、推动、支持，北京师范大学出版社的郭珍等老师的辛勤付出是最后完成的强大保障。在此，对所有给予帮助、支持的同志，表示衷心的感谢！

吉登斯说，高度现代性的社会是一个高风险的社会。高风险社会是由于知识的不确定与行为结果的不确定性等共同引发的，是制度的自反性和主体的反思性相互交织的结果。然而，面对风险，我们既无法逃离，也不能逃离，化解风险的武器只能是各种思想汇集而成的以知识为核心的人类智慧。

知识是极其重要的。丹尼尔·贝尔说"知识是后工业社会的一种基本资源"；著名的管理哲学家彼得·德鲁克也说知识是"我们社会的中心，以及经济和社会行为的基础"。事实上，人类文明史就是知识创造与改变世界和人类的见证史。人类的每一次进步都离不开知识为我们提供的关于外部世界的解释的确定性。吉登斯反思的现代性哲学理论至少可以为我们提供一种解释当代世界的不同视窗，为人类的选择提供可比较的一种知识形态。在人文思想史中，正是由于对同一研究对象往往有各不相同且各具特色的思想研究，才形成绘就了人类思想五彩斑斓的知识图景，同时给研究者或社会大众提供了多种可供参考、比较的视角，为确定性的解释增加可能的合理性。

于学者而言，不一样的研究对象，不一样的研究方法，不一样的研究火花，既是研究者为人类智慧增加的一点点自我贡献，也是思想者以一种虽不华丽但柔美的方式把自我的努力留存在人类文明进程中的愿望。

思想是我们的精神表象，是我们存在样态的体现。在马克思主义哲学的视阈下，一个人的思想始终与他的生命历程、生活实践密切关联，和他的价值情感密切关联，如果把此种理念具体化，从微观的意义上说，就是一个人的职业活动与职业活动的价值取向。这些思考根植于我的职业活动，奠基于我工作中的每一份爱的情感，那就是，作为一名学者对教师职业的爱，是学者生命的重要轨迹；作为山西学者是他对哺育生命的三晋大地的爱；作为职业人是他对给予精神与灵魂慰藉的百年母校的爱；作为师者是他对给予青春滋养与教学相长的学子们的爱。离开了这些情感支持，不可能有我对学术的持续热爱和思考。

然而，任何人都是有局限的，任何职业也是有局限的。一个人的研究立场、研究方法、研究能力，使得他的研究总是会有这样那样的局限与不足。这种不足随着书稿的付梓也将呈现在广大读者面前，衷心希望得到大家的中肯建议，以助我进一步开展对吉登斯的思考和研究。

　　吉登斯说语言体现着社会结构的再生产。我们知道离开语言这一社会性符号，思想其实寸步难行，也许正因如此，才有了福柯的微观权力说。福柯认为由于运用话语能够实现一种知识秩序到社会秩序的建构，强调话语、言说、思想与社会互为关联，毫无疑问的是语言是思想转化为生活内核的关键力量之一。在这一点上，吉登斯的著作或者说思想中，有太多与时代密切相关的概念：风险、积极信任、生态现代化等，这些概念既是吉登斯分析现代性社会的范畴，也是他的重要观点，更是他引导我们关注当下世界性重大问题的抛砖石，是引起人们警示的警示牌。

　　"知人者智，自知者明。""胜人者有力，自胜者强。"在吉登斯的思想中，关于气候变暖、资本主义现代性的全球霸权等许多世界性问题，需要我们每一个人理性、科学的自觉认知，科学判断；彻底解决这些问题，使人们能够幸福生活则需要每一个人的自律、自胜，需要"内圣外王"的中国文化，需要厚植于传统的中国文化做出更大更积极的世界贡献！世界需要中国智慧！

邢媛

2019 年 7 月

图书在版编目（CIP）数据

吉登斯社会哲学思想研究/邢媛著. —北京：北京师范大学出版社，2020.8

（英国新马克思主义哲学研究丛书）

ISBN 978-7-303-25802-4

Ⅰ.①吉…　Ⅱ.①邢…　Ⅲ.①吉登斯（Giddens，Anthony 1938－ ）－社会哲学－哲学思想－研究

Ⅳ.①B561.6

中国版本图书馆 CIP 数据核字（2020）第 062955 号

营　销　中　心　电　话　010-57654738　57654736
北师大出版社高等教育与学术著作分社　http://xueda.bnup.com

JIDENGSI SHEHUI ZHEXUE SIXIANG YANJIU
出版发行：北京师范大学出版社　www.bnup.com
　　　　　北京市西城区新街口外大街 12-3 号
　　　　　邮政编码：100088
印　　刷：北京盛通印刷股份有限公司
经　　销：全国新华书店
开　　本：710 mm×1000 mm　1/16
印　　张：24.75
字　　数：280 千字
版　　次：2020 年 8 月第 1 版
印　　次：2020 年 8 月第 1 次印刷
定　　价：98.00 元

策划编辑：祁传华　郭　珍　　　责任编辑：王　强　林山水
美术编辑：王齐云　　　　　　　装帧设计：王齐云
责任校对：包冀萌　　　　　　　责任印制：陈　涛